/ 马克思主义研究丛书 /

张一兵　主编

江苏省社会科学基金青年项目"辩证与实证之争视角下的'晚年恩格斯问题'研究"（23ZXC002）的阶段性成果

中国博士后科学基金第17批特别资助项目"马克思主义批判实证主义的历史、逻辑与反思研究"（2024T170406）的阶段性成果

中国博士后科学基金第74批面上资助项目"西方马克思主义视域中的'人本与实证之争'及其当代价值研究"（2023M741644）的阶段性成果

MAKESIZHUYI YANJIU CONGSHU

BIANZHENG YU SHIZHENG ZHI ZHENG

辩证与实证之争

赵立　著

马克思主义的实证主义批判研究

江苏人民出版社

图书在版编目(CIP)数据

辩证与实证之争：马克思主义的实证主义批判研究 /
赵立著. -- 南京：江苏人民出版社，2025. 4.
ISBN 978 - 7 - 214 - 29652 - 8

Ⅰ. B0 - 0

中国国家版本馆 CIP 数据核字第 2024SJ6264 号

书　　　名　辩证与实证之争：马克思主义的实证主义批判研究
著　　　者　赵　立
责 任 编 辑　贺银垠
装 帧 设 计　许文菲
责 任 监 制　王　娟
出 版 发 行　江苏人民出版社
地　　　址　南京市湖南路 1 号 A 楼,邮编:210009
照　　　排　江苏凤凰制版有限公司
印　　　刷　江苏凤凰新华印务集团有限公司
开　　　本　718 毫米×1 000 毫米　1/16
印　　　张　20.75　插页 3
字　　　数　251 千字
版　　　次　2025 年 4 月第 1 版
印　　　次　2025 年 4 月第 1 次印刷
标 准 书 号　ISBN 978 - 7 - 214 - 29652 - 8
定　　　价　88.00 元

(江苏人民出版社图书凡印装错误可向承印厂调换)

目　录

作者的话

现代化的流动性和未完成性决定了我们在当代也必须始终保持批判性反思的姿态。历史地看,资本主义以先发优势成为形塑人类文明全新形态的主导力量,工业生产与科学技术的合流继而猛烈冲击了人类的思想传统,人类文明迫切需要一个解答诸多现代社会发展问题的新思想。人类社会的思想世界应时而变,形成了三种审视现代化社会发展的认识路径。其一,以孔德的实证主义学说为起点的现代实证主义思潮(亦称"科学主义");其二,由叔本华的生存意志论所开启的现代人本主义思潮;其三,马克思恩格斯创立的具有世界历史视野和社会实践特征的马克思主义。自然科学的巨大成就使得实证主义断然否定人类思想传统中的理性主义与浪漫主义的价值;人本主义则极力强调实证方法不适用于研究人类的思想世界,以人的价值对抗实证主义的侵蚀;马克思主义辩证审视现代社会的内在逻辑变迁,基于历史视角与发展眼光把握现代化进程中人的存在与价值、人与技术社会的关系等问题。由此,在现代文明转型背景下的人类思想史演进图景中,辩证与实证之争的帷幕缓缓拉开。

整体来看,辩证与实证之争的理论角力主要生发于马克思主义与实证主义之间。科学技术在历史的长时段内全方位介入了人类社会的整体建构,并将持续承担人类文明发展引擎的历史重任。与此同时,在科学技术高度发展的背景下,现代社会却日益演化成一个追求量化的机械世界图景,而且在社会的诸多领域都盛行着追求精确化、数字化、符号化的唯科学主义。那么,科学技术是导致现代社会的这幅扭曲图景的罪魁祸首吗?答案显然是否定的!从马克思主义的视域出发可以发现,以精确的、有用的、高度组织的原则为指导的现代社会体系的哲学基础正是实证主义,其正在以"看不见的手"的形式操纵着人类社会的诸多领域。质言之,实证主义直接从认识对象出发的立场使得其无法真正透视资本主义社会的历史与逻辑形成的深层原因,但是其反而假借科学技术不断取得新突破的浩大声势,大肆宣扬自身的科学性,并逐渐从理论主张演化为资本主义社会的主导意识形态,直接影响人们对现代社会、科技与未来的认知。而与实证主义同时代而生的马克思主义,始终基于科学-技术-社会-思想的复合体思考、回应文明现代转型引发的一系列社会问题,在思想史上实现了以实践和批判为特征的,真正彻底的、科学的哲学革命,进而得以对资本主义社会及其意识形态展开科学分析与革命批判。

在汹涌而至的信息技术时代,现代社会的整体世界图景不仅没有挣脱量化的束缚,反而愈演愈烈,无论是元宇宙的想象还是人工智能社会的蓝图,其背后发挥作用的建构逻辑都深刻指向了精确的、有用的、高度组织的实证主义思潮。有鉴于此,在新时代,我们愈发需要回到马克思主义批判实证主义的历史语境之中,在学理上透彻剖析实证主义的理论逻辑与意识形态本质,在辩证与实证的理论争锋中深刻把握马克思主义的科学思维、理论思维与辩证思维。由此,本书基于对马克思主义与实证主义关系的考察,力图达成四个理论目标。第一,从宏观视角出发,全面图绘马克思主义批判实证主义的思想演变史,明晰这一理论争锋的历史阶段、核心问题与基本认识,为深入推进全新历史语境下的当代认识打下坚实基础。第二,从微观视角出发,深入分析马克思主义在不同发展阶段与实证主义的理论碰撞,清晰呈现马克思主义对实证主义具体理论观点、思想方法与意识形态的针对性批判。第三,从当代视野出发,客观评价马克思主义批判实证主义的思想史效应,辩证认识马克思主义与实证主义交锋的理论得失,完整准确定位马克思主义与实证主义的思想关系。第四,从中国立场出发,充分挖掘马克思主义批判实证主义的理论创新宝藏,进而在信息技术时代推进科学精神与人文精神的辩证融合,真正为人类文明走向现代化新阶段提供可资借鉴的理论智慧。

作为一则思想史上的故事,辩证与实证之争的篇章远远未到完结的时刻,有待我们续写更加精彩的理论与思想。前路虽远,行则将至;此事虽难,做则必成!

导　论

　　当今世界正经历百年未有之大变局。在和平与发展的历史主旋律之中,大国政治博弈暗流涌动,经济斗争合纵连横,文化与价值观的暗战隐秘而激烈,生态失衡造成的危机频频敲响警钟,各种社会突发危机折射国家治理能力百态,凡此种种,一同构成了历史主旋律的和音与重音,奏响在人类命运共同体的发展之途。如何续写人类文明一往无前的华美乐章,在历史变局中寻求突围,是迫切需要人类命运共同体回答的一道时代难题。中国经验、中国智慧和中国道路为人类命运共同体提供了一个可资借鉴、行之有效的实践方案。在马克思主义的指引下,中国共产党领导全国各族人民,从半殖民地半封建中国到独立自主中国、从贫弱中国到繁盛中国、从前现代中国到现代化中国,全面建成小康社会的第一个百年奋斗目标如期告竣,"正在意气风发向着全面建成社会主义现代化强国的第二个百年奋斗目标迈进"①。中国共产党何以能够让中国"日月换新天"? 回望奋斗路,除了始终不渝坚持党的全面领导,另一条成功经

---

① 习近平:《在庆祝中国共产党成立 100 周年大会上的讲话》,《人民日报》2021 年 7月 2 日。

验就在于,作为以马克思主义思想武装起来的政党,中国共产党在百余年征程中,以"科学技术是第一生产力"为指导,高度重视科技事业,勇攀科技制高点。翘首新征程,以建设世界科技强国为目标,中国的科技发展必将在量的积累基础上走向质变,为人类文明进步继续作出彪炳史册的贡献。

由是观之,科学技术已经被赋予担当人类文明发展引擎的历史重任。① 为了更好地让这台引擎驱动人类文明,以科技体制改革助推科技全面创新就成为应有之义。落脚到科技评价制度上,则是要"坚持质量、绩效、贡献为核心的评价导向";在项目评价上,"建立健全符合科研活动规律的评价制度";在人才评价上,"'破四唯'和'立新标'并举"。② 有人不免疑惑,科研活动规律不就是按照数学化/符号化的方式从事科学研究活动吗? 以此推论,唯论文、唯职称、唯学历、唯奖项的"四唯"不正是以符合科学活动规律的方式进行人才评价吗? 问题的症结正在于此,以数理实验为代表的现代科学,其"函数性思维连同其本质上数学的表述形式……完全主宰了科学"③,进而打造了一个机械化(mechanization)的世界图景。胡塞尔敏锐地察

---

① 从哲学上讲,科学活动与技术活动本来分属于不同的等级,只是到了19世纪中叶以后,科学与技术才逐渐走向合流,科学研究技术化与技术发展科学化的特征愈发显著,科学和技术被深度绑定在一起,甚至出现了"技性科学"(Technoscience)一词。在本书中,"科学技术"更偏重于指向"科学"的维度。中文的"科学"一词来自日文,由日本思想家西周对英文 science 一词的翻译而来。英语中的 science 实际指的就是 natural science,而这是由 science 一词的法语起源所导致的。1666年,法国国王路易十四创建巴黎皇家科学院(Académie des sciences),此处的 science 即指"自然科学"。德语中 Wissenschaft 意义较之 science 则更为宽广,包含一切系统性的知识,不仅指称自然科学,更包以哲学为代表的人文社会科学,而 exacte Wissenschaft(精密科学)才对应自然科学。参见[英]约翰·西奥多·梅尔茨《十九世纪欧洲思想史》第1卷,周昌忠译,商务印书馆2017年版,第79—81页;吴国盛《什么是科学》,广东人民出版社2016年版,第21—26页。
② 参见习近平《在中国科学院第二十次院士大会、中国工程院第十五次院士大会、中国科协第十次全国代表大会上的讲话》,《人民日报》2021年5月29日。
③ [荷]爱德华·扬·戴克斯特豪斯:《世界图景的机械化》,张卜天译,商务印书馆2018年版,第718页。

觉到，19世纪后半叶以来，"现代人的整个世界观唯一受实证科学的支配，并且唯一被科学所造成的'繁荣'所迷惑……单纯注重事实的科学，造就单纯注重事实的人"①。单纯注重事实的人将不断提高准确性的经验测量视为精确性，视之为价值判断的尺度。殊不知，数学化/符号化打造的这一机械化世界图景，使得自然科学的方法不仅变得机械，而且变得肤浅，由此引发了两重恶果。在社会整体层面上，数学化/符号化成为社会运转评判的主导维度，一切社会事物的价值通过一连串符号被建构起来，掌握数据话语的权力成为现代社会的运转基础。马克斯·韦伯在讨论西方资本主义的形成时认为，资本主义社会的合理性在本质上取决于可计算性，因为资本主义"不但需要可以估量的技术性劳动手段，而且还需要按程序规则行事而可资估量的法律与行政"，可以说，资本主义社会的运转基础就在于一切活动的可计算性，现代人则无可避免地被纳入资本主义社会的整体图景之中。② 由此，在个人生活层面上，数学化/符号化导致事物间的质的差别被抹除，质的多样性消失了，取而代之的是仅仅存在量的不同。但是，没有了质的差异，也就再难奢谈意义的存续，支撑人的生活世界的意义世界就在这个过程中日益塌缩了。由是观之，在某种意义上，生活意义与价值失落的现代性痼疾的病源即在于此。③ 因此，在强调"科学的世纪"里，如何用好科学技术这把双刃剑就成为我们必须回答的问题。

---

① ［德］胡塞尔：《欧洲科学的危机与超越论的现象学》，王炳文译，商务印书馆2001年版，第18页。
② 参见［德］马克斯·韦伯《新教伦理与资本主义精神》，康乐、简惠美译，广西师范大学出版社2010年版，第10—12页。
③ 参见吴国盛《什么是科学》，广东人民出版社2016年版，第187—188页。

一、为什么要思考辩证与实证之争?

马克思主义就诞生于"科学的世纪"①。恩格斯曾明确指出,在自然科学规律纷纷现身的时代里,马克思的功绩则是在于捕捉到人类历史的发展规律。马克思主义高度认可科学技术对于人类历史的发展所起到的巨大提升和革命作用,而其理论意旨正是在于通过对资本主义社会及其意识形态的科学分析与革命批判,最终寻到人类解放之途,走向文明发展的新阶段。对于坚持解释世界与改变世界相统一的马克思主义来说,辩证法无疑是最为锐利的思想武器,集中体现了马克思主义的批判性、革命性与科学性。辩证法是马克思主义的核心世界观与方法论,也是马克思主义与其他一切资本主义思想潮流存在根本区别的关节点,因此也成为 19 世纪以来西方主流哲学与人文思潮的集火对象。②

如果我们剥离当代西方主流哲学与人文思潮外表不同的理论形态,细加审视其核心方法论,可以清楚地看到,产生于"科学的世

① 关于将 19 世纪称为"科学的世纪",原因大致可以归结为两点:第一,人们对于自然的认识有了突破性的进展,即认识到人类与周围世界在物理定律面前的平等,进而推论出观察、归纳、演绎和试验等科学方法在人与自然领域的普适性,科学与哲学就此分野,人类掌握了这一科学方法,就意味着掌握了打开宇宙奥秘的钥匙,数理实验的方法在这一时期确立了其在科学研究中牢不可破的方法论地位;第二,纯粹求知的科学研究超越了以经验技术为基础的实际应用与发明,并成为应用与发明的指南。(参见[英]W. C. 丹皮尔《科学史》,李珩译,中国人民大学出版社 2010 年版,第 213—215 页。)在 19 世纪之后,科学的威力持续彰显,人类文明已经打上了"科学文明"的深刻烙印。在这个意义上,我们依然处于并将持续处于"科学的世纪"中。

② 马克思主义自诞生之日起,就因为其革命性以及和黑格尔哲学的亲缘性,被资本主义学院派学者排斥。进入 20 世纪,哈贝马斯指认了四大哲学运动——分析哲学、现象学、西方马克思主义和结构主义——无论是分析哲学和结构主义所追求的在人文社科领域达成自然科学的准确性,还是现象学的"直观现象本身"的方法,都与马克思主义的辩证法在方法论上相对立。关于哈贝马斯"四大哲学运动"的判断,参见 Jürgen Habermas, *Postmetaphysical Thinking: Philosophical Essays*, trans. William Mark Hohengarten, Cambridge: Polity Press, 1992, p. 11。

纪"的实证主义绵延到 20 世纪及至当代,是贯穿西方主流人文社会科学的方法论基石。① 当理论映射入现实,在社会生活中潜移默化发挥意识形态作用的时刻,实证主义表现出惊人的破坏力,既有对理性原则的极致运用,也有对社会的自然诠释(社会达尔文主义),这一切恶果的理论根源就在于"独裁主义的意识形态根源在反对黑格尔的被称为'实证哲学'的'猛烈反动'中找到了它的土壤"②。如果我们将目光投向社会生活中就能发现,形形色色的"唯 XX"论调的背后都有着实证主义的思想痕迹与逻辑支撑。因此,在建设 21 世纪马克思主义的探索之途中,影响我们坚定信仰马克思主义世界观、自信运用马克思主义方法论的核心阻碍之一,就是作为资本主义意识形态的实证主义及其所代表的方法论与思维逻辑。

从根本上说,对于马克思主义的重新研究、重新思考和重新建构都是由现实的实践所激发的,重回思想史探究马克思主义的理论与方法更是如此。经过一百多年的艰难探索,古老中国终于在现代化道路上探索出了新的方向。在这个过程中,社会变迁与文化碰撞产生的新的社会思潮塑造了当代中国人全新的认识图景。作为在现代化进程中孕育而生的新思想,马克思主义与实证主义虽然是朝向不同方向的思想形态,但是始终都在社会思想的大潮里暗中角力,争夺对现代化社会的理论解释权。当代中国的改革开放和现代化建设取得了显著成果,但是伴随着改革大潮,以实证主义为代表的社会思潮获得了相当广泛的市场,在意识形态领域对马克思主义发起了或明或暗的挑战。面对实证主义在新时代发起的思想挑战,我们需要重新回到马克思主义的思想深处,基于批判资本主义意识形态的理论立场,雄辩有力地阐明马克思主义批判实证主义的思想

---

① 参见孙伯鍨、张一兵《走进马克思》,江苏人民出版社 2012 年版,第 532 页。
② [美]赫伯特·马尔库塞:《理性和革命:黑格尔和社会理论的兴起》,程志民等译,上海人民出版社 2007 年版,第 349 页。

基础与当代价值,以此解决实证主义引发的一系列现代性问题。因此,本书的任务就在于,一方面厘清实证主义及其方法论的实质内涵,另一方面挖掘马克思主义的科学内涵与方法,进而有理有据地阐明马克思主义超越实证主义之所在,捍卫马克思主义在意识形态领域的主导地位。

我们知道,从马克思主义的观点来看,实践是社会历史领域一切认识活动的基础,也是源泉与动力,并不存在可以脱离具体研究对象的纯粹的科学认识方法,也不存在超越时空的绝对真理,从纯粹客体出发运用僵化的逻辑与抽象的方法是无法寻找到确定的知识内容的。也由此,马克思主义与实证主义在思想和认识上形成的对立与论争就成为19世纪以来人类思想史领域的一大文化景观。而要清楚阐释马克思主义在新时代的理论意义,就必须充分厘清马克思主义和实证主义在思想内涵与方法论上的分歧和斗争。

辩证思维是马克思主义的辩证法在社会生活与现实实践中的体现和运用。具体来说,辩证思维就是对于矛盾的发现、分析与解决,其能够帮助我们树立关键思维、重点思维和发展思维,"正是辩证矛盾才是思维运转的机制,对辩证矛盾的运用程度,标志着人类思维的水平"[1]。习近平总书记在多个场合多次强调掌握辩证思维的重要性,"必须不断接受马克思主义哲学智慧的滋养,更加自觉地坚持和运用辩证唯物主义世界观和方法论","事业越是向纵深发展,就越要不断增强辩证思维能力"[2]。鉴于此,本书的研究将以新时代中国特色社会主义的历史性实践为思考起点,以21世纪中国马克思主义研究的最新理论成果为思考凭依,以辩证视角切入百余年思想史中马克思主义与实证主义及其所代表的方法论和思维逻辑

---

[1] 杨耕:《马克思主义哲学基础理论研究》,北京师范大学出版社2017年版,第492页。
[2] 参见习近平《坚持运用辩证唯物主义世界观方法论提高解决我国改革发展基本问题本领》,《人民日报》2015年1月25日。

的理论纠葛。具体来说,本书以马克思主义对实证主义的理论批判
与当代反思为逻辑主线,以史论结合的方式梳理从马克思恩格斯到
西方马克思主义百余年的辩证与实证之争的整体图景,回溯马克思
恩格斯对作为"同时代人"的孔德及其实证主义思想的超越与批判,
回到马克思主义被打上实证主义标签的历史现场,回望列宁对将经
验批判主义引入马克思主义的理论反击,重思法兰克福学派对实证
主义理论、方法和意识形态批判的理论成效与不足之处,重审西方
马克思主义"科学主义转向"将马克思主义实证化的理论倾向,在充
分汲取从马克思恩格斯到西方马克思主义辩证与实证之争百余年
理论争锋思想资源的基础上,为新时代彰显与发扬马克思主义辩证
方法论的科学性作出应有的理论思考。这既是当代中国社会发展
与实践的内在要求,也是新时代赋予马克思主义研究者的理论
使命。

二、实证主义的历史发展与理论特征

实证主义(Positivism)一词与奥古斯特·孔德的关系极为密切。
但实际上,孔德并未在其著作中使用过"实证主义"一词,当这一语
词于1860年被B.杜皮内·德·沃尔彼埃尔收入其《法文词典》中
时,孔德已经与尘世诀别三载了。① 波兰学者莱泽克·科拉科夫斯
基对实证主义有系统、精到的研究,在《理性的异化——实证主义思
想史》一书中以叙议结合的方式对实证主义的主要思想演进阶段进
行了细致描摹。一般看来,实证主义的思维方式并非"科学的世纪"

---

① 孔德在其著作中只使用过"实证的哲学"(positive philosophy)和"实证的方法"
(positive method)等表述,"实证主义"一词是其弟子和教徒所创的,但是这并无碍
于孔德是名副其实的"实证主义之父","实证主义"也在一般意义上等价于"实证哲
学"。参见[法]昂惹勒·克勒默-马里埃蒂《实证主义》,管震湖译,商务印书馆
2001年版,第4页;[美]沃野《论实证主义及其方法论的变化和发展》,《学术研究》
1998年第7期。

的独特产物。从思想史上看,实证主义可以被认为是古希腊以来的西方哲学的重要传统。斯多葛主义者、怀疑论者和原子论者都对经验与现象进行了思考;中世纪教士群体里也涌现了一批重视经验的唯名论者,比如罗吉尔·培根和奥卡姆的威廉;在近代自然科学实验传统的形成过程中,欧洲的知识界也因为对本体形式和现象学思维的不同立场而分成了两大阵营,乔治·贝克莱和大卫·休谟就代表了实证主义思维方式的哲学思考。[1] 而在科拉科夫斯基看来,19世纪和20世纪的哲学发展中确实存在着一个明显的实证主义思潮,因而,以一定程度的专断方式,忽视相关思潮的次要差异,我们大致可以依据一定的原则和标准将实证主义在19世纪以来的发展演化界划为三个阶段[2]:第一阶段以19世纪30年代为起点,由孔德开宗立派,约翰·斯图亚特·穆勒和赫伯特·斯宾塞发扬光大的实证主义;第二阶段大致在19世纪后期到20世纪初,以恩斯特·马赫和理查德·阿芬那留斯为主要代表的经验批判主义;第三阶段是20世纪20年代兴起的,以莫里茨·石里克和鲁道夫·卡尔纳普等学者为代表的逻辑实证主义,又称"新实证主义"。

历史地看,实证主义首先诞生于法国有着科学史上的必然。在一般人的印象里,艾萨克·牛顿因为完成了《自然哲学的数学原理》一书,奠定了其在17世纪科学史中的崇高地位,连带着英国科学界似乎也具有了特殊光环,兼之工业革命滥觞于英国,人们总会下意识就认为科学活动在英国得到了最好的开展。其实不然,由国王设立并提供资金支持的巴黎皇家科学院为法国科学活动提供了学术

---

[1] 关于实证主义的思想史考察,参见江怡《什么是实证主义:对它的一种史前史考察》,《云南大学学报(社会科学版)》2003年第5期。

[2] 科拉科夫斯基认为,实证主义的每个阶段都有其主导风格,但如果比较实证主义前后相继的观点,我们依然能够把握到实证主义的历史连续性,进而得以从一种整体的视角审视实证主义的发展。参见 Leszek Kolakowski, *The Alienation of Reason: A History of Positivist Thought*, trans. Borbert Guterman, New York: Doubleday & Company, Inc., 1968, p. 201。

组织和研究基金,与之相比,英国皇家学会仅仅获得了一张特许状,资金来源则是会员会费与私人捐赠。结果就是,法国在随后的世纪里涌现出一大批知名科学家,例如达朗贝尔、拉格朗日、拉普拉斯、拉瓦锡等①,更为重要的是,"在两个重要部门——科学的普及和教学——里,法国长期居于领先地位"②。科学知识以及科学观念在巴黎皇家科学院的助推下,突破了知识精英的小圈子,在法国大众中普及开来。孔德在就读中学的时候,除了学习以拉丁语为核心的宗教与人文知识,还要接受数学、物理学等自然科学知识的教育。可以说,科学在法国才达到了一种相对比较完善的表达形式。也正是在这样一个崇尚科学、宣扬科学的浓厚氛围里,实证主义应运而生。

法国大革命深刻影响了19世纪的政治和社会意识形态,给为数众多的国家提供了法典和科技组织模式等。③ 昂利·圣西门认为,法国社会的频繁动荡就在于旧制度正处于向实业和科学体系过渡的阶段,"在政治方面正发生天文学和化学方面已发生过的那种变革,即从臆测向实证过渡,从形而上学向形而下学过渡"④。由此,作为社会主义革命先驱的圣西门猛烈抨击资本主义社会⑤,认为改造社会就必须具备新思想,要依照经验和科学来建设新社会组织体系

---

① 参见[英]W. C. 丹皮尔《科学史》,李珩译,中国人民大学出版社 2010 年版,第 192—198 页。

② [英]约翰·西奥多·梅尔茨:《十九世纪欧洲思想史》第 1 卷,周昌忠译,商务印书馆 2017 年版,第 92 页。

③ 参见[英]艾瑞克·霍布斯鲍姆《革命的年代:1789—1848》,王章辉等译,中信出版社 2017 年版,第 64 页。

④《圣西门选集》第 1 卷,王燕生、徐仲年、徐基恩等译,商务印书馆 1962 年版,第 250—251 页。

⑤ "资本主义社会"作为经济哲学术语,意味着资本的生产关系占据统治地位的生产方式和经济体制。在孔德和马克思生活的大部分历史时期里,欧洲社会仍处于从资本家占统治地位的"资产阶级社会"向"资本主义社会"的过渡阶段,直到资本主义演化到垄断阶段才算过渡完成。本书从行文统一性角度考虑,一致采用"资本主义社会"这一术语,用以说明资本在人类社会历史中扮演的阶段性主导角色。参见张一兵、王浩斌《马克思真的没有使用过"资本主义"一词吗?》,《南京社会科学》1999 年第 4 期。

即"实证社会"。① 作为圣西门的秘书,孔德必然深受圣西门思想的感染,但与其思想观点有着方向性的不同。在孔德看来,法国社会的"首要问题不应再以'破坏'为中心,而必须以'建设'为中心,即以安定社会秩序、消除各种政治力量的对立和争斗、携手共建新社会为中心"②。因而,孔德并不持有批判资本主义社会的立场,反而强调秩序与进步。对于孔德来说,实证主义正是未来社会有组织的集体生活的组织原则,而这一组织原则奠基于真实的、有用的、肯定的、精确的、有组织和相对的六大代表性实证精神,表现了人类思想的最高发展程度。③ 由于自然科学的巨大成功,孔德划定神学、形而上学和实证(科学)三个阶段,以此说明人类理智的阶梯式发展与跃升,进而将实证阶段视为人类知识的最高层次,试图将实证科学的方法扩展到建设人类社会的组织中去。在孔德看来,社会领域的现象和自然领域的现象都服从同一种不变的规律,所以孔德认为研究社会应该像研究自然一样,也要追求精确的知识。孔德由此提出了"社会学"这一基本学科,并将其作为实证哲学的唯一基本目标。④孔德的实证主义反映了当时法国社会反对形而上学、追求真正知识的要求,以及希望用理性来管理社会的愿望。可以说,孔德的实证主义正是对法国大革命之后资产阶级诉求建立资本主义社会的理论呼应。

19 世纪中叶之后,科学愈发具有解释世界的权威力量,对科学

---

① 参见《圣西门选集》第 2 卷,董果良译,商务印书馆 1962 年版,第 9—18 页。
② 欧力同:《孔德及其实证主义》,上海社会科学院出版社 1987 年版,第 11 页。
③ 参见[法]奥古斯特·孔德《论实证精神》,黄建华译,北京联合出版公司 2013 年版,第 29—31 页。
④ 这反映了一种出于实际(社会改良)目的将自然科学的研究方法移植到社会研究中的"科学的"要求,但是实证主义思潮流派的思想家对于"社会学"的研究依然是理论性多于实证性,而非相反,马克思则在对资本主义的实证研究中消弭了两者的对立。参见[德]于尔根·奥斯特哈默《19 世纪史 III》,强朝晖、刘风译,社会科学文献出版社 2016 年版,第 1486 页。

的理性主义和工具化理解在欧美日渐盛行起来。科学的有用性,即其可以帮助人类掌控自然、增加财富和摆脱迷信,成为知识精英和普罗大众的共识,进而,科学发展带来的知识丰富和增长被视为时代进步的显著标志,并进一步助推了科学的发展、传播和普及。欧美世界的人们普遍持有一种乐观态度,认为拥抱科学方法可以给人类发展带来巨大利益。反映在思想史上,就是以德国古典哲学为代表的形而上学的衰落,曾经盛极一时的黑格尔哲学现在被平庸的德国知识界领头人"当作一条'死狗'"①。孔德所开创的实证主义反而一跃成为欧洲思想界的新宠,实证主义的哲学思想在欧美各国广泛传播,实证主义协会也遍地开花,对欧美国家、拉美国家(如巴西、墨西哥)乃至亚洲国家都产生了深远影响。②

　　沿着孔德开创的思想前进,约翰·斯图亚特·穆勒和赫伯特·斯宾塞在这一时期从哲学上进一步充分阐释了实证主义。穆勒与孔德关系密切,说是亦师亦友也不为过。孔德的实证主义奠定了穆勒哲学思想的基本方向,而英国的经验主义传统则构成了穆勒哲学思想的英国特色,这一点在实践理性领域得以充分彰显,即穆勒的伦理学思想。在穆勒看来,人的行为应"将'功利'或'最大幸福原则'作为道德基础的信条,而最大幸福原则认为行为的正确性与促进幸福的程度成正比关系。倾向于促进幸福的行为是正确的,而倾向于幸福反面的行为则是错误的"③。这一伦理思想以一种数学中

---

① [德]马克思:《资本论》第1卷,人民出版社2004年版,第22页。
② 严复通过穆勒、斯宾塞了解到西方近代的"实测内籀"之学,将实证主义较为系统地引入近代中国思想界,王国维、胡适、冯友兰和金岳霖等人的思想都在不同程度上受到了实证主义的影响。参见杨国荣《实证主义与中国近代哲学》(修订版),华东师范大学出版社2018年版。
③ John Stuart Mill, *Utilitarianism*, Kitchener: Batoche Books Limited, 2001, p.10. Utilitarianism目前被普遍接受的译法是"功利主义",不过也有学者指出译为"功用主义""效用主义"为佳。如果仅从实证主义的角度来看,"功用""效用"更能体现实证主义的"有用性"思想。

的函数方法界定了人类的行为对错与幸福与否的比例关系,将本来以意志为基础讨论的问题转嫁为以结果为基础,人类幸福也由此具有了量化评价的哲学可能。斯宾塞并不认同孔德的许多观点,但是在基本哲学立场上明显受到了孔德的影响。作为"社会达尔文主义之父",斯宾塞从生物学前提出发寻求人类社会的最大幸福,认为:"进步不是一种偶然,而是一种必然。文明并不是人为的,而是天性的一部分","人类曾经经历和仍在经历的各种改变,都起源于作为整个有机的天地万物之基础的一项规律"。① 结果就是,人类的各种机能必然会被训练得完全适合于社会状态,人必然成为完美之人。斯宾塞的这种观点突出反映了生物学发展给实证主义带来的巨大影响,也反映了 19 世纪中叶之后欧洲社会在迅猛发展的"资本的年代"对于人类进步和完善的普遍乐观主义。可以说,这一时期的实证主义契合了资本主义的自由竞争阶段向垄断、组织化生产过渡的历史特征,即社会是向前发展的,追求的是优胜劣汰的最大幸福,因而只有在结果上有用、能够计算的才是具有认识价值的,形而上学的知识与浪漫主义的价值则被视为时代的拖累。

随着资本主义的演进与发展,到了 19 世纪末 20 世纪初,列宁指出:"对于欧洲,可以相当精确地确定新资本主义最终代替旧资本主义的时间是 20 世纪初。"② 与之相应,在自然科学领域,法国科学家彭加勒指认物理学发生了严重的危机,因而对于上一阶段科学结果的客观性和有效性提出了质疑,认为科学事实更像是一种约定,人们出于思维经济的考量接受了某一种描述性的形式,其既不能证

---

① 参见[英]赫伯特·斯宾塞《社会静力学》,张雄武译,商务印书馆 1996 年版,第 27—28 页。

② 《列宁选集》第 2 卷,人民出版社 2012 年版,第 588 页。对于资本主义的发展阶段,以经济上的竞争和垄断范畴为依据,一般认为经历了自由竞争资本主义、垄断资本主义、国家垄断资本主义三大阶段,列宁这里所说的"新资本主义"指的则是垄断资本主义。参见成保良《资本主义发展阶段划分依据的理论述评》,《教学与研究》2003 年第 10 期。

实,也不能证伪。"约定论"的观点剧烈冲击了孔德以降的实证主义传统给定的或实证的立场,传统实证主义与经验的结合需要寻求新的解释。由此,孔德开创的实证主义传统走向衰落,代之以经验批判主义的实证主义新阶段。恩斯特·马赫不仅是颇负盛名的物理学家,更是经验批判主义的代表性学者。① 阿尔伯特·爱因斯坦在悼念恩斯特·马赫的文章中曾指出,马赫对他们这一代的自然科学家产生过巨大影响,因为马赫的哲学愿景是"获得一种观点,从这种观点出发,他毕业所从事的各个不同科学部门就可以理解为一种统一的事业"②。此外,经验批判主义在马赫处显示出更强的心理学和主观主义倾向。马赫将物质称为要素,"在我们把要素看做依赖于这一特定部分(我们的身体)的范围内,我们称其为感觉。在这种意义上,说世界是我们的感觉,不应该受到质疑"③。由此,马赫强调了纯粹经验的重要地位,认为经验领域的逐渐扩展最能促进科学思想的发展,而形而上学概念则是毫无意义的。在 19 世纪末 20 世纪初的世纪之交,马赫的思想不仅深刻影响了爱因斯坦等自然科学家和随后的逻辑实证主义者,而且对第二国际马克思主义的部分理论家产生了深远影响,并深度参与 20 世纪马克思主义发展的理论分歧。

在两次世界大战期间,以莫里茨·石里克和鲁道夫·卡尔纳普为核心的维也纳学派承继马赫的理论遗产④,与以莱辛巴赫为代表的柏林学派和以塔尔斯基为代表的华沙学派一道,在欧洲思想界掀

---

① 理查德·阿芬那留斯也是经验批判主义的代表性学者。通过将主客体在"基本经验"上同等化,阿芬那留斯试图消解主客二元论的对立,但是这种做法实际上非但没有重构实在性,反而彻底消解了主体的实在性,而反实在论正是实证主义的理论传统。囿于篇幅以及主题的考虑,本书不再赘述阿芬那留斯的观点。
②《爱因斯坦文集》第 1 卷,许良英、范岱年编译,商务印书馆 1976 年版,第 89 页。
③〔奥〕恩斯特·马赫:《科学与哲学讲演录》,庞晓光、李醒民译,商务印书馆 2013 年版,第 182 页。
④ 戈特洛布·弗雷格、伯特兰·罗素和路德维希·维特根斯坦等学者关于逻辑问题的讨论也对维也纳学派产生了深刻影响。

起了实证主义的再兴和革新潮流。由于维也纳学派广泛的理论影响力,本书在此主要以维也纳学派的观点勾画逻辑实证主义的理论轮廓。较之于传统实证主义,逻辑实证主义主要有三个方面的不同:第一,逻辑实证主义坚持以数理逻辑作为分析工具,这也直接体现在其命名上;第二,逻辑实证主义以语言分析取代了感觉、经验分析,因此,命题的意义是其证实方法,即命题是可证实的有意义的陈述;第三,逻辑实证主义坚持唯科学主义(Scientism)的立场,认为所有人文社会科学都要以物理主义的标准来建立和检验。① 逻辑实证主义者尤其对形而上学问题深感不满,坚称形而上学问题"只能借助以现代逻辑为基础的分析方法或者得以解决,或者被证明根本是无意义的伪问题"②。由此,逻辑实证主义者形成了一个共同的信条:"哲学应当科学化。对科学思维的那种严格要求被用来作为哲学的先决条件。"③相应地,逻辑实证主义者攻击马克思主义辩证法也就很容易理解了。在纳粹兴起后,维也纳学派和法兰克福学派的主要成员都流亡到了美国,出于对辩证法的不同态度,在悉尼·胡克的主持下,双方进行了两次直接论争④,由此将法兰克福学派与实证主义的理论纷争公开化。在阿多诺看来,20 世纪 50 年代的"实证主义争论"不过就是 20 世纪 30 年代维也纳学派和法兰克福学派论争的延续,也即霍克海默所描述的传统理论与批判理论之争的延续。⑤

---

① 参见[奥]鲁道夫·哈勒《新实证主义》,韩林合译,商务印书馆 1998 年版,第 20—24 页。
② 洪谦:《论逻辑经验主义》,商务印书馆 2017 年版,第 81 页。
③ [奥]克拉夫特:《维也纳学派——新实证主义的起源》,李步楼、陈维杭译,商务印书馆 1999 年版,第 20 页。
④ 参见[美]S. 胡克《忆与霍克海默尔等人的两次座谈》,段小光译,《哲学译丛》1983 年第 1 期。
⑤ 参见 Rolf Wiggershaus, *The Frankfurt School: Its History, Theories, and Political Significance*, Cambridge: The MIT Press, 1995, p. 566。

不过,逻辑实证主义在哲学上的独断性与对科学发展进程认知的非历史性日益为学界所挑战,一种被称为"科学哲学"的新哲学开始冒头,并随着科学技术的发展而为欧美思想界所追捧。在哲学逻辑上,则是波普尔以证伪原则挑战了逻辑实证主义的证实原则。固然,证伪与证实从逻辑上看不过是一枚硬币的正反面,但是这也说明,传统意义上的实证主义哲学已经迎来了自己的理论终结。在波普尔之后,实证主义的哲学流派在思想史的舞台上日益式微,但是以实证主义为核心理论支撑的实证精神和实证方法却并未随着哲学流派的终结而走向衰亡,反而早就随着自然科学技术的迅猛发展,在资本主义发展的不同阶段以形形色色的方式融入资本主义社会的意识形态之中,在资本主义社会的运行机制中发挥着核心价值观念的功效。在某种程度上,这就意味着,实证主义是与资本主义的发展历程紧密联系在一起的,实证主义的形态演进是和资本主义的社会发展同步的,并从资本主义社会的哲学思想最终内化为资本主义的意识形态。也因此,马克思主义在一百多年的发展历程中,对实证主义及其所代表的思想、精神和方法进行了坚决的理论斗争,最终描绘出一幅辩证与实证之争的思想图景,在人类思想图谱上留下了浓墨重彩的一笔。

在厘清了思想史中实证主义的基本发展脉络后,我们需要思考的问题是:作为现代西方哲学一支的实证主义,为何能够在百余年的思想史中持续对马克思主义发起理论挑战,并深刻参与到马克思主义的发展史过程中？一个可能的回答是,从思想史的发展逻辑来看,实证主义正是打着科学的旗号才得以连续发起对马克思主义的挑战的。因此,为解答这一问题,我们首先要做的就是阐释清楚实证主义与实证科学的联系和差异。

第一,什么是实证主义？在前文对实证主义的思想史素描中,已经较为粗浅地勾勒了其整体历史图景。如果更进一步对其进行定义的话,从狭义上来说,实证主义指的是 19 世纪在法国兴起并传播到整个世界的一个现代西方哲学流派,又称实证哲学。圣西门是其思想的滥觞,孔德以《实证哲学教程》将其发扬光大并确定其哲学范式,穆勒和斯宾塞延续了孔德的实证主义思想;以马赫为代表性学者的经验批判主义代表了实证主义的心理学和主观主义转向;以维也纳学派为代表的逻辑实证主义则是实证主义走向数理逻辑和语言分析的表现形态,其深刻影响了 20 世纪科学哲学的发展。从广义上来说,实证主义表征的是一种科学主义哲学思潮。这种广义的实证主义是对以黑格尔主义为范式的形而上学的理论反驳,自由主义是其理论底色①;其试图以牛顿力学的方法把握社会历史的"进化"②,强调从感官经验出发却远离了特定社会形态的历史与逻辑;其坚持批判本质主义和价值判断,尝试以唯科学主义的方式统一知识。③ 本书只在涉及某一具体历史时期的实证主义时,才指的是狭义的实证主义,否则所指的一般都是广义的实证主义。

如前所述,孔德提出实证主义具有六点核心要素,即真实的、有

---

① 这里的所谓"以黑格尔主义为范式"指的是以辩证逻辑为理论内核,强调变化、发展与扬弃的历史哲学思想。哈耶克就曾指出:"在这种德国造的历史主义的旗帜下,十九世纪下半叶发动了对个人主义社会理论的大举进攻,个人主义和自由主义社会的基础受到了质疑,历史宿命论和伦理学相对主义成了主流传统。正是在它们的影响下,从马克思到松巴特再到施宾格勒,'历史哲学'变成了对待社会问题的时代态度的最具影响力的表达。"哈耶克坚决反对历史主义,其理论指向毫无疑问是要捍卫资本主义的个人主义与自由主义意识形态。这也充分展示了实证主义作为反对历史主义的哲学思潮,其与资本主义意识形态的内在关系。参见[英]弗里德里希·A.哈耶克《科学的反革命:理性滥用之研究》,冯克利译,译林出版社 2012 年版,第 247—248 页。
② 在资本主义狂飙突进的 19 世纪,进化论占据了主导地位,被人类学家和民族学家广泛肯定。这种进化论的观点"假定由于人类行为的外部因素,事件将遵循既定的进程;一个严格的阶段序列把资本主义世界作为它唯一的、一致的目的地"。参见[意]马塞罗·穆斯托《马克思的晚年岁月》,刘同舫、谢静译,人民出版社 2022 年版,第 45 页。
③ 这一划分方式参考了孙伯鍨、张一兵《走进马克思》,江苏人民出版社 2012 年版,第 538—539 页。

用的、肯定的、精确的、有组织和相对的。但是,在实证主义的发展演变史中,其不断被赋予新的内涵,在不同的发展阶段也呈现出不同的理论样貌,唯有穷举法才可能做到不挂一漏万,但这又难免陷入理论材料的丰富性之中。本书在此仅归纳实证主义的核心主张,以充分彰显其理论特征,便于进一步展开批判分析。①

其一,实证主义无疑是经验主义的。经验主义是和理性主义并立的西方认识论思潮。可以说,两者分别代表了人类两种不同的认识论路线,到了近代,在自然科学大踏步前进的有力推动下,经验主义和理性主义逐渐形成了我们现在所看到的理论形态。在西方哲学史上,以洛克、贝克莱和休谟为代表的英国经验主义者与以笛卡尔、斯宾诺莎和莱布尼茨为代表的大陆理性主义者分庭抗礼,两条认识论路线争论的关键就在于人类认识的来源问题。对于经验主义者来说,可观察的常识、日常经验和语言构成了人类认识的地基,因为"对经验的分析、概括和表达就表现为对语言的分析、概括和表达,语言成为经验世界的'图画',对语言的研究成为对经验世界研究的工具和手段"②。而在休谟处,他从怀疑主义的原则出发,宣称知识的意义就在于其实用性而非所谓认知价值,将经验主义与理性主义的对立更尖锐地凸显了出来。实证主义在认识论路线上是沿

---

① 鲁道夫·哈勒认为实证主义具有四个基本特征:(1) 只承认感官可以把握的个体对象;(2) 只承认感官经验是人类认识的源泉;(3) 主张知识的统一性和科学的统一性假设;(4) 强调将非描述性陈述从知识和科学领域中清除出去,即取消价值判断。(参见[奥]鲁道夫·哈勒《新实证主义》,韩林合译,商务印书馆1998年版,第18—19页。)类似地,科拉科夫斯基将实证主义视为关于人类知识的某种规范的哲学态度,为人们在"知识""科学""哲学"的争论中提供了判断标准。即:(1) 现象学规则,"本质"与"现象"间没有真正的区别;(2) 唯名论规则,普遍抽象并非独立存在;(3) 否定价值判断和规范性陈述的认知价值;(4) 对科学方法的根本统一性的信仰。(参见 Leszek Kolakowski, *The Alienation of Reason: A History of Positivist Thought*, trans. Borbert Guterman, New York: Doubleday & Company, Inc., 1968, pp. 2 - 10。)
② 周晓亮:《西方近代认识论论纲:理性主义与经验主义》,《哲学研究》2003年第10期。

着经验主义所开辟的方向前进的。我们可以看到,从孔德的"想象始终从属于观察"①的命题,到穆勒宣称"所有的知识必须以经验为根据且接受经验的检验"②,再到逻辑实证主义者的语言转向(运用语言描述感觉、经验和思想,例如卡尔纳普就认为"关于经验和有意义的理论之间的关系的陈述必须是更细致的,既要严谨到足以取消可憎的形而上学陈述的程度,但又要足够地放宽,以便承认那些著名地可敬的和有意义的物理学陈述"③),实证主义始终坚持对感官经验的强调,将其视为人类知识真实、有用的根基。而沿着经验主义道路前进的实证主义,在认识论上延续了经验主义和理性主义一直以来的事实与价值、经验与规范的二元对立,无疑在事实上割裂了感性与理性的关系,从而将人类知识局限在当下有用性的狭小一隅。

其二,实证主义在认识论上表现为主观主义。作为反对亚里士多德的理论旗手,笛卡尔矗立在近代西方理性主义哲学的起点上,以心物二元论的主张驳斥了实在性的观念,以"我思,故我在"确立了人作为思维的实体。作为近代西方经验主义认识论发展的结果,实证主义坚持了主观主义的路线。孔德以观察法和归纳推理法作为认识世界的客观方法,但又强调以主观方法综合知识,使其为人所用。孔德从前期的唯科学主义立场转向后期的道德实证主义,鼓吹"人类教",就是这一主观主义认识论路线的必然结果。石里克曾经详尽反驳了将他的认识论与主观主义等同的做法。但是我们看到,石里克的反驳不过是将经验世界与超验存在的关系问题视为形

---

① [法]奥古斯特·孔德:《论实证精神》,黄建华译,北京联合出版公司2013年版,第11页。

② [美]H. D. 阿金:《思想体系的时代——十九世纪哲学家》,王国良、李飞跃译,光明日报出版社1989年版,第137页。

③ [美]M. 怀特:《分析的时代——二十世纪的哲学家》,杜任之译,商务印书馆1981年版,第209页。

而上学的命题存而不论,认为其不能通过经验加以检验与判定,实质上并未真正解决对逻辑实证主义的主观主义指责。①

其三,实证主义经由反对形而上学走向具有绝对性的相对主义。亚里士多德深刻影响了西方从古希腊到近现代的哲学思想,形而上学在某种意义上就是亚里士多德哲学的代名词,其所孜孜以求的是一个超感性的绝对整体的存在。实证主义从经验主义出发,将认识的来源归结为感官经验,那么作为普遍抽象的形而上学的绝对整体存在也就失去了立足的空间。孔德视以相对取代绝对为实证主义的必然倾向,认为这是符合科学与逻辑的重要属性,切合实证知识的基本性质。马赫提出了知识的相对性原理,认为概念是具有可变性的,会随着事实的变化而改正,以此超出原有的范围获得广泛应用②,比如时间和空间就只是感觉的复合体,由此将相对性原理变为了相对主义③。但是实证主义的相对主义立场并非真正坚持了"一切都是相对的",而是在孔德处就已埋下了绝对主义的种子,孔德就将"一切都是相对的"视为唯一绝对的原理。此外,经验批判主义者虽然承认自己是相对主义者,但是又将辩证法与相对主义不加区分地混同起来,蔑称辩证法为"诡辩论"。这是对辩证法的极大曲解。列宁曾经指出:"辩证法,正如黑格尔早已说明的那样,包含着相对主义、否定、怀疑论的因素,可是它并不归结为相对主义。"④辩证法并非要否定客观真理,而是科学地指出,我们的认识是在历史发展中接近客观真理的,而不是超历史地肯定所谓永恒真理的存在。

其四,实证主义挥舞科学主义的大旗,将科学与否作为核心的

① 参见[奥]克拉夫特《维也纳学派——新实证主义的起源》,李步楼、陈维杭译,商务印书馆 1999 年版,第 155—159 页。
② 参见周林东《略论马赫的认识论与近代物理学》,《哲学研究》1981 年第 3 期。
③ 参见孙显元《马赫的科学哲学》,《社会科学辑刊》1987 年第 5 期。
④《列宁选集》第 2 卷,人民出版社 2012 年版,第 97 页。

评价标准,走向了唯科学主义的理论立场。孔德提出,在实证阶段的"实证精神坚持使社会科学与其他全部基础科学协调起来,而不是使社会科学落进空洞无用的孤立状态中"①,社会科学将在与科学的协调发展过程中得到充分证实并发展起来。社会学的历史出场就此成为顺理成章的事情,而在社会学指导下建设的实证社会则是孔德心目中人类社会的最终形态,也即具有秩序、走向进步的社会。因而,孔德理解的科学"不是一种追求最新解释的研究。它不企求追根究源,而只是以发现世上存在的秩序为己任"②。而当科学系统发展之后,就将永远成为社会秩序的精神基础,进而塑造出一种普遍主义的神话,即唯科学主义。斯宾塞虽然在诸多观点上与孔德相左,但是认同孔德建设科学社会学的主张,这也充分反映了19世纪下半叶欧洲社会精英阶层对社会生活理性化趋势的认同。作为一名专业的物理学家,马赫就投向了实证主义的怀抱。在他看来,科学的真实内容并没有超越经验,即便是"一切心理事实都有物理的根据,为物理现象所决定"③。因此,科学的主要任务就是对事实的经济陈述,也即运用经济原理安排经验事实,从而使得形而上学问题得到解决,人类理智就此得以专心于真正的需要,科学的使命也就宣告达成。逻辑实证主义者则坚持以证实方法实现"科学的统一",一切不能由科学方法得到检验的学科,甚至连其存在的合法性都受到质疑,哲学尤其如此。在此,我们必须进一步追问的问题是:科学何以成为唯一的评价标准?实证科学与实证主义的关系是什么?这关乎我们能否准确理解实证主义的本意,进而真正找到马克

---

① [法]奥古斯特·孔德:《论实证精神》,黄建华译,北京联合出版公司2013年版,第41页。
② [法]雷蒙·阿隆:《社会学主要思潮》,葛秉宁译,上海译文出版社2015年版,第95页。
③ [奥]恩斯特·马赫:《感觉的分析》,洪谦、唐钺、梁志学译,商务印书馆1997年版,第43页。

思主义超越实证主义的关键之所在。

第二,什么是实证科学? 探求实证科学,自然要回溯到古希腊。在古希腊人眼中,科学与哲学是一致的,希腊哲人从一开始就想要把握事物的秩序,将其以可理解的方式组织起来,因而这一时期的哲学思想也被称为"自然哲学"(Natural Philosophy)。但是,这一时期的希腊哲人并非以科学或哲学的思想研究自然(这里指自然界),而是自然(这里指本质、本性)本身就是希腊哲人的思维方式。在这种思维方式中,"概念的分析和安排取得了一种独立的价值,'先天地'画出'实在'的一副形象,给它一种数学的抽象的形式,或一种受理性所支配的生活的影像"①。海德格尔明确指出:"从一个相当重要的意义上说,形而上学就是指物理学——也即关于自然的知识。"②在希腊哲人看来,作为理念的存在才具有确定的实在性,而感官对象的存在并不具有充分的实在性,研究自然(本质)的方法是人的沉思或者说内省。中世纪的欧洲思想被神学把持,哲学与科学不过是神学的婢女,但是亚里士多德的思想被经院哲学家用以调和理性与信仰的关系。由此,古希腊的理性科学传统得以继承下来,理性把握自然的权力得以保留。不过,托马斯·阿奎那以降的唯实论传统对此提出了挑战,对共相的否定和对个体的肯定使得感官经验的地位得以抬高,实在的世界不再是理念的世界,而是我们的感官可以把握的丰富多彩的世界。在近代世界的开端,伽利略率先提出科学的任务在于描述可以观察的现象,但是他认为,科学来自超出经验现象的理想实验,强调实验活动理想条件的重要性,因为只有通过这种方式才能保证科学的确定性与有效性。

由此,我们可以看到,在近代科学中,一方面,自然哲学的理性

---

① [法]莱昂·罗斑:《希腊思想和科学精神的起源》,陈修斋译,商务印书馆 2020 年版,第 506 页。

② Martin Heidegger, *Pathmarks*, ed. William McNeill, trans. Thomas Sheehan, Cambridge: Cambridge University Press, 1998, p.185.

传统依然被认可,从肯定前提进行演绎的逻辑方法依然具有充分的效力,牛顿提出的运动三大定律就是运用理性进行逻辑推演的产物,也因此,牛顿才将自己的著作命名为《自然哲学的数学原理》;另一方面,观察、实验的方法获得越来越多的拥趸,"当人们宣称科学的特殊性时,正是因为科学是以事实为基础的,而这一事实被假定为可以通过小心翼翼、无偏见地使用感官以直接确立关于世界的断言"①。1543 年被视为近代科学的元年,就是因为两部科学著作——哥白尼的《天球运行论》和维萨留斯的《人体结构》的出版扭转了人类社会的宇宙观和自然观,其中《人体结构》以对人体的精准解剖将经验研究方法重新带回到生物医学之中。②

人们对于知识确定性和实证性的追求使得随后兴起的以数理实验为核心的自然科学成为实证科学。"人的心灵从理论转到实践,从静观的知识转到行动和操作的知识"③,作为自然沉思者的人让位于成为自然主宰的人,目的论和有机论的思维模式让位于机械论和因果论的思维模式,以自然的数学化和客观化为特征的近代自然科学推动了机械论自然观的形成,在自然哲学名义下并行的哲学与科学就此分道扬镳。面对人类认识世界的新方式,作为传统认识方式的哲学受到了猛烈冲击,哲学思想也受到了重大影响。比如,笛卡尔就曾试图从普遍数学的视角出发对哲学进行方法论反思;斯宾诺莎则按照几何学的形式建立起自己的哲学体系;康德认为人类的认识能力即在于认识对象与认识主体的一致,而不是认识主体与认识对象的一致,人类这一认识主体的认识能力仰赖于先天直观和

---

① A. F. Chalmers, *What is this thing called Science?* , Indianapolis/Cambridge: Hackett Publishing Company, Inc. 1999, p. 1.
② 参见[美]I. 伯纳德·科恩《新物理学的诞生》,张卜天译,商务印书馆 2016 年版,第 25 页。
③ [法]亚历山大·柯瓦雷:《从封闭世界到无限宇宙》,张卜天译,商务印书馆 2016 年版,前言,第 i 页。

知性范畴构成的纯粹理性,即作为实证科学基本方法的数学和几何学。但是我们同样看到,康德以降的德国观念论却"没有离开过哲学的基地","认为宗教、概念、普遍的东西统治着现存世界"。① 认识主体只能把握认识客体的数量、形式等,而不能把握其内容和本质,因而只是建立起形式主义的普遍性与客观性,而远离了客体的真实内容与本质。由此也就不难理解,为什么到了 19 世纪,以孔德为代表的实证主义依然要坚决反对一切形而上学,反对实体、精神等抽象概念。这既是人类两种理智思维路线斗争的延续,也是现实思想争锋的必然。

较之于古希腊和近代实证科学,现代科学及其衍生出的技术宰制了 19 世纪以来的世界图景。在亚里士多德那里,劳动和技艺活动被称为"创制",低于理论和实践活动,是由奴隶所从事的具有实用目的性的"卑陋"行为。因而,自然哲学与创制活动分属两个不同层级,自然哲学具有显而易见的高级地位。在这一传统的影响下,近代科学与技术依然有着较为明显的分野,关注自然及其规律和使用工具与物质打交道是由两个不同群体的人所从事的。然而,"不断与难以驾驭的物质打交道,不能不激起因果解释的愿望,努力设计出更为理性的工作方式"②。在力学中,数学处理和经验基础同时自发产生出来了,人们越来越意识到数学能够充当一切技术和科学活动的基础。经由经验技艺到数理实验的现代科学,技术最终在 19 世纪与现代科学合流,科学与技术由此绑定在了一起,转化为新的生产力,极大地推动了人类社会的文明进程。马克思指出:"现实财富的创造……取决于科学的一般水平和技术进步,或者说取决于这种科学在生产上的应用。"③也即是说,对于财富的永恒追求,使得科学

---

① 参见《马克思恩格斯选集》第 1 卷,人民出版社 2012 年版,第 143—145 页。
② [荷]爱德华·扬·戴克斯特豪斯:《世界图景的机械化》,张卜天译,商务印书馆 2018 年版,第 349 页。
③《马克思恩格斯全集》第 31 卷,人民出版社 1998 年版,第 100 页。

技术的目的指向实用化、有用化,人们不再如传统社会中只是运用理性探索自然的真理,而是以实验的方法掌控自然,改造自然,使自然臣服于人。

海德格尔在反思现代社会的时候意识到,"世界成为图象和人成为主体"是现代社会建构过程中相互交叉的两大进程,"对世界作为被征服的世界的支配越是广泛和深入,客体之显现越是客观,则主体也就越主观地,亦即越迫切地突现出来"①。在这样一种世界图象化和个人主体化的情形下,人的行为结果的价值判断转为要求形象化、精准化和数学化,也即只有有形的、可以精确度量的行为才算是有价值的,"是"与"应当"被割裂为对立的两极,浪漫主义的价值被轻视,而实证科学获得了高度认可,科学家从事的研究工作成为正面价值判断的核心根据,对于科学技术的迷信最终上升为社会的主导意识形态。最终,以科学技术为底座的现代社会得以建成,一切人与物都被科学技术纳入统一的、整齐划一的数字化管理之中。马尔库塞感叹:"对于制度化的生活形式,科学(纯粹的和应用的)将具有一种僵化、固定和保守的功能。甚至它最具革命性的成就也只是同现实的特定经验及组织相一致的建设和破坏。"②科学技术的统治使得现代社会产生的痼疾亟需一剂良方来对症下药,漂泊在大地上的异乡人愈发心怀故乡!

综上,我们可以看到,实证科学是在近代以来才兴起的,体现了人的主体性的觉醒以及对经验世界的掌握。这种诉诸经验和数理实验的方法极大地推动了科学的发展,但也深刻影响了人类的世界观,机械论和因果论的思维方式成为人类心灵的新型主导模式。在与技术的合流过程中,科学愈发展现了其对生产力发展和人类财富

---

① 《海德格尔选集》下,孙周兴编,生活·读书·新知上海三联书店 1996 年版,第 902 页。
② [美]赫伯特·马尔库塞:《单向度的人:发达工业社会意识形态研究》,刘继译,上海译文出版社 2014 年版,第 140 页。

增长无与伦比的推进作用,科学技术成为人类行为价值判断的根据,成了一种占据统治地位的意识形态。由此,我们可以在此简单地归纳近代以来的科学精神:以具有自由意志的人的崛起为起点,通过经验研究和数理实验的方法,借助机械化、数字化的方式把握作为对象的感官世界,最终实现人对自然与社会的全面征服。在这种科学精神的"高效"指挥下,"一方面提高了现代生活的效率、现代社会组织的理性化,另一方面,在现代心灵中培养了无生命、无生机的意识"①。

　　伴随着科学技术的巨大成功,科学毋庸置疑地成为衡量知识的标准,科学方法更是成为生成知识的标准方法。而实证主义则是在"科学的世纪"中,由于哲学与科学分离之后的"复合"所孕育而生的人类理智的新产物,只不过这一"复合"是在运用数理逻辑重新阐释的认识论的基础上实现的。这一新的哲学思潮不再追求面面俱到的体系化哲学,而是只着眼于有限的哲学问题。我们看到,实证主义思想在诞生之初,通过区分能由经验所证实的世俗知识和无法证实也无必要的宗教知识,为人类摆脱宗教思想的束缚开辟了一条思想之途。但是正如科拉科夫斯基所反复说明的,实证主义的兴起是和特定时代的科学思潮密切相关的,实证科学的方法论决定了实证主义的学说。由此,实证主义产生了一种唯科学主义的教条:唯有在自然科学领域中被证明有效的方法,方能推及人类社会的其他领域并"理所当然"地取得成效。如果我们进行简单化的理解,那么实证精神就是孔德的实证主义所追求的秩序和进步,其不外乎就是在所谓唯科学主义的指导下数字化组织的现代社会和人对自然的全方位占有。科学方法可以简单描述为经验方法和数理实验方法,而实证主义方法论也可简单归结为三点:其一,经验性或非本质性,从

---

① 吴国盛:《什么是科学》,广东人民出版社 2016 年版,第 212 页。

经验和归纳出发描述现象的外在关系,而搁置对无形的本质与价值的讨论;其二,注重因果性,研判现象产生的环境,以先后关系将之串联起来;其三,非历史性,将由因果关系中抽象出的一般规律视为永恒不变的真理。

实证主义作为脱胎于实证科学的现代社会的"进步"的意识形态,随着科学思想愈发深入人心,以技术进步、社会发展塑造出的科学权威形象愈加巩固了其思想霸权的地位。但是我们要注意的是,科学技术与科学技术的应用不是一回事,我们不能把科学技术在应用中产生的问题归咎于科学技术本身,更不能以此来抵制科学技术的发展。马克思就曾明言:"现代运用机器一事是我们的现代经济制度的关系之一,但是利用机器的方式和机器本身完全是两回事。"①在科学技术日益成为现代社会关键构成要素的当下,发展、运用科学技术是必要的,而防范科学技术运用导致的不利后果以及附着其上的意识形态,则是对人类智慧提出的更高要求,因为"应对共同挑战、迈向美好未来,既需要经济科技力量,也需要文化文明力量"②。也因此,我们对于实证主义的批判并非要反对实证科学,而是反对唯科学主义的实证主义及其意识形态。

三、"两种文化"与文明危机:反思与批判实证主义的两条路径

1959 年,C. P. 斯诺在剑桥大学发表的题为《两种文化和科学革命》的演讲中指出:"整个西方社会的智力生活已日益分裂为两个极端的集团······一极是文学知识分子。另一极是科学家"③。实证主义显著地体现了欧洲思想界中科学与人文被截然分为两个部分这

---

① 《马克思恩格斯文集》第 10 卷,人民出版社 2009 年版,第 46 页。
② 习近平:《深化文明交流互鉴 共建亚洲命运共同体——在亚洲文明对话大会开幕式上的主旨演讲》,《人民日报》2019 年 5 月 16 日。
③ [英] C. P. 斯诺:《两种文化》,纪树立译,生活·读书·新知三联书店 1994 年版,第 3—4 页。

一问题。在孔德看来,人类社会的发展不过是生物进化的终点,因而人类社会亦是有机的,是自然界的一部分,进而,研究人类社会的发展规律就可参照研究自然的科学规律来处理。既然人为的秩序不过是自然的秩序的延伸,那么人类的价值与目的也就可以运用实证主义的方法来判定,真、善、美也就具有了功利主义的评价标准。逻辑实证主义以能否由经验和实验证实为标准区分了科学与非科学,在逻辑实证主义者看来,以形而上学为代表的非科学"没有传达实际知识的意义(cognitive-actual meaning)",只是"具有激动情感的意义(expressive emotion meaning),多少像诗歌、艺术和音乐那样"。① 那么,欧洲思想界为什么会出现科学与人文的极端对立,又导致了什么恶果呢?

我们看到,科学与人文的分裂是伴随着近代科学的发展而逐渐加剧的。一方面,作为独立研究领域的科学日益壮大,新的科学门类如雨后春笋般涌现;另一方面,研究科学不再只是个人的兴趣爱好,科学研究成了一种职业,科学院、科学协会纷纷成立,科学交流愈发专业化。随着自然科学的迅猛发展以及对于人类社会变革的巨大推动作用,科学日益为社会大众所接受,但伴随而来的是对于人类社会和道德的猛烈冲击。自然科学通过经验观察与数理实验,归纳总结出自然界的规律,运用技术手段实现了人类对自然的征服,从前现代的匍匐于自然脚下转变为自然的支配者,在自然面前确立了人类的主体性。张扬的主体将科学的方法推广到社会的各个领域,整个世界的图景都奠基于可预测的牛顿力学和精准的数学基础之上。唯科学主义一时间甚嚣尘上,而实证主义就是这种思潮在哲学领域的集中体现。

实证主义强调社会与自然的同一性,认为既然存在以进化论为

---

① 参见洪谦《论逻辑经验主义》,商务印书馆 2017 年版,第 109 页。

规律演进的自然界,自然而然也就有伴随物种进化而从低级走向高级的人类文明。这种由生物学理论确证合法性的社会学学说迎合了欧洲资本主义社会自由竞争的需求,确保了强者对于弱者的掠夺合法性,推广到资本主义主导的国际关系中,则是强国对于弱国的全方位侵略,瓜分世界的狂潮出现在这一时期也就一点也不让人意外了。但是,当世界瓜分完毕,欲壑难填的旧大陆强国又该如何延续这一理念呢? 毫无意外只能是继续厮杀,直到山穷水尽、文明危机! 奥斯瓦尔德·斯宾格勒哀叹:"一个纯粹只重广泛的效果,而排除伟大的艺术和形而上学的生产的世纪,便是一个没落的时代。"①科学的繁荣推动了西方的兴盛,但也带来了作为副产品的实证主义。实证主义对于人类具有浪漫主义色彩的价值的否定,对于形而上学的傲慢,以及对于科学技术的顶礼膜拜,使得"是"与"应当"之间的鸿沟越拉越大,最终在人类文明的维度一手导演了西方的没落。我们看到,伴随着唯科学主义的愈演愈烈,19世纪晚期以来,科学技术对于人类社会的影响愈加明显,而科学技术本身的两面性却被忽视,当科学技术掌握的力量可以左右人类生活的时候,文明危机也就无可避免地到来了。所谓文明危机,其实就是人类生存的意义危机和价值危机。

面对这种文明危机,西方思想家也曾试图予以拯救,人文主义者便是其中的急先锋。"科学主义的盛行激起了人文主义对科学的批判,这种批判主要指向了近代科学及其所代表的机械论自然观。"②"人文主义"(Humanism)一词虽然直到1808年才由尼特哈麦以德语humanismus首创,但19世纪的历史学家普遍认为"人文主

---

① [德]奥斯瓦尔德·斯宾格勒:《西方的没落》上册,齐世荣、田农等译,商务印书馆2001年版,第43页。
② 蔡仲、刘鹏:《科学和人文的冲突与融合》,南京大学出版社2015年版,第15页。

义"一词是与文艺复兴密切相关的。① 虽然这一时期的人文主义者并未直接遭遇唯科学主义的兴盛,但是其对人的价值的发现和对人类尊严的坚守却点燃了人文主义的思想火炬并传递到现时代。18世纪的启蒙思想家无疑直面了17世纪以来的科学革命。面对科学的大步向前,卢梭挺身而出,提出了批判:"何以会有那么一种比无知还更加可鄙的科学的奇谈怪论竟冒充'知识',而且反过来对知识的进步设置一道难以克服的障碍。"②面对科学对人类时间的浪费以及引发的奢侈之风进而导致的道德败坏,卢梭反问:为什么人类可以运用科学使自身超越局限,乃至"一跃而进入了天国",但是让人类反观自身,研究自身,认识人的天性、职责和目的,却又如此困难?卢梭的质问其实隐含了对于人类文明发展前景的忧虑,"人类对自然——同时也就是对自己本性——越来越多的干预明显地表示:人类的力量是一种摧毁人类(世界)、使人类自身非自然化的力量"③。卢梭的反问集中体现了人文主义者对于科学与人类关系的哲学反思。

19世纪的欧洲思想界出现了一场科学方法大辩论。不同于实证主义视社会与自然同一的做法,人文主义者格外强调社会与自然的差异性,提出自然本质上是物质的,而社会本质上则是人的精神的外化与客体化。因此,人文主义者认为绝不能用自然科学的方法去研究人类的精神世界。狄尔泰认为,西方文明危机的根源就在于知识与生命的脱节、理论和实践的分离。"一种关于自然界的实证科学就在对它那些有限的目标有把握的情况下,更加清楚地使自身

---

① 参见[英]阿伦·布洛克《西方人文主义传统》,董乐山译,群言出版社2012年版,第9页。

② [法]让-雅克·卢梭:《论科学与艺术的复兴是否有助于使风俗日趋淳朴》,李平沤译,商务印书馆2011年版,第9页。

③ [法]贝尔纳·斯蒂格勒:《技术与时间:1.爱比米修斯的过失》,裴程译,译林出版社2012年版,第100页。

与——一直得到人的精神力量所具有的总体性通过形而上学哺育的——文化整体分离开来。"①为了克服文明的危机,狄尔泰提出要将社会科学及其方法纳入人类的整体思考之中,建构关于人本身的科学,也即用精神科学研究人类社会与历史,在研究前人确立自身的思想与活动中揭示出人的本质,进而使得当代人得以超经验地看待活生生的世界历史总体。

人文主义者对于实证主义的反思与批判集中体现了西方思想家为了拯救现代化过程中失落的价值所做的理论尝试,但是人文主义者的努力显而易见地失败了。实证主义的思维方式成为19世纪后半叶以来欧美社会的主导世界观,而两次世界大战则彻底戳穿了科学繁荣所营造的文明昌盛假象。人文主义者失败的原因就在于,"被窄化为工具理性的现代性逻辑在当代社会中转变成为以追求剩余价值为己任的资本逻辑,后者正以蔓延之势主导社会生活的方方面面"②。这充分向我们表明,实证主义业已演化为资本逻辑在当代社会的意识形态表现,因而,以人文主义的价值对抗资本主义的价值无外乎以卵击石,难以建功。真切发生的社会危机迫切要求人类找寻克服之途,而以批判资本主义为核心旨归的马克思主义正是解决实证主义所引发"痼疾"的"良药"。③

马克思主义差不多可以说是和狭义的实证主义同时诞生的,两

---

① [德]威廉·狄尔泰:《精神科学引论》第1卷,艾彦译,译林出版社2012年版,第194页。
② 夏莹:《现代性的极限化演进及其拯救》,《社会科学战线》2019年第3期。
③ 在西方思想界以人文主义反思实证主义的背景下,在稍晚的20世纪20年代的中国也发生了一场人文主义与实证主义的论争,后世称之为"科玄论战"。这场论战的中西方背景是有显著差异的,西方社会苦于科学主义、实证主义的过度发展,而中国社会却面临着科学主义、实证主义的过度不发展,因此论战的结果自然是科学派和唯科学主义的胜利,这是符合那一时期中国社会的现实需要的。在当代,我们面临的历史境况发生了深刻的变化,因而我们需要因时而变、因时而思,基于马克思主义立场,运用辩证智慧回答世纪之问。参见[美]郭颖颐《中国现代思想中的唯科学主义(1900—1950)》,雷颐译,江苏人民出版社1990年版,第99—146页。

者都是对近代哲学变革的一种反应,并且同样受到了工业文明和自然科学的最新发展成就的滋养。从哲学发展史上来看,近代哲学从对本体论的关注转移到认识论问题,而认识论的核心问题就是解决主体认识与作为对象的客体发展的内在规律的一致性问题。实证主义秉承了近代经验主义哲学认识论的传统,试图依托自然科学方法论向符合时代的"科学"认识论转进。但是,直接从认识对象出发的立场使得实证主义无法真正透视特定社会的历史与逻辑形成的深层原因,也正是因此,实证主义在社会和历史科学的研究中暴露出其方法论的非科学性和形而上学性。

　　从马克思主义的观点来看,实践是社会历史领域一切认识活动的基础,也是源泉与动力,并不存在可以脱离具体研究对象的纯粹的科学认识方法,也不存在超越时空的绝对真理。实证主义的认识论"只是从客体的或者直观的形式去理解,而不是把它们当作感性的人的活动,当作实践去理解"[1],这种局限于从纯粹客体出发,简单粗暴套用的僵化方法是无法实现真正的认识的,也就无法理解真正的人的活动。马克思主义在思想史上实现了以实践和批判为特征的,真正彻底的、科学的哲学革命,而实证主义仅仅局限于将自然科学研究中看起来普遍有效的方法提升到哲学原则的高度,并将其强制推广到社会现象的研究中来。因此,两者在起点处就开始显示出分化的路径,进而形成了两种不同的认识论路线并延续至今。也由此,马克思主义与实证主义在认识论、方法论、历史观上形成的对立和论争成为 19 世纪以来人类思想史领域的一大文化景观。

　　重新回归马克思主义发展史的语境可以发现,马克思主义与实证主义的理论交锋已经绵延了超过一个半世纪。在这一个半世纪里,马克思主义与实证主义的学术形象在不同的历史阶段、不同的

――――――――――――

[1]《马克思恩格斯选集》第 1 卷,人民出版社 2012 年版,第 133 页。

思想流派中被进行了完全不同的建构,以至于马克思主义与实证主义的思想关系问题被遮掩到层层思想史迷雾之中。面对这一情况,我们只有重新回到思想争锋的语境之中,深入领会"变"与"不变"的辩证关系,才能完整准确地定位马克思主义与实证主义的思想关系。在此基础上,我们才能明确研究的最终指向。我们研究马克思主义与实证主义的思想关系问题,不仅是为了知道它"是什么"以及"为什么",更要知道"怎么看",即明确马克思主义对待实证主义的基本立场和态度。唯其如此,我们才能牢固站稳马克思主义的理论立场,真正实现 21 世纪马克思主义研究的不断创新发展。

思想史研究的意义便在于为当下总结历史经验,从而为人类打开朝向未来的空间。当代中国的改革开放和现代化建设取得了显著成果,但是改革大潮的汹涌之下,以实证主义为代表的社会思潮获得了相当广泛的市场,在社会生活的诸多领域产生了广泛的影响,"马克思主义的任务已经不再是简单地批判实证主义,而是深入它的前沿,充分警觉种种非历史性理论的问题"①。要想清楚阐释马克思主义批判实证主义的理论意义,我们必须一方面把握实证主义及其方法的实质内涵,厘清马克思主义和实证主义在方法论上的分歧与斗争,另一方面彰显马克思主义的本真科学意涵,进而从学理出发阐明马克思主义超越实证主义之所在,捍卫马克思主义的意识形态主导地位。

从整体来看,在新时代全面审视马克思主义与实证主义的思想争锋具有四点理论意义。首先,在新的社会历史条件下,通过与实证主义的批判对话,我们得以深入研究与准确阐述马克思主义的世界观和方法论。马克思主义世界观和方法论的深刻内涵就在于其不同于实证主义的彻底的批判精神与实践精神。这使得马克思主

---

① 孙伯鍨、张一兵:《走进马克思》,江苏人民出版社 2012 年版,第 578 页。

义可以在理论与实践相互渗透、转化的过程中获得理论创新的广阔空间,这一点在马克思主义与实证主义的理论争锋过程中得到了最明显的体现。通过梳理这一理论创新经验,我们得以迈向 21 世纪马克思主义的新阶段。其次,通过深入剖析马克思主义的文本,以历史观与方法论为思想史切口,我们得以在分析辩证与实证理论交锋的过程中准确把握和系统展示马克思主义的当代价值。我们看到,马克思主义自诞生以来的发展在某种程度上可以说是与对实证主义的批判直接联系在一起的。因此,在新时代,反对实证主义是我们科学分析资本主义新情况、新变化的题中应有之义。再次,通过厘清马克思主义与实证主义的思想史论争,我们得以回应西方学者对马克思主义"实证化"的批评,进而阐明马克思主义辩证法的真正含义。面对西方学者从学理上对马克思主义发起的"实证化"批判,我们只有坚持运用马克思主义辩证法解释当代人类社会的自然科学实践与社会历史实践,在理论发展的前沿驳斥实证主义思维的非历史性,才能在理论斗争中坚决捍卫马克思主义的科学性与真理性。最后,在牢牢坚守马克思主义立场的基础上,我们得以运用辩证思维破除实证主义思维方式下对资本主义社会物化结构的盲信。历史与现实已经向我们雄辩地证明,只有运用辩证的总体观才能透彻认识现实的社会过程,从而帮助我们透视资本主义生产方式下商品、货币和资本拜物教的真相。唯其如此,我们才能够充分认识到资本主义社会的历史性,进而感悟马克思主义仍然是我们时代的真理与良心。

四、马克思主义与实证主义关系研究的三种解读模式

作为同样诞生于 19 世纪上半叶的哲学思想,马克思主义与实证主义都随着资本主义的历史发展而作出相应的理论调整,但是两者又都始终沿着创始人开辟的理论路径前进。在此过程中,马克思主

义与实证主义在百余年的思想史中发生了多次清晰可辨的理论碰撞,形成了复杂的理论纠葛状态。从不同的理论立场出发,关于马克思主义与实证主义关系的研究大致可以归结为三种解读模式。

（一）从马克思主义立场出发对实证主义的批判解读模式

依据研究主体的不同,从马克思主义立场出发对实证主义的批判可区分为马克思主义经典作家的自觉批判、国外马克思主义学者的理论批判以及中国学者的针对性批判等三种不同类型的批判。

第一,马克思主义经典作家在理论活动中自觉批判实证主义及其理论变种。马克思恩格斯与实证主义一样强调拒斥形而上学,反对从原则出发来理解现实的世界历史,在《德意志意识形态》中从哲学立场转变到实证科学立场。但是,实证科学在马克思恩格斯的思想中是辩证的、批判的和革命的,而不同于任何基于维护现实和倒退复古的实证思想。因此,历史唯物主义在声明自己的实证科学特征的同时,也与非历史的实证主义思想划开了界限。在这一认识的基础上,马克思恩格斯先后在多个场合对孔德及其实证主义思想进行了批判,并在实证主义高唱凯歌的胜利时刻,专门写作《反杜林论》来清理杜林的实证主义思想在党内造成的混乱风气,驳斥迷信实证主义的工人领袖、群众和知识分子"想使社会主义有一个'更高的、理想的'转变……来代替它的唯物主义的基础"①的唯心主义空想。马克思恩格斯在政治经济学研究中证明,粗俗的经验主义并不是形而上学的反对者,而是其实质上的拥趸,因为其理论归宿最终是落脚到运用简单的形式理性法则,"直接从一般规律中得出不可否认的经验现象,或者巧妙地论证它们是同一般规律相一致的"②。由此,马克思恩格斯充分意识到,真正的科学理论必须不断与资本主义社会的现实"活水"进行互动,在哲学批判和政治经济学批判内

① 《马克思恩格斯文集》第 10 卷,人民出版社 2009 年版,第 420 页。
② 《马克思恩格斯全集》第 33 卷,人民出版社 2004 年版,第 66 页。

在融汇的过程中,运用马克思主义的辩证法透视社会历史表面的物相和颠倒的假象,最终实现从形而上学批判到意识形态批判再到资本批判的层层递进。实证主义对于第二国际马克思主义的理论侵蚀极大冲击了马克思主义的发展,标榜超越唯物主义和唯心主义的经验批判主义一时风头无两,在理论和政治层面严重败坏了马克思主义的科学性。面对这一危局,列宁写作《唯物主义和经验批判主义》一书,批判经验批判主义及其俄国变种。具体而言,列宁一方面批判以所谓"最新实证论"消灭辩证唯物主义的主张,认为经验批判主义者"由于不懂得辩证法,就经过相对主义而陷入了唯心主义"①,捍卫建立在哲学唯物主义基础上的历史唯物主义,另一方面批判经验批判主义烦琐的认识论语句背后所代表的"现代社会中敌对阶级的倾向和意识形态",强调马克思主义哲学的党性原则,并从唯物辩证法的实践本质出发呼唤无产阶级的革命能动性。列宁的理论努力最终在俄国革命实践中生根发芽,并转化为震撼世界的十月革命的指导力量。斯大林高度肯定了列宁的理论贡献,阐明了列宁对抗经验批判主义对于捍卫马克思主义理论基础的重要性与紧迫性。但是,斯大林将辩证唯物主义归为马克思主义的"哲学理论基础"、将历史唯物主义归为马克思主义的"科学历史基础"②,偏离了列宁以唯物辩证法研究使得辩证法、逻辑学与认识论三者统一于"一整块钢"的马克思主义哲学。结果就是,实证主义的"时髦观点"冲破了苏联马克思主义的理论阵地,苏联学者在《马克思主义哲学和新实证主义》一书中明确指出:"新实证主义(即逻辑实证主义)的观点……渗透到苏联的知识分子中间来了。"③不同于苏联的马克思主义者,中国的马克思主义者毛泽东强调经验事实的重要性,但是并

---

① 《列宁选集》第 2 卷,人民出版社 2012 年版,第 239 页。
② 联共(布)中央特设委员会编:《联共(布)党史简明教程》,中共中央马恩列斯著作编译局译,人民出版社 1975 年版,第 112 页。
③ 东平:《马克思主义哲学和新实证主义》,《语言学资料》1965 年第 2/3 期。

未走向实证主义的经验至上,而是要求由经验认识走向辩证认识,批判"尊重经验而看轻理论,因而不能通观客观过程的全体"①的庸俗的事务主义家,在对实践与认识关系的辩证认识中确证了马克思主义对于实证主义的优胜之处。

第二,国外马克思主义学者在捍卫马克思主义的过程中对实证主义展开了理论批判。面对第二国际部分理论家运用实证主义"修正"马克思主义所导致的理论教条化和僵化,以卢卡奇、柯尔施、葛兰西为代表的欧洲各国的共产党理论家纷纷著书立说,澄清实证主义与马克思主义的理论界限,并以此开启了西方马克思主义的理论图卷。卢卡奇批判第二国际部分理论家走向经济决定论的实证主义倾向,清晰指出:"正是关于自然的唯物主义观点造成资产阶级世界观和社会主义世界观之间真正彻底的区别。"②卢卡奇从"改变现实"这一辩证法的中心议题出发,以总体性方法对抗实证主义之形式理性主义方法论,既拆穿了资本主义的实证主义意识形态,又探索了一条在理论上超越自然必然性而通往自由的道路。柯尔施认为,马克思主义的科学性在于其是一种经验的无产阶级世界观,而不是唯心主义或教条主义的所谓客观真理。这种无产阶级的世界观产生于理论与实践的完整统一,实证主义者却由于对纯粹哲学的拒斥而看不到"哲学中所包含的那些观念,不仅能存在活哲学之中,而且能同样好地存活在实证科学和社会实践之中"③,因此无法理解哲学与革命间的辩证关系。葛兰西一方面批评以普列汉诺夫为代表的马克思主义者滑到了庸俗唯物主义的立场上,因此导致其"提出问题的方式是实证主义方法的典型,并证明了他的思辨和编史的能力的贫瘠",另一方面认为以奥托·鲍威尔为代表的第二国际部

① 《毛泽东选集》第1卷,人民出版社1991年版,第291页。
② [匈]卢卡奇:《历史与阶级意识》,杜章智等译,商务印书馆1999年版,第11页。
③ [德]卡尔·柯尔施:《马克思主义和哲学》,王南湜、荣新海译,重庆出版社1989年版,第9页。

分理论家滑到了新康德主义的立场上，同以实证主义为代表的唯心主义思潮结合了起来。① 葛兰西提出的解决方案是沿着拉布里奥拉开辟的实践哲学路线，将实践哲学视为"开辟了历史新阶段和思想发展新阶段的"独创哲学，由此方能领会辩证法的基本功能与意义。卢卡奇、柯尔施和葛兰西在实证主义深刻影响第二国际马克思主义的背景下，在西方主要发达资本主义国家开启了高扬马克思主义辩证旗帜的先河。

　　法兰克福学派沿着西方马克思主义的路径继续前进，在霍克海默、阿多诺的带领下，以批判理论为理论指引，从 20 世纪 30 年代开始与主张唯科学主义、非历史的经验主义的实证主义进行激烈的理论论战。整体来看，法兰克福学派从理论上阐明了马克思主义与实证主义的分野，并指证实证主义是资本主义意识形态的产物，纳粹主义与实证主义有着密切的"血缘关系"。在马尔库塞看来，马克思主义的真理即理论与实践的统一，而这造就了真理的绝对主义，并且正是在理论与实践统一的基础上才使得"辩证法理论从实证主义和相对主义后来的表现形式中分离出来"②。通过坚守辩证精神，法兰克福学派围绕理论、方法、社会三个维度与实证主义展开理论论战，并在 20 世纪赓续了马克思恩格斯所开辟的"哲学与社会科学的联盟"③，为超越实证主义探索了可行的理论创新道路。

　　随着《1844 年经济学哲学手稿》的横空出世，西方马克思主义接合西方哲学传统的人本主义思想，将马克思主义理解为一种理论的人道主义。萨特以总体化的哲学反对实证主义的形式理性。萨特通过区分生成中的总体化与固化的总体性，呈现了辩证理性与形式

① 参见［意］葛兰西《实践哲学》，徐崇温译，重庆出版社 1990 年版，第 74—77 页。
② ［美］赫伯特·马尔库塞：《理性和革命：黑格尔和社会理论的兴起》，程志民等译，上海人民出版社 2007 年版，第 272 页。
③ 参见张亮《通向哲学与社会科学的联盟之路：马克思哲学道路的当代阐释》，中国人民大学出版社 2022 年版。

理性的区别。也就是说,辩证法与实证主义的根本不同就是,辩证法不是将认识看作对某个现成对象的再现和构成,而是将之视为变动不居的事物间的联系环节,因此,"作为世界和认识的规律,辩证法本身应该是可理解的,即——与实证主义理性相反——在自身中包含自己的可理解性"①。戈德曼在《隐蔽的上帝》中尝试突破西方马克思主义的逻辑悖论。戈德曼通过将人本主义的价值批判与科学主义的实证路线进行折中,以克服西方马克思主义的单向度偏重。为了实现这一理论目的,戈德曼将"应该"与"是"建构为一种辩证的并行结构,由此既强调了社会历史发展的物质基础,又突出了超越性维度的重要性,从而走出了西方马克思主义的"第三条道路"。

第三,中国学者始终秉持马克思主义的立场,在相关研究中对实证主义展开了针对性批判。中国学者积极探索马克思主义的当代中国诠释,对马克思主义与实证主义的关系问题从不同角度展开了深入论述,取得了一系列标志性成果。例如,在孙伯鍨教授、张一兵教授主编的《走进马克思》中,通过深挖唯物辩证法与实证主义的哲学史线索,从方法论的角度展开批判分析,一方面指明了实证主义的意识形态本质及其思维方式的当代影响,另一方面系统展现了唯物辩证法对于实证主义的批判逻辑,强调了"站在历史主义的立场上运用辩证法即总体性的认识方法"以"破除资产阶级的实证科学对资产阶级社会的物化结构的迷信"的当代意义。② 邹诗鹏教授在《从启蒙到唯物史观》中比较了批判的社会观与实证主义社会观,明确指出对于实证主义社会观的批判是建立唯物史观的批判的社会观的前提,论证了马克思"其政治经济学批判愈是自觉和深入,就

---

① [法]让-保罗·萨特:《辩证理性批判》上,林骧华等译,安徽文艺出版社 1998 年版,第 178 页。
② 参见孙伯鍨、张一兵《走进马克思》,江苏人民出版社 2012 年版,第 581 页。

愈是在推动和深化实证主义批判,因而其批判的社会理论同样是其政治经济学批判的结果"①,将马克思的政治经济学批判与实证主义批判有机结合了起来。此外,国内学者还围绕马克思恩格斯对实证主义的批判、列宁以唯物辩证法对经验批判主义的批判、西方马克思主义理论家对实证主义的批判等主题展开了深入研究,形成了众多理论成果,在此囿于篇幅,就不一一罗列了。

(二)对马克思主义与实证主义不加区分的混淆解读模式

借助自然科学发展与技术进步的东风,实证主义一跃成为知识分子和普通群众广泛接受的"科学的哲学"。作为一种被普遍接受的哲学理论,实证主义也渗透到工人阶级中,杜林所宣扬的"严密科学"就是其中的典型,马克思恩格斯对此给予了坚决批判。但是,在马克思主义的发展与传播过程中,实证主义并未因此就消失匿迹,反而不断被部分党内理论家和马克思主义研究者视为重要的理论资源,引入马克思主义之中。依据理论目的的不同,可以将之分为对马克思主义的"修正""重构""割裂"三种类型。

第一,第二国际部分理论家在哲学层面将马克思主义与实证主义等而视之,并试图以实证主义"修正"马克思主义。具体可分为三种不同的理论形式:其一是以伯恩施坦为代表,通过片面解读西欧资本主义国家工人的生活状况,以此否认社会主义革命与经济必然性之间的客观关系,打出"回到康德去"的理论旗号,将马克思主义引向伦理社会主义。其二是以俄国和奥地利的部分第二国际理论家为代表,俄国理论家如波格丹诺夫、卢那察尔斯基等人就转向了马赫的经验批判主义,列宁对此进行了坚决的理论斗争;奥地利马克思主义者如麦克斯·阿德勒、弗里德里希·阿德勒也为经验批判主义所吸引,麦克斯·阿德勒宣称马克思主义不是一门哲学,而是

---

① 邹诗鹏:《从启蒙到唯物史观》,上海人民出版社 2016 年版,第 352 页。

运用社会因果律研究社会的"一种社会学知识的体系",将马克思主义指认为"一门以实证为特征的社会科学"。[①] 其三是以考茨基为代表,片面理解"历史必然性",将其理解为实证主义的"自然规律",因此坚持以"经济决定论"指导社会主义运动,寄希望于"自然而然"地"和平长入社会主义社会",最终导致第二国际在第一次世界大战的硝烟中遭遇理论与现实危机。

第二,西方马克思主义的部分流派求助于科学,试图对马克思主义进行实证主义式的理论"重构"。20 世纪 50 至 60 年代,在早期西方马克思主义者高呼"马克思主义就是人道主义"的理论喧嚣中,部分西方马克思主义流派打着科学主义的旗号对此进行了理论反动,推动了西方马克思主义的"科学主义转向"。其一是以意大利共产党理论家德拉-沃尔佩和卢西奥·科莱蒂为带头人的新实证主义马克思主义,其拒斥"黑格尔-马克思"中的理论连字符,强调亚里士多德和伽利略的实验概念与马克思主义的实践概念的理论亲缘性,提倡以"科学辩证法"取代唯物辩证法,将实证主义方法论非法"嫁接"到马克思主义之中。其二是法国共产党理论家阿尔都塞所开创的结构主义马克思主义,借用法国科学认识论的理论资源,通过"认识论断裂"将马克思主义发展史截然二分为科学与意识形态两个部分,以将具有严谨性和精确性的马克思主义与模糊不清的意识形态进行区分,搭建了一个类似于孔德神学、形而上学和科学三阶段的意识形态、哲学和科学的垂直理论体系。其三是以 G. A. 柯亨、乔恩·埃尔斯特和约翰·罗默为代表的英美马克思主义者,他们从分析哲学追求语言的绝对精确性出发,要求对马克思主义进行"精确化"改造。这一分析的马克思主义流派时至今日依然活跃在国外马克思主义的理论前沿,只不过日益远离辩证法,大力强调分析哲学

[①] 参见殷华成《奥地利马克思主义研究》,中国社会科学出版社 2014 年版,第 52 页。

方法和社会科学方法。例如，E. O. 赖特就运用社会学和统计学的实证方法，对当代资本主义社会的阶级结构和阶级意识展开考察。[1]

　　第三，西方"马克思学"学者将恩格斯视为马克思主义"实证化"的罪魁祸首，割裂历史辩证法和自然辩证法的内在统一性。第二国际内部对于马克思主义的不同解释使得马克思恩格斯之间出现了理论裂痕，而辩证法更是成为西方学者最为热衷的理论切口。马克斯·伊斯特曼在《马克思主义是科学吗?》一文中将辩证法与政治功效联系起来，表明了其反辩证法的立场。[2] 埃德蒙·威尔逊则认为辩证法与唯物主义的结合导致了神秘主义的结果。[3] 他们两人在英美知识分子群体中具有巨大影响力，也代表了当时英美思想界对于马克思主义辩证法的基本态度。不过，悉尼·胡克并未沿着这种思路简单理解马克思主义，而是以学术的方式构造了马克思与恩格斯在辩证法上的不同立场，认为自然辩证法是对马克思辩证法的背离，恩格斯要承担辩证法"神话化"的责任。[4] 在此之后，包括伊林·费切尔、罗伯特·塔克、莱泽克·科拉科夫斯基、乔治·李希特海姆等学者纷纷加入这一讨论，核心观点正如李希特海姆所总结的："'马克思主义'这个概念是马克思逝世后恩格斯创造出来的。而恩格斯无疑要为马克思主义体系中那些实证主义和进化论的非马克思主义因素负责。"[5]讨论的热度在马克西米里安·吕贝尔提交的"反恩格斯提纲"中达到顶峰，吕贝尔将马克思视为"真正的奠基

---

① 参见张亮、孙乐强《21 世纪国外马克思主义哲学若干重大问题研究》，人民出版社 2020 年版，第 124—126 页。

② 参见 Max Eastman, *Marxism: Is it Science?* , New York: W. W. Norton & Company，1940。

③ 参见 Edmund Wilson, *To the Finland Station : A Study in the Writing and Acting of History*, Doubleday & Company，1940，p. 189。

④ 参见 Sidney Hook, *Towards the Understanding of Karl Marx : A Revolutionary Interpretation*, New York: The John Day Company，1933，p. 104。

⑤ George Lichtheim, *Marxism: An Historical and Critical Study*, New York: Columbia University Press，1982.

者",却蔑称恩格斯是"伪辩证家"。① 一石激起千层浪,吕贝尔的"反恩格斯提纲"迅速激起了关于"马克思恩格斯关系论"问题的讨论热潮,诺曼·莱文、罗伯特·海尔布隆纳、特瑞尔·卡弗、阿尔温·古尔德纳等学者先后加入"战团",而争论的中心正是对于辩证法的解读问题。在争论的过程中,作为"一整块钢"的马克思主义被割裂为对立的"马克思主义"和"恩格斯主义",相应地,历史辩证法与自然辩证法也在西方"马克思学"学者的笔下被归于两个不同的阵营。只不过,他们所理解的"历史辩证法"不是对社会历史真实运动的把握,而是被过分夸大的主体性实践。因此,他们既无法理解自然辩证法,也误解了历史辩证法,因而走向了主观主义的理论逻辑,而这与他们对自然的实证主义认识是脱不开干系的。

(三)从实证主义立场出发对马克思主义的批判解读模式

从理论立场来看,实证主义是与马克思主义根本对立的。因此,无论是实证主义还是受到实证主义影响的哲学流派及其方法论信奉者,都必然会攻击马克思主义,而马克思主义的辩证法则是受到攻击的重灾区。

第一,实证主义流派从拒斥形而上学的立场出发批判马克思主义,并且运用"精确的"方法论攻击辩证法的"含混性"。孔德将"解释存在物的本质与万物起源"称为形而上学,认为这种状态是"一种慢性病",将思辨逻辑定位为"根据一些模糊的原则以或多或少的巧妙方式进行推论"。② 对于形而上学的拒斥在 19 世纪 50 至 70 年代走向高潮,实证主义越出法国的国界,开始产生世界性的影响,而黑格尔哲学则成为一条"死狗",从德国古典哲学地基上成长起来的马

---

① 参见[法]马克西米里安·吕贝尔《"马克思传奇",或恩格斯,马克思主义的创始人》,胡大平译,载吴晓明、张亮主编《当代学者视野中的马克思主义哲学:西方学者卷》补卷,北京师范大学出版社 2011 年版,第 253 页。
② 参见[法]奥古斯特·孔德《论实证精神》,黄建华译,北京联合出版公司 2013 年版,第 6—9 页。

克思主义更是受到了剧烈冲击,"历史唯物主义的哲学之根也就被切断,进而被新兴的实证主义洪流从原来的处所中冲刷出来,不断裹挟前行"①。在此之后,实证主义被奉为"科学的哲学",而马克思主义则不断丧失哲学上的话语权,最终导致了第二国际部分理论家"转身求助"经验批判主义以"修正""补充"马克思主义。最终后果是,马克思主义的辩证精神消隐,而实证论、决定论思想在欧洲思想界和工人群众中产生广泛影响,进而引发了20世纪马克思主义发展过程中的一系列理论纠纷。

第二,受实证主义的影响,部分科学哲学家反对辩证法,并将其视为导致马克思主义出现"理论缺陷"的原因。在20世纪初的时间段里,从科学界到思想界再到普通民众大都被实证主义的科学观俘获。这种科学观认为,科学知识是以某种方式从观察实验中得出的,科学理论则是通过观察、实验归纳总结而成的,并获得了经验事实和实验结果的验证。因此,逻辑实证主义的观点一度占据了科学哲学的主流。莱辛巴赫认为,思辨哲学与科学哲学是对立的,我们无法达致思辨哲学所欲求的绝对确定性,因此,"理性,宇宙的立法者,把一切事物的内在性质显示给人的思维——这种论纲就是一切思辨哲学的基础。科学哲学则与此相反,它拒绝承认任何关于物理世界的知识是绝对确定的"②。在波普尔指出了逻辑实证主义归纳主义的问题后,证实的观点走向了证伪的观点。但是正如A. F. 查尔莫斯所意识到的:"归纳主义和证伪主义对科学的描述过于零散。它们都把注意力集中在了理论与个别观察结果之间的关系上,似乎没有把握到主要理论发展模式的复杂性。"③查尔莫斯的批评说明,

① 张亮:《霍克海默与法兰克福学派的理论创新道路》,《学术月刊》2016年第5期。
② [德]H. 赖欣巴哈(亦译莱辛巴赫):《科学哲学的兴起》,伯尼译,商务印书馆1983年版,第262页。
③ A. F. Chalmers, *What is this thing called Science?*, Indianapolis/Cambridge: Hackett Publishing Company, Inc. 1999, p. 104.

只在经验主义的立场上分析理论与事实的关系是无法把握理论形成的复杂过程的,这就凸显了辩证方法的重要性。虽然如此,卡尔·波普尔依然坚持其反对本质主义的立场,并且将这一本质主义在社会科学中的应用视为历史主义,其特征是坚信历史发展必然性的可预测性与可把握性解释。波普尔据此出发反对马克思主义,并将之归类为目的论的历史观,而将马克思"历史主义"的理论归结为"没有彻底摆脱在黑格尔辩证法的氛围中养成的腐朽影响"①。

第三,西方主流社会科学在方法论上倒向了实证主义,并以此批判马克思主义的辩证法。在孔德处,社会学是实证科学最终朝向的发展目标,他热切期待社会学成为解释整个人类历史的科学理论。在随后的发展史中,社会学也始终是朝向这一目标努力的,而其理论的核心支柱正是实证主义的方法论。雷蒙·阿隆在分析了19世纪和20世纪的两代七位主要的社会学家后,隐晦地表示,在当代,"西方的经验论社会学家拒不接受对现时所作的历史解释,理由是这类解释超越科学上的可能性。在东方,对历史的解释先于一切研究工作,是以早期某一学说的残余为基础的"②。雷蒙·阿隆的说法揭示了实证的社会科学方法与辩证的社会科学方法的分野,而这种分野所导致的理论后果就是,在实证主义的社会科学传统中,尤其是历史研究领域表现出"反集体主义(社会主义)的自由主义立场、反历史主义的形式主义和实用主义倾向、反辩证法的形而上学特征"③。最终导致的结果是,在当代西方社会的主流社会科学中,实证主义大行其道,并极力攻击马克思主义,想要彻底否定马克思主义在社会科学研究领域的科学性,进而否定马克思主义对人类社

---

① [英]卡尔·波普尔:《开放社会及其敌人》第2卷,郑一明等译,中国社会科学出版社1999年版,第145页。
② [法]雷蒙·阿隆:《社会学主要思潮》,葛秉宁译,上海译文出版社2015年版,第566页。
③ 孙伯鍨、张一兵:《走进马克思》,江苏人民出版社2012年版,第557页。

会历史所作判断的科学性。弗里德里希·哈耶克宣称孔德与黑格尔在思想上具有一致性,并且两人哲学观念的密切关系对 20 世纪的社会思想领域产生了深远影响。在哈耶克看来,孔德与黑格尔同样强调理性对于历史的主导,只不过孔德称为"自然规律"而黑格尔称为"形而上学",马克思则被划到唯物主义的技术决定论阵营。"所谓唯物主义的(最好还是称为技术论的)解释的基本主张,不过是表示我们的自然知识以及有关技术之可能性的知识,支配着其他领域的发展。"①同时,哈耶克将马克思归为历史主义者而非历史学家,认为马克思"以毫无根据的傲慢态度"相信自己发现了历史规律因而掌握了正确理解历史的钥匙。通过"技术决定论"和"历史主义"的指责,哈耶克塑造了一个思想机械、坚持线性历史观念、否定个人主义和自由主义社会的马克思的形象,由此在 20 世纪的意识形态战场上掀起了一场新自由主义(Neo-liberalism)"围剿"马克思主义的理论战争。

通过梳理马克思主义与实证主义关系研究的二种解读模式,我们可以清楚地看到,马克思主义与实证主义理论交锋的中心地带正是辩证与实证的碰撞。也正是围绕着辩证与实证之争的理论碰撞,马克思主义与实证主义在百余年的思想史中展开了五次理论交锋:第一,历史相遇阶段,马克思恩格斯批判孔德实证主义的直观、自然与道德维度,争锋的关键是对资本主义社会的对立认识;第二,不断发展阶段,马克思恩格斯晚年批判杜林的"严密科学"世界观,驳斥实证主义的经济决定论与技术决定论,争锋的关键是争夺工人运动的意识形态领导权;第三,走向深化阶段,列宁、卢卡奇面对实证主义意识形态的侵袭,以不同的理论选择进行了坚决反击,争锋的关键是探索马克思主义路向何方;第四,全面碰撞阶段,法兰克福学派从理论、方法与社会三个维度批判实证主义,争锋的关键是在日益

---

① 〔英〕弗里德里希·A.哈耶克:《科学的反革命:理性滥用之研究》,冯克利译,译林出版社 2012 年版,第 234 页。

强化的资本主义技术社会寻求思想突围;第五,争锋余韵阶段,西方马克思主义的"科学主义转向"反映了实证主义的理论反扑,争锋的关键是回应马克思主义如何彰显自身的科学性。

于我们而言,在创新发展 21 世纪马克思主义的新时代,我们在理论上必须坚定站在马克思主义的立场上,在思想史研究的视域下清晰厘定不同时代背景下的马克思主义者所面临的实证主义冲击及其理论应对,从而梳理出一条马克思主义与实证主义百余年思想论争的历史脉络,为新时代正确认识实证主义问题提供可资借鉴的思想史经验,从而科学应对当代实证主义思维对马克思主义发起的巨大挑战,以历史眼光、辩证思维解答辩证与实证之争。

第一章　超越与批判：马克思恩格斯与实证主义的历史相遇

在英国工业革命和法国大革命的双元引擎的强力推动下，自然科学与人类社会深度结合，进一步助推了现代文明的发展进程。由此，自然科学与人类社会的关系成为 19 世纪的思想家必须思考、回应的时代问题。我们看到，在马克思恩格斯的文本中，可以轻而易举地找到他们诸多大力提倡科学的话语。例如，在《德意志意识形态》中对"真正的实证科学"的表述，在《共产党宣言》中将生产力的进步直接与"化学、机械力学、工程学"等挂钩，在《资本论》中呼吁不畏劳苦地攀登科学顶峰，在《自然辩证法》中对"各门科学的辩证内容"的分析，凡此种种，不一而足。马克思恩格斯在 19 世纪自然科学迅猛发展的背景下，明确意识到自然科学对人类社会的生产力与生产关系产生的深刻影响，并在此基础上揭示了资本主义社会具有铁的必然性的经济运动规律，创立了科学性与革命性相统一的马克思主义。稍早于马克思主义，法国思想家奥古斯特·孔德以六卷本的《实证哲学教程》（1830—1842 年陆续出版）系统阐发了一种唯科学主义的实证主义思想，并积极向法国社会群体尤其是工人阶级宣讲、兜售。表面上看，马克思主义和实证主义都诞生于 19 世纪欧洲社会对自然科学极度推崇和普遍乐观的背景，在思想观点和理论逻辑中都极为强调自然科学的重要性,似乎两者具有某种理论亲缘性。但是,马克思在1866年写给恩格斯的信中毫不客气地称《实证哲学教程》为"实证主义破烂货"①。那么,马克思恩格斯为什么如此看不上实证主义?马克思主义较之于实证主义,又是如何凸显自身的科学性的?面对实证主义对工人运动的理论侵袭,马克思恩格斯又是如何从马克思主义的立场上予以坚决驳斥的呢?回答这些问题,我们首先需要回到马克思主义与实证主义历史相遇的思想现场,在理论交锋中品读两者迥异的思想意旨与格调。

第一节　启蒙与新思想:实证主义与马克思主义的出场

英国知名马克思主义历史学家艾瑞克·霍布斯鲍姆明确提出,法国和英国是启蒙思想和双元革命的两个主要中心。启蒙思想对双元革命的影响表现为,由世俗化的、理性主义的、具有进步意义的、个人主义的"启蒙"思想导致的成果是"具有典型意义的'启蒙'思想家,带着对进步的激情信念,反映了知识、技术、财富、福利和文明的显著发展"②。正是这种显著发展带来了工业和社会的双元革命,而双元革命提出的新问题、形成的新认识、呼唤的新方法又极大推进了自然科学的进步。其是如何推进的呢?在霍布斯鲍姆看来,其一是革命对科学提出的新需求;其二是革命为科学开辟的新可能;其三是革命自身提出的新思维模式。这种新的需求、可能和思维模式在19世纪上半叶,一方面为实证主义的出场提供了思想温床,另一方面孕育了启蒙传统(古典经济学和哲学)的真正继承人——马克思主义。③

①《马克思恩格斯文集》第10卷,人民出版社2009年版,第239页。
②[英]艾瑞克·霍布斯鲍姆:《革命的年代:1789—1848》,王章辉等译,中信出版社2017年版,第25页。
③ 参见邹诗鹏《从启蒙到唯物史观》,上海人民出版社2016年版。

一、启蒙运动的冲击:科学的兴起与被撼动的传统观念

在当代,启蒙运动遭受了颇多指责。例如,施密特提出,启蒙运动"应该对法国革命负责,对极权主义负责,对自然只是一个要被统治、处置和开拓的对象这个观点负责"①。这种指责固然是对当代问题的寻根究源,但是一味苛责古人的做法更使得我们难以驱散思想史的迷雾,真正看清人类思想的薪火传承。

处于现代世界开端的启蒙运动无疑是欧洲思想史上的一次大事件,参与其中的思想家不可胜数。什么是启蒙运动呢？康德的回答始终振聋发聩:"启蒙运动就是人类从自我招致的不成熟中脱离出来。……要有勇气去运用自己的理智！这就是启蒙运动的口号。"②对于运用理性的推崇,使得"人们通常把法国的启蒙运动及所引起的思想震荡的十八世纪称之为理性时代,而这个时代的开创者,或者说其思想奠基人则是笛卡尔"③。在笛卡尔生活的 17 世纪,天主教和中世纪经院哲学依然牢牢把持着欧洲社会思想的阐释权。为了打破思想的藩篱,笛卡尔提出了作为哲学第一原理的"我思,故我在",以普遍怀疑和运用理性的结合打开了现代思想世界的大门,能够进行"我思"的"大写的人"获得了创造性的能力——一项原本归属于最高存在者的能力。面对人类思想纷繁复杂的状况,洛克强调了理性之于人类的紧要性:"假使没有理性这个在航行中指示方向的唯一的星辰和罗盘来引导,幻想和情感定会将他带入许许多多奇怪的路途。"④卢梭则进一步提出,人类在从自然状态进入社会状

① [美]詹姆斯·施密特:《启蒙运动与现代性:18 世纪与 20 世纪的对话》,徐向东、卢华萍译,上海人民出版社 2005 年版,第 1 页。
② Immanuel Kant, *An Answer to the Question : "What is Enlightenment ?"*, trans. H. B. Nisbet, London: Penguin Books Ltd, 2009, p. 1.
③ 李宏图:《十八世纪法国的启蒙运动》,《历史教学问题》2011 年第 2 期。
④ [英]约翰·洛克:《政府论》上篇,瞿菊农、叶启芳译,商务印书馆 1982 年版,第 48 页。

态的过程中,理性胜过了天性,从而由愚昧和能力有限的动物变成了聪明的人。启蒙思想家们的著述点燃了欧洲社会的思想火焰,在天主教和经院哲学双重压迫下的社会各阶层积极拥抱理性、张扬主体精神,一场埋葬旧制度的大革命蓄势待发。

在猎猎作响的理性旗帜下,启蒙运动以理性至上的原则横扫了占据欧洲思想界近千年的宗教与哲学思想。除了宗教领域发生的激烈斗争,哲学领域也发生了急遽的反转,一个明显的标识就是由传统形而上学对本体论问题的积极追求翻转为对认识论问题的深入思考。具体来说就是,近代哲学不再思考认识(主体)如何得以与对象(客体)一致,而是尝试将对象(客体)理解为与认识(主体)相一致,即经验对象是由主体创造的,因而是可以为主体所准确把握与认识的。这一主客体关系的异位背后表征的是,启蒙运动对于主体的高度肯定与张扬。在这种认识论的指导下,标榜自身为理性代表的数学和几何学方法作为构造认识对象的方法,通过在自然科学研究领域的大获成功,被非批判地引入到形而上学领域。从笛卡尔到霍布斯再到莱布尼茨,在康德处最终集其大成,形式理性主义的方法成为哲学领域的方法论标杆,进而为实证主义潜入哲学奠定了方法论基础。

康德在《纯粹理性批判》的开篇就提及,曾经被称为"一切科学的女王"的形而上学,在启蒙时代之后,被视为老妇而遭到驱赶和遗弃,宗教想要凭借自身的神圣逃脱批判,却激起了人们对其正当性的怀疑,人类理性汲汲寻求知识的完备性、确定性和明晰性。① 恩格斯就曾充分肯定启蒙学者的革命意义,因为"宗教、自然观、社会、国家制度,一切都受到了最无情的批判;一切都必须在理性的法庭面

---

① 参见[德]伊曼努尔·康德《纯粹理性批判》,邓晓芒译,人民出版社 2004 年版,第 1—5 页。

前为自己的存在作辩护或者放弃存在的权利"①。理性的光辉驱散了迷信的灰雾,一切传统观念都被当作不合理性的东西丢进了垃圾堆,取而代之的是对于科学的推崇,甚至发展到将人视为一架机器的地步。在这一时期,科学高悬于理性王国的上空,供人类以自然科学的方法和思路来解释人与自然的关系,并伴随着科学的成就带来的人类面对自然的一次次巨大胜利,塑造了人们的进步观念以及相伴而生的乐观主义态度,科学主义由此兴起并迅速征服了人类的心灵。那么,什么是科学主义呢? 从长时段的历史角度来看,一般认为,基于近代科学的落地生根,以及科学与技术在工业化过程中的合流,"一种以对于科学及其方法的确信,对科学的文化及其传统的热情为基础的意识形态逐渐形成,这就是被称之为科学主义的思潮"②。质言之,科学主义就是基于自然科学的不断突破与巨大成就所形成的对科学及其方法高度肯认的人类意识。

在科学主义的新思维下,人类不再满足于对自然的征服。因为一个合理的推论是,既然理性能够通过运用科学从混乱的自然领域中抽象出作为铁律的科学法则,那么繁芜丛杂的人类社会领域也能够为作为理性代言人的科学所把握。也即是说,科学由此不仅被认为是一种关于自然知识的探索体系,更是被视为把握人与社会关系的不二法门。由此,在激进倡导者的推动下,科学主义逐步强化,最终演变出唯科学主义的思想观念。我们看到,在古典政治经济学中抽象出的"看不见的手"就代表着一种确定性的规律支配下的无数个体的连接,"这是一种客观化的描述,这种描述对待社会事件就像对待自然中遵循类似规律的其他过程一样"③。由此出发,启蒙运动之后的思想家们试图在被撼动的宗教与哲学思想之外,另外寻求人

①《马克思恩格斯选集》第 3 卷,人民出版社 2012 年版,第 775 页。
② 刘兵:《从科学主义到人文主义》,《史学月刊》2007 年第 9 期。
③ [加]查尔斯·泰勒:《世俗时代》,张容南等译,上海三联书店 2016 年版,第 208 页。

类社会的真正规律,实证主义和马克思主义就是在此背景下先后登上了19世纪的思想舞台,并在回答自然科学与人类社会关系的问题中走向了不同的思想进路。

二、以实证的名义:孔德与资本主义社会秩序

启蒙运动借助现代科学、工业和革命的发展,惊醒了沉醉于独断论中的人们,将人类思想从黑暗王国中解放了出来,使人们真正成了世界的主人。1791年,被囚禁在监狱中的法国国王路易十六在读到伏尔泰和卢梭的著作时,才愕然发现了摧毁王座的"真凶"。但是,法国大革命后建立起来的理性王国实质上只是资产阶级的理想王国,其所提出的"正义、平等和人权"口号只不过是资产阶级政治诉求的体现,"同启蒙学者的华美诺言比起来,由'理性的胜利'建立起来的社会制度和政治制度竟是一幅令人极度失望的讽刺画"①。在大革命的高潮过去后,理性王国的梦想破灭了,动荡反而成了法国社会的主旋律。

孔德出生于法国大革命高潮过去之后的1798年。虽然父母都是虔诚的天主教徒,但孔德青年时期就毅然放弃了宗教信仰,倾心于启蒙思想家的著作。在巴黎综合工科学校求学期间(1814—1816),孔德一方面在诸多自然科学知识的学习方面取得了优秀的成绩,另一方面则因其共和主义的主张而不容于复辟的波旁王朝,被学校勒令退学。离开校园的孔德目睹了法国大革命后的政治乱局和经济凋敝,立志提出一套行之有效的社会改革方案,翌年,19岁的孔德成为圣西门的助手。圣西门寻求从经济学角度描述人类社会的新秩序,将工业视为社会的基础和财富源泉,将政治经济学指认为工业社会的生产科学。孔德协助圣西门编辑出版了《工业》《政

---

① 《马克思恩格斯选集》第3卷,人民出版社2012年版,第779页。

治家》《组织者》等一系列宣扬"实业制度"的刊物，但工业发展将导致阶级斗争的前景使得孔德在 1824 年和圣西门最终分道扬镳。在此之后，孔德著书立说，有关实证主义的思想体系逐渐成形，只是较之于圣西门，孔德"割断了社会理论同否定哲学的联系，并把它置于实证主义的轨道上。同时，他否定把政治经济学作为社会理论的根源，把社会变成社会学的独立学科的对象"①。究其原因，就是在于孔德不认同推翻现存社会秩序就能真正使社会安定下来，认为在重构社会秩序的过程中，"理论或精神的"应该先于"实践或世俗的"，一种奠基于科学的新的精神将会使社会秩序在理性的地基上得以重建。

具体来看，孔德的实证主义思想大致可归纳为三个方面。

首先，孔德从主观主义立场出发，视自然科学的实证精神为人类理性发展的最高阶段。在孔德看来，自然科学数百年来的重大成就真正体现了人类理性的成熟，有力确证了"观察胜于想象"的科学性，进而以此出发建构了统一人类全部知识的实证哲学体系。孔德提出，人类理性具有三个连续发展的阶段，即纯然是临时性的神学阶段、单纯是过渡性的形而上学阶段和走向成熟的实证阶段，这三个阶段代表了人类理性从低到高的连续发展过程，并直接对应了人类历史的三个发展阶段，即尚武的神学时代、形而上学的法学家时代和科学的工业时代。② 这样一种三阶段的规律不仅对应于人类历史，更是与自然科学的分类紧密相关。"科学形成了一定的自然秩序，这不是随意的体系化的结果，而是从历史分析的视角清楚地揭示出来的。"③依据一门学科的普遍性的发展程度以及学科之间的承

---

① [美]赫伯特·马尔库塞：《理性和革命：黑格尔和社会理论的兴起》，程志民等译，上海人民出版社 2007 年版，第 286 页。
② 参见潘春葆《孔德的历史哲学述介》，《哲学动态》1989 年第 5 期。
③ Leszek Kolakowski, *The Alienation of Reason: A History of Positivist Thought*, trans. Borbert Guterman, New York: Doubleday & Company, Inc., 1968, p. 55.

续关系,孔德罗列了科学的发展等级秩序,即数学、天文学、物理学、化学、生物学和由孔德亲手打造的尚处于计划阶段的实证科学——社会学(Sociology)。① 从实证哲学的三阶段到自然科学的排序,孔德巧妙地证明了,在自然科学领域取得成功的思想方法,最终也将在人类社会领域推广应用。"我们的实在知识便不是与宇宙,而是与人或毋宁说与人类发生联系,这样的知识倒反而明显自发地趋向于科学与逻辑上的全面系统化。"②由此,孔德就将自然领域的规律与人类社会的规律嫁接了起来,运用自然科学的方法来解决社会领域问题的做法也就具有了方法论上的合理性。③ 但是,这种合理性证明有着严重的理论缺陷,霍克海默就直接指出了这种做法的非历史性。在霍克海默看来,因为实证主义认为"人的活动依赖于当下自然秩序的知识,而不是这个秩序本身及其对它的知识依赖于人的活动。结果,尽管实证主义对科学进步充满信心,但它必然会以一种非历史的方式理解科学本身。这个缺陷贯穿始终"④。

其次,孔德并不是将实证科学作为一种探求世界现象本源的学问,而是在接纳、吸收科学提供的经过检验的命题的基础上,力图运用所谓的科学规律在自然和社会中建立起"秩序与进步"的思想楼

---

① 恩格斯在《自然辩证法》中也列出了一个自然科学的顺序,依次为"数学——力学和天文学——物理学——化学——生物学",在之后就讲到了自然界和社会。可以看到,恩格斯和孔德在科学发展顺序上有相当程度的相似之处,但原因并非恩格斯认同孔德的实证思想,而仅仅是因为,孔德的这种排列(恩格斯曾指出,这是孔德从圣西门那里抄袭来的)是基于19世纪的科学发展水平作出的,是符合当时的科学发展状况的,只不过孔德以实证主义的框架进行了诠释和套用(恩格斯评价为,在孔德处只有安排教材和课程的意义)。恩格斯并非将这个顺序作为科学的历史发展顺序,而仅仅是在讨论各门科学的辩证内容。
② 〔法〕奥古斯特·孔德:《论实证精神》,黄建华译,北京联合出版公司2013年版,第17页。
③ 在孔德之后,是斯宾塞使得"社会学"一词广为人知,而1857年成立的英国社会科学促进协会(The British Association for the Promotion of Social Science)更是力图将科学方法运用于社会改革之中。
④ 〔德〕马克斯·霍克海默:《批判理论》,李小兵等译,重庆出版社1989年版,第33—34页。

阁。因而，我们可以很轻易地看到，孔德在哲学层面始终拒绝西方哲学传统的本体论，认为对于所谓"第一原理"的探求最终只会落在空处，对于人类知识毫无用处，合适的做法是只关注具有实用性的知识，拒斥形而上学。表面上看，孔德将宗教阶段视为人类理智充满想象的童年时代，认为其先后经历了拜物教、多神教和一神教的阶段，之后就将在理智发展的观察、实验和计算的实证阶段被取代。但是实际上，孔德只是废除了以神学信仰为基础的宗教的存在价值，而没有彻底放弃宗教这一形式，反而将之视为人类社会结构的一个黏合剂。① 孔德在晚年将伦理学从社会学中独立了出来，将其作为"最高的科学"，并为自己的"人类教"做铺垫。在孔德看来，实证哲学体系一了百科知识，从而使人们通过知识达成了情感的一致，因为知识正是"附属于人心"的。这样一来，孔德就从唯科学主义的实证主义走向了神秘主义，以人性代替了神性。② "人类教"通过崇拜人性取代对神性的信仰，将人类的感情与理性结合了起来，使之成为人类社会精神权力的掌控者，而孔德毫不客气地扮演了最高教主。从这一哲学和宗教观点出发，孔德试图将人类社会从神学和形而上学的社会理论中解救出来，代之以"服从于不变的物理规律"的社会理论。孔德的结论是，人类社会将毫无疑问地止步于实证社会阶段，社会秩序将在永恒规律的保驾护航下，依靠科学的进步获得最终的完善，那么自然，革命也就失去了意义与价值，极权主义的种子也就在这个时刻悄然生根发芽了。③ 从这个意义上说，孔德是在 19 世纪的社会历史环境中成长起来的标准的资本主义卫道

---

① 参见邢立军、马妮《科学与人类幸福——孔德实证主义幸福感浅析》，《道德与文明》2013 年第 4 期。

② 参见欧力同《孔德及其实证主义》，上海社会科学院出版社 1987 年版，第 107—108 页。

③ 参见[美]赫伯特·马尔库塞《理性和革命：黑格尔和社会理论的兴起》，程志民等译，上海人民出版社 2007 年版，第 288—292 页。

士,率先提出了 19 世纪版本的"历史终结论"。孔德在实践活动中不遗余力地推广自己的思想,除收获了一批聆听其"实证哲学教程"的自然科学家,孔德更是自 1831 年开始,连续 18 年以极大的热情向工人群众宣讲天文学。因为在孔德看来,通过向工人宣讲实证知识,能够提高工人的道德水平,进而消弭工人参与阶级斗争的可能性。①孔德的这一举措是实证主义以思想观念蒙蔽工人革命意识的开端,在实证主义的后续发展阶段,更是演化为以意识形态遮蔽革命的可能性,进而不断与马克思主义争夺社会思想的领导权。

最后,孔德的实证主义反映了资本主义在双元革命取得统治地位后的保守转向。在资本主义的起步发展阶段,从笛卡尔到法国的启蒙学者都纷纷宣扬人类理性掌控自然和社会的科学知识的无限可能性,以及运用理性管理好人类事务的美好前景。但是得胜后的资本主义卫道士放弃了这种理性主义的先进性,转而到处宣扬"人类知识的局限性、科学的局限性、理性思考的无能和伴随着一切形式的人类努力的冒险及不确定性等等主张"②。孔德就认为,人的行动要由对自然秩序的认识来决定,但是秩序本身和关于秩序的知识则与人的行动无关,因而人的理性就在秩序面前折戟了,也即永远无法对资本主义的社会秩序发起挑战。孔德在哲学上的折中主义路线和政治上的调和主义路线对于欧洲工人运动产生了极为恶劣的影响,恩格斯明确指出:"伦敦的孔德派没有一个人参加过创建国际的工作。……工人已经过分强大,为了保持资本家和工人之间的真正均势,现在又该支持资本家了,从此之后,孔德派对工人问题已毫无兴趣了。"③孔德及其后继者的思想与实践活动都与无产阶级革

---

① 参见欧力同《孔德及其实证主义》,上海社会科学院出版社 1987 年版,第 149—150 页。

② [英]莫里斯·康福斯:《保卫哲学:反对实证主义和实用主义》,瞿菊农等译,生活·读书·新知三联书店 1955 年版,第 309—310 页。

③ 《马克思恩格斯全集》第 39 卷,人民出版社 1974 年版,第 375 页。

命的主张产生了明确对立，马克思恩格斯对此必然要予以坚决抵制。

三、以辩证的名义：马克思恩格斯与启蒙的批判精神

对于孔德实证主义的哲学思想和政治主张，马克思恩格斯是坚决予以抵制和反对的。但是我们在分析马克思恩格斯对于孔德和实证主义的批判之前，必须意识到，作为基本产生于同一时期的新思想，马克思主义与实证主义在某些方面也不可避免地分有了时代精神的共通点，那就是启蒙运动以来对于科学和科学精神的推崇，进而在此基础上寻求对资本主义社会的理论"把脉"，只是马克思主义和实证主义分别开出了完全不同的理论"药方"。究其原因，马克思恩格斯真正继承了启蒙运动的批判精神，以辩证的方式看待资本主义社会和人类历史的发展前景，而孔德及其实证主义思想则拒绝以辩证的方式认识社会与历史，而将社会发展和进化的希望仅仅寄托于科学的进展和道德的认同，在肯定性的思维中偏离了启蒙运动所开辟的批判路径。这里的关节点就是，启蒙向来都是辩证的事业，单维度的肯定性思考是永远无法理解启蒙的复杂性、多维性和批判性的。

启蒙运动引领欧洲社会迈入现代阶段，在某种意义上发明和塑造了我们习以为常的现代社会，在法国较为集中的表现为法国大革命，在德国则是思想巨人耸峙的德国古典哲学。[①] 换句话说，"欧洲的启蒙传统其实还存在'德国版'。这就是由德国古典哲学主导的德国现代思想运动"[②]。对于将德国古典哲学视为启蒙哲学是存在

---

① 启蒙运动不止于为人熟知的法国启蒙运动，苏格兰启蒙运动在对于理性的思考、对于未来社会的建构、对于文化的影响等诸多方面都有独到之处。因本书主题所限，在此不做展开，参见［美］阿瑟·赫尔曼《苏格兰：现代世界文明的起点》，启蒙编译所译，上海社会科学院出版社 2016 年版。
② 邹诗鹏：《从启蒙到唯物史观》，上海人民出版社 2016 年版，第 13 页。

争议的,在此我们权且只将德国古典哲学视为德国思想家为德国社会擘画的现代化蓝图、在启蒙时代提出的"德国方案"。马克思就曾犀利地指出:"德国只是用抽象的思维活动伴随现代各国的发展"①。以启蒙的传统来看,肯定理性与科学的价值本是应有之义,黑格尔就在强调哲学重要意义的同时,承认了理性与科学的重要性。在《哲学史讲演录》的开讲辞中,黑格尔明确指出,"在其他欧洲国家内,科学和理智的教养都有人以热烈和敬重的态度在钻研",而"只有在日耳曼民族里,哲学才被当作特殊的财产保持着"。但黑格尔并非要否定哲学研究的重要性,而是意在强调"要求诸君只须信赖科学,信赖自己。追求真理的勇气和对于精神力量的信仰是研究哲学的第一个条件"②。因此,我们也就不难理解黑格尔关于启蒙运动与德国古典哲学关系的认识,黑格尔准确地把握到,"启蒙运动已经认识到一切都是为主体而存在的,从而为康德的'哥白尼式革命'即科学和道德理性成为主体的中心奠定了基础"③。只不过黑格尔认为,启蒙运动只是将科学理解为狭隘的物质利益的综合,只追求人世幸福和物质满足,却忽略了自由意志,因而也就丧失了运用理性法则指导人类经验和欲望的可能性,只有通过思维与存在的统一,才能充分运用理性把握世界和历史。从这个意义上说,虽然黑格尔出于反对激进政治的立场批判启蒙运动,但是黑格尔还是认同启蒙运动的部分理念的。这也可以解释青年黑格尔派为什么将提倡理性作为自己的任务,因为"除了他们有浪漫主义和唯心主义的成份外,他们还带有启蒙运动的尖锐的批判的倾向和对法国革命原则的

① 《马克思恩格斯选集》第 1 卷,人民出版社 2012 年版,第 11 页。
② [德]黑格尔:《哲学史讲演录》第 1 卷,贺麟、王太庆译,上海人民出版社 2013 年版,第 4—5 页。
③ Douglas Moggach, *The New Hegelians: Politics and Philosophy in the Hegelian School*, New York: Cambridge University Press, 2006, p. 7.

崇拜"①。

马克思恩格斯都受到了启蒙运动的深刻影响，并直接构成了他们青年时期的思想底色。德国莱茵地区曾直接处于拿破仑的统治下，因而深受法国启蒙思想的影响。马克思的父亲、就读中学的校长维滕巴赫以及宗教和文学教师都对青年马克思的思想产生了极大影响，可以说，"启蒙主义的人生理想是马克思中学时代哲学世界观的核心"②。恩格斯虽然出身于一个宗教保守主义的家庭，但是学校教育和莱茵地区的社会条件使得恩格斯充分接受启蒙思想的熏陶，在亲近"青年德意志"运动的过程中，恩格斯也逐步拥抱了启蒙主义世界观，"断言世界将为真理所驾驭！"③。我们可以看到，青年时期的马克思恩格斯都热情洋溢地称颂理性，反对宗教思想和封建专制，高度认可科学的力量。

因此，在马克思恩格斯青年时期的作品中，"理性"、"科学"乃至"实证"基本是以正面的意义出现的。马克思在写作博士论文的时候明确提及，德谟克利特作为怀疑论者，认为感性知觉的世界"脱离原则而保持着自己的独立的现实性"，进而通过经验观察"投入实证知识的怀抱"，尤其"注重经验的自然科学和实证的知识"。④ 恩格斯则在不断吸收科学知识的过程中与家庭的宗教信仰决裂，并意识到"凡被科学推翻了的东西，在生活中不应该继续存在"。⑤ 马克思在柏林大学学习和恩格斯在柏林大学旁听的过程中，两人都积极参与

---

① ［英］戴维·麦克莱伦：《青年黑格尔派与马克思》，夏威仪等译，商务印书馆 1982 年版，第 8—9 页。
② 张一兵主编：《马克思哲学的历史原像》，人民出版社 2009 年版，第 60 页。
③ 《马克思恩格斯全集》第 41 卷，人民出版社 1982 年版，第 47 页。
④ 参见《马克思恩格斯全集》第 1 卷，人民出版社 2002 年版，第 23—29 页。据考证，马克思之所以使用"实证"主要是受到黑格尔、费尔巴哈以及圣西门的影响，而与孔德没有直接联系。参见鲁克俭《马克思实证方法与孔德实证主义关系初探》，《社会科学》1999 年第 4 期。
⑤ 参见萧灼基《恩格斯传》，中国社会科学出版社 2008 年版，第 18—21 页。

青年黑格尔派对黑格尔哲学的革命化改造运动,试图以黑格尔辩证法的革命锐度去击破普鲁士的封建专制统治和束缚思想的宗教神学思想。但是,资本主义勃发阶段的社会现实状况使得马克思恩格斯的理性哲学破产了,马克思在主持《莱茵报》期间遭遇了物质利益问题,恩格斯则在曼彻斯特目睹了资本主义社会中工人阶级的真实生活,加之费尔巴哈《基督教的本质》的出版,马克思恩格斯最终与青年黑格尔派分道扬镳。

1844 年 8 月,马克思恩格斯在巴黎再度会面,并以批判青年黑格尔派为主题一同撰写了《神圣家族》,拒绝"柏林人"头脑中根深蒂固的抽象概念,转而"研究真实的、活生生的事物,研究历史的发展和结局"①。这标志着马克思恩格斯摆脱了纯粹抽象思维的迷雾,转而在社会历史发展与活生生的现实和人中找到了真相与出路。相较于孔德提出的唯心的、非历史的、保守的实证主义,马克思恩格斯联手缔造的马克思主义"不再是构想出一个尽可能完善的社会制度,而是研究必然产生这两个阶级及其相互斗争的那种历史的经济的过程;并在由此造成的经济状况中找出解决冲突的手段"②。回顾马克思恩格斯的理论探索历程,我们可以清楚地看到,他们探索科学理论的征途并非平坦大道,而是在实现马克思主义的哲学革命的过程中,通过辩证思维批判超越了各式各样的打着"科学"旗号的实证哲学思维方式,最终才攀爬到科学的思想顶峰。

第二节 实践、历史与革命:马克思恩格斯批判实证主义的三个维度

在马克思恩格斯联手创立科学的马克思主义之初,孔德的实证

---

①《马克思恩格斯全集》第 47 卷,人民出版社 2004 年版,第 330 页。
②《马克思恩格斯选集》第 3 卷,人民出版社 2012 年版,第 796 页。

主义并没有进入他们的理论视野，一直到 1866 年，马克思才在致恩格斯的信中首次提到孔德："我现在顺便研究孔德，因为英国人和法国人都对这个家伙大肆渲染。……他的著作简直像百科全书，包罗万象。但是这和黑格尔比起来却非常可怜"①。马克思认为，虽然孔德在数学、物理科学的具体细节方面强于黑格尔，但是如果"整个来说"，也就是说与同样包罗万象的黑格尔哲学体系来对比，那么黑格尔不知道要胜过孔德多少倍。这充分表明，马克思在看到孔德及其实证主义之后，立即就敏锐地体认到实证主义的理论缺陷，并将之与黑格尔哲学进行比较，其实就是将实证主义归类为被他和恩格斯所批判与超越的"解释世界的哲学家学说"，因而是一种"破烂货"。只不过，他们清楚，"简单地宣布一种哲学是错误的，还制服不了这种哲学"②。马克思主义在回答主体与客体、理论与实践、自然与历史的关系问题时，始终坚守着启蒙以降的辩证批判精神，坚决反对实证主义的机械的、片面的、进化论的线性观点。由此，我们如果想要准确理解马克思主义对于实证主义的批判，首先需要回到马克思主义的形成史视域中，在马克思恩格斯勇攀哲学革命高峰的思想征途中，完整把握马克思主义的科学性，如此才能够理解无产阶级的科学何以胜过资产阶级的科学。

一、超越实证主义直观之维的实践之维

西方哲学在古希腊罗马之后，遭遇了基督教的兴起，信仰与理性之间的张力孕育出经院哲学。在长达近千年的时间里，围绕着"上帝存在与否"的问题，唯实论（Realism）与唯名论（Nominalism）展开了长久的论争，在此过程中，唯名论为现代科学开辟了一条道路，

---

① 《马克思恩格斯文集》第 10 卷，人民出版社 2009 年版，第 239 页。
② 《马克思恩格斯选集》第 4 卷，人民出版社 2012 年版，第 229 页。

并因理性危机推动了近代欧洲的文艺复兴和宗教改革运动。① 随后,在哲学上表现为欧洲大陆以笛卡尔为起点的唯理论(Rationalism)和英国培根以降的经验论(Empiricism)的对立,在方法论上则表现为演绎法与归纳法的对立。沿着这条思想发展的道路,18世纪的法国唯物主义在笛卡尔和洛克的影响下形成了机械唯物主义和人本唯物主义两个派别,分别强调自然科学、自然规律与社会伦理道德,将哲学变成了一种无所不包的形而上学体系。② 孔德的实证主义思想就受到了这两派思想的深远影响,不过对于形而上学的拒斥使得孔德坚持"他的实证主义就是超出了唯物主义和唯心主义范围的哲学"③。

德国古典哲学则力图消解近代唯物主义导致的以物为主体的机械性后果,强调主体的能动性。康德试图以认识主体的先天综合判断调和唯理论和经验论,但始终克服不了自在之物这个非理性的存在。在自然科学巨大进步的背景下,黑格尔以绝对精神构造了存在自身辩证发展的逻辑体系,在纯思辨领域将感性与理性、归纳与演绎辩证统一了起来,打造了形而上学最为辉煌灿烂的体系。但是,"全部形而上学的财富只剩下思想之类的东西和天国的事物,而正是在这个时候,实在的东西和尘俗的事物却开始吸引人们的全部注意力"④。在现代化转型的时代精神呼唤下,马克思主义和实证主义在思想的起点处都选择站在了形而上学的对立面,只是两者最终的理论走向却截然相反,马克思主义通过哲学革命彻底超越了形而上学,而实证主义则从一开始坚决反对形而上学到后来沦为形而上学的"改造者"和"同谋者"。这一理论分殊的根源就在于两者在哲学立场和哲学方法上的本质区别,即对于世界本质问题的回答和对

① 参见吴国盛《什么是科学》,广东人民出版社2016年版,第137—144页。
② 参见杨耕《历史唯物主义:一个再思考》,《河北学刊》2003年第6期。
③ 刘放桐编:《现代西方哲学》,人民出版社1981年版,第39页。
④《马克思恩格斯文集》第1卷,人民出版社2009年版,第329页。

于辩证方法的态度。

　　由于受到 18 世纪法国唯物主义的深刻影响,孔德的实证主义表面上看起来很有唯物主义的味道。孔德明确提出要以实证精神来超越传统形而上学,坚决反对运用人类的理性去探索他认为不可能把握的绝对理念等概念,回答宇宙的起源和目的、现象背后的内在原因等形而上学问题。在孔德对人类理智的三阶段划分中,人类只有在神学阶段才会去探寻事物的内在本性,因为在孔德看来,人类理智发展的早期不这样做就无法打破观察和建立理论之间的无限循环,只有如此做才会有动力去从事种种艰难的工作;形而上学阶段只是过渡的阶段,以使人类理智逐渐适应从神学到物理学、从想象到观察的发展;人类在实证阶段则会明确意识到,"探索那些所谓始因或目的因,对于我们来说,乃是绝对办不到的,也是毫无意义的"①。由此,孔德指出,实证主义以及实证科学的任务就转变为发现通过对现象的观察所确立的规律,运用这些规律去预测现象间的前后关系。这就是孔德所强调的实证精神——以被观察的事实为基础,观察胜于想象,而观察则是为了预测。也就是说,孔德将人类认识归因于对外界具体事物和现象的观察,运用的方法则是自然科学研究中的纯粹观察、实验以及比较,而且这些方法只能运用于对外界具体事物和现象的观察,而不能用于人类精神的内省,获得的知识主要运用于社会。

　　孔德的实证主义适应了 19 世纪以来各门类自然科学从自然哲学中分化、独立出来的发展趋势,对于形而上学的反对回应了人类社会中一个相当普遍的呼声——将自然科学从形而上学的桎梏中解放出来。从批判形而上学的本体论追求、关注具体的外部世界来看,孔德的思想似乎奠基于唯物主义之上,但仔细考察就会发现,孔

---

① 洪谦主编:《西方现代资产阶级哲学论著选辑》,商务印书馆 1964 年版,第 30 页。

德的实证主义实质上只是片面强调直观主义和现象主义,"知其然而不知其所以然",搁置了人类认识对于世界规律的把握和系统认识的可能。"孔德对哲学的虚无主义的态度,既不是建立在对哲学形成历史的深刻分析的基础上,也不是建立在对具体科学事实的真实情况的知识的基础上。"①因此,孔德的实证主义将不可避免地滑向唯心主义立场,并蜕化为一个僵硬的实证体系,"人类教"的建立正是孔德的实证主义的必然结局。

马克思恩格斯并不是天生的唯物主义者,但他们在转向唯物主义立场后思想就再也没有动摇过。在马克思恩格斯的青年时期,德国的社会和思想环境正处于最沉闷的阶段,普鲁士国王威廉四世的上台带来了更加保守的统治,一个标志性的思想事件是谢林被任命接替黑格尔的哲学教授讲席,德国再无任何政治或社会变革的迹象,社会与思想界的不满情绪在积聚,因而"最终通过唯一可能的德国式自我表达通道,以语言阐述、对立哲学的方式宣泄出来"②。马克思恩格斯当时都聚集在青年黑格尔派的思想阵营中,运用黑格尔的理性思维和辩证方法,持着哲学的武器,在政治和宗教领域冲锋在反对封建专制和思想的最前线。《莱茵报》时期正是马克思恩格斯以笔为剑、以辩证理性为锋的集中体现。也正是在参与现实政治斗争的过程中,马克思恩格斯的思想迎来了第一次转变,在哲学上就表现为从思辨唯心主义转向了一般唯物主义,并由此和唯心主义思想彻底分道扬镳。

费尔巴哈在马克思恩格斯转向唯物主义的过程中发挥了非常重要的中介作用。恩格斯明确指出:"在我们的狂飙突进时期,费尔

---

① [苏]普·斯·迪什列维、弗·姆·卡纳克:《唯物主义哲学和自然科学的发展》,柳树滋、赵鸿志译,中国社会科学出版社1980年版,第72页。
② [英]以赛亚·柏林:《卡尔·马克思:生平与环境》,李寅译,译林出版社2018年版,第58页。

巴哈给我们的影响比黑格尔以后任何其他哲学家都大。"①黑格尔的哲学体系看起来被费尔巴哈"主谓颠倒"的方法推翻了,被观念的梦魇缠绕的马克思恩格斯也一时成了费尔巴哈派。恩格斯从英国寄来的《国民经济学批判大纲》启发了马克思在巴黎转向对政治经济学的第一次研究,完全经验的由调研、观察等实证支持的批判研究成为马克思透视政治经济学与市民社会、国家、工业等关系的基础。在撰写《1844 年经济学哲学手稿》的时候,马克思一方面基于费尔巴哈的自然唯物主义形成了人本主义的异化史观,另一方面则是在政治经济学中隐约把握到社会唯物主义,即从现实社会发展出发的逻辑。② 恩格斯也在对英国工人阶级状况的实证考察中得出了与马克思同样的认识。因此,当两人在 1844 年夏天于巴黎再次相见时,理论领域的意见已经在两人各自的思想进展中获得了统一,因而顺理成章地开始了共同的工作。两人在《神圣家族》中批判青年黑格尔派"把历史同自然科学和工业分开,认为历史的诞生地不是地上的粗糙的物质生产,而是天上的迷蒙的云兴雾聚之处"③。紧接着,在对李斯特《政治经济学的国民体系》的评论中,马克思进一步指认"现实的社会组织是无精神的唯物主义"④。包含新世界观的天才萌芽的《关于费尔巴哈的提纲》最终呈现在我们眼前,一切旧唯物主义(例如社会唯物主义、法权唯物主义、人本学唯物主义等)迎来了理论逻辑的超越者——从实践活动起航的新唯物主义。

在创立了新唯物主义的世界观之后,马克思恩格斯紧锣密鼓地试图从理论上对旧唯物主义进行彻底清算。两人虽然已经弄清了问题,但在 1845 年因为情况改变并未完整实现其理论构想,直到

---

① 《马克思恩格斯选集》第 4 卷,人民出版社 2012 年版,第 218 页。
② 参见张一兵《回到马克思:经济学语境中的哲学话语》(第三版),江苏人民出版社 2014 年版,第 229—262 页。
③ 《马克思恩格斯文集》第 1 卷,人民出版社 2009 年版,第 350—351 页。
④ 《马克思恩格斯全集》第 42 卷,人民出版社 1979 年版,第 252 页。

1888 年,恩格斯才得以在《路德维希·费尔巴哈和德国古典哲学的终结》中对两人的思想变革进行系统阐释。我们看到,在思想变革中孕育而生的新唯物主义世界观从本体论、认识论和方法论三个层面对一切旧唯物主义实现了从经验直观到辩证实践的超越,创造了以唯物辩证法形式呈现的真正批判的世界观。

第一,在本体论层面,是从抽象本质到关系本质的超越。旧唯物主义对于物的理解还停留在可感知的、现实的层面,将之理解为自然实体的或者社会中以物理形式存在的"物"(Ding)。这样的"物"当然可以从"客体的或者直观的形式"去理解,但其本质上依然是近代哲学实体主义的理论延续,因而必然会在实体的基础上抽象出一个永恒不变的本质,幻想出一个最高存在物。实证主义所反对的形而上学指的就是这种实体主义的唯"物"观念,因而实证主义不再将理论上升到实体层面,而仅仅着眼于物质实体,但是这并不能使实证主义克服实体主义的问题。新唯物主义当然肯定这种实体"物"的存在,但并未停留于此,而是"把人的活动本身理解为对象性的活动"①。以劳动为例,马克思所批判的异化劳动是对社会现实劳动状况的刻画,而对象化劳动则是跃升到生产力层面的体现,指的是人对自然界的历史性改造和占有,也即人类生存和发展的物质基础。这种"对象性的活动"代表了社会生产层面的关系"物"(Sache),只有以之为起点,才能真正把握自然和社会的"真像"。

第二,在认识论层面,是从感性的直观到感性的实践的超越。"费尔巴哈不满意抽象的思维而喜欢直观;但是他把感性不是看做实践的、人的感性的活动。"②自然科学和工业的迅猛发展使得直观对于唯物主义者来说愈发一目了然,甚至连唯心主义体系都会给自己添加唯物主义的内容。因此,实证主义的问题并不是强调直观,

①《马克思恩格斯选集》第 1 卷,人民出版社 2012 年版,第 133 页。
②《马克思恩格斯选集》第 1 卷,人民出版社 2012 年版,第 133 页。

而是仅仅强调直观,只承认单个事物、现象的实在性,而主体在这个时候就被有意忽略了。马克思恩格斯准确把握到一定社会关系下人与物、主体与客体相统一的能动的生活过程,也即实践。此处的实践不同于经验直观的简单活动,而是由外在的客观物质条件所制约的、主体能动地改造世界的社会性的物质活动。更由于全部社会生活在本质上都是实践的,因此,人类的认识就将在实践中不断深化发展,不断确证、丰富自身的真理性。这与实证主义的简单的经验认识论形成了鲜明的对比。

第三,在方法论层面,是从实证方法到辩证方法的超越。近代唯物主义"必然会把社会分成两部分,其中一部分凌驾于社会之上"①。正因为这个二元对立的形式,主体和客体、现象和本质、形式和内容以及概念与现象之间就变成了僵硬的对立关系,人的主体性也就被迫向"物"的客观性退让,结果就是,自然界只能"把自己所包含的一切发展阶段同时地、并列地展示出来,并且注定永远重复始终是同一的过程"②。恩格斯认为,近代哲学从二元论出发,必然得出一个扭曲的体系,从而导致方法为了迎合体系就不得不同样扭曲自己。实证方法在自然科学领域取得了成功,但是一进入社会领域,立刻就遭遇了水土不服,沦为为资本主义制度咏叹永恒的"圣调"。不同于实证方法,辩证思维的认识方法是总体性的方法,要求从总体出发把握我们生活、生产于其中的世界。这种总体性的思想是德国古典哲学中由康德所开辟的传统,黑格尔以主客体在思辨中的相互生成将之发扬光大,马克思恩格斯则从现实的物质生产关系出发,在历史生成的实验与工业中实现了主客体的同一,由此,不可捉摸的自在之物就被终结了。③

①《马克思恩格斯选集》第1卷,人民出版社2012年版,第134页。
②《马克思恩格斯选集》第4卷,人民出版社2012年版,第235页。
③ 参见《马克思恩格斯文集》第4卷,人民出版社2009年版,第279页。

二、超越实证主义自然之维的历史之维

如何看待历史,这是自然科学大发展时代对 19 世纪的思想家提出的时代之问。在西方思想史上,古希腊哲学家从一开始对自然哲学的关注,逐步将目光投向人与社会的关系方面,亚里士多德提出的"人类自然是趋向于城邦生活的动物"即是对人与社会关系的较早研判,而在这一时期的思想家看来,人与社会的一切都是由最高存在设定好的。这种历史观在中世纪神学思想中获得了极大的发挥,人与自然都是作为造物,奔向一个既定的终点,一切都是命定的,人类历史与自然都将走向必然的终结。文艺复兴运动使得人本主义观念传播开来,人类历史的发展被重新认识为以人类理性为核心的精神发展过程。这一时期的思想家要么是将理性主义与自然科学相结合,论证人类理性对自然规律和社会规律的掌控,要么是将理性主义与自然主义相结合,探讨自然状态下人与社会的生成;所有这些思想力求达成的结果就是,以理性化的人占据历史的中心地位。卢梭就曾直白地指出:"人类最初的意识是对自身存在的意识,第一关心的是自己的存续。"[①]这是极为深刻的。

沿着这种理性主义的历史观前进,德国古典哲学进一步从哲学出发进行了系统阐释。黑格尔以绝对精神将历史与现实连接起来,在绝对精神的外化过程中,历史在现实生活中展开了——以财富和外在的持续存在的形式,"人类精神在内心思维里的这种工作,是和现实世界的一切阶段相平行的。……这些概念乃是世界精神最简单的启示:它们表现在它们的较具体的形态里,就是历史"[②]。恩格

---

① [法]让-雅克·卢梭:《论人类不平等的起源和基础》,黄小沿译,译林出版社 2019 年版,第 63 页。

② [德]黑格尔:《哲学史讲演录》第 4 卷,贺麟、王太庆译,上海人民出版社 2013 年版,第 378 页。

斯就曾明确地指出,在辩证运动的过程中,黑格尔的自我意识从历史里粗糙的形式中挣脱出来了。但是黑格尔的问题在于,这一从自然界和历史中显露出来的辩证发展只是概念运动的翻版,不是用脚立地的,反而是用头立地的,是一种需要被消除的意识形态颠倒。马克思主义的历史辩证法继承了黑格尔历史哲学的革命方面,同时在自然科学进步和大工业发展的基础上,摆脱了黑格尔的唯心主义装饰,"认为世界不是既成事物的集合体,而是过程的集合体……尽管有种种暂时的倒退,前进的发展终究会实现"①。

较之于西方传统的理性主义历史观,孔德的实证主义历史观走向了另一条道路,强调从科学主义的立场出发观察人类社会。英国著名历史学家阿诺德·汤因比在写作《历史研究》的时候感叹,18世纪以来发生了明显的转变,"即科学开始侵占原本属于历史学家的那些领域,如人类学、经济学、社会学、心理学,而且在不同程度上获得成功"②。孔德的实证主义历史观就是在社会学领域取得成功的代表。因为孔德的社会学主要就是研究人类社会的发展规律、阶段和动力等要素,因而实质上就是一种科学主义的历史哲学。具体来看,孔德的历史哲学思想具有三个突出特点。

第一,孔德将自然规律代入到人类社会的发展之中,提出了人类历史发展的规律与秩序。从人类理智的三阶段出发,孔德将人类社会的历史发展也划分为对应的三个阶段,分别是尚武的神学时代、形而上学的法学家时代和科学的工业时代,提出人类的历史就是全人类逐渐学习、掌握实证主义的历史。在孔德看来,人类社会较之于自然界并没有什么特殊之处,人类社会也同样是一个有机体,是自然界的一部分,因而,对于人类社会规律的探索完全可以直

①《马克思恩格斯选集》第4卷,人民出版社2012年版,第250页。
② [英]阿诺德·汤因比:《历史研究》下卷,王皖强译,上海人民出版社2010年版,第854页。

接借助于探讨自然科学的方法,一个有力证明就是,孔德的社会学分为社会静力学和社会动力学两个部分,而这种关于结构与动力的划分正是当时的自然科学所广泛采用的方法。

第二,孔德将人类社会视为生物进化的终点,持有一种进步主义的决定论思想。孔德受到孔多塞《人类精神进步史表纲要》一书的影响,认为人类社会的进步来自人类理智的进化和科学知识的进步,也即来自实证程度的提升,人类社会绝不是循环往复演化的,而是依从不变的自然规律从前一个阶段迈向下一个阶段。孔德认为,正如自然界中所存在的物种的初级与高级之分,人类社会同样也存在着不同的发展阶段,实证社会的出现正是人类理智与道德不断占据上风的必然结果。"这种比较评估为我们提供了人类进步的科学视角,我们看到,人类进步与生物演化的整个过程是联系在一起的,而人类进步本身就是生物演化的最高阶段。对我们社会进步的分析无疑证明了,虽然我们天性中的基本倾向必然是不变的,但其中最高级别的倾向却处于一种持续的相对发展状态,通过这种发展,它们上升为人类生存的主要力量。"[1]借助将人类社会与生物界贯通起来的做法,孔德将19世纪中叶极受追捧的进化论思想囊括进实证主义的历史哲学思想之中。

第三,孔德认为把握人类社会的方法在于观察归纳法,以此才能掌握人类社会发展的必然联系。在孔德看来,社会学要想超越既往的一切社会理论,必须和其他自然科学一样成为实证科学,确保科学的概念总是来自事实,因为实证的方法既可用于天文学,也可用于社会学。从这一立场出发,孔德将自然科学研究的观察、实验和比较方法引入到社会学研究中来,并在此基础上进一步提出了所谓的"历史方法",即在深度观察社会事实的基础上,归纳出人类社

---

[1] Gertrud Lenzer，*Auguste Comte and Positivism*，New York：Routledge，2017，pp. 279 - 280.

会发展的内在联系，以此对社会发展进行预见。"他认为这种方法的功能可以表明个人和国家之间的关联，而且也昭示了不同世代的人都应认同的一个最终目标：所有人的共同合作，全力以赴。他特别指出，历史方法可以'鉴往知来'。"①

从孔德历史哲学的这三个特点可以看出，这一思想具有明显的自然主义、进步主义、经验主义和唯心主义倾向，虽然在 19 世纪的背景下具有一定的合理性，但并不是对人类历史发展的科学解释，而仅仅是头脑中关于理想的社会形态的想象。在此，我们可以借用马克思对费尔巴哈的评价来诊断孔德的历史哲学，即孔德"是一个唯物主义者的时候，历史在他的视野之外；当他去探讨历史的时候，他不是一个唯物主义者。在他那里，唯物主义和历史是彼此完全脱离的"②。

马克思恩格斯对实证主义历史观的超越和他们对历史观的重建紧密相关。不同于大众心目中的一般印象，马克思恩格斯的思想发展并非是齐头并进的。可以说，马克思并非一直是马克思主义的"第一小提琴手"，在 1843—1848 年马克思主义的创立过程中，恩格斯由于直面最发达的资本主义社会和最激烈的无产阶级运动，率先迈向了"对现实生活的认识"，在新历史观的创建过程中一度走在了马克思前面。③ 埃德蒙·威尔逊高度肯定了恩格斯对于马克思的影响："这一时期恩格斯对于马克思最大的帮助就是将马克思置于现实的厂房中，从而充实了马克思对于无产阶级的抽象认识。"④马克思明确指认过，在新历史观诞生的前夜，他曾不断与恩格斯写信交

---

① 孙中兴：《爱·秩序·进步：社会学之父孔德》，巨流图书公司 1993 年版，第 83 页。
②《马克思恩格斯选集》第 1 卷，人民出版社 2012 年版，第 158 页。
③ 参见赵立《重访恩格斯——对西方"马克思学"的马克思恩格斯关系论问题的当代认识》，《福建论坛（人文社会科学版）》2020 年第 10 期。
④ Edmund Wilson, *To the Finland Station: A Study in the Writing and Acting of History*, New York: Doubleday & Company, Inc., 1940, p. 146.

换意见,恩格斯从"另一条道路"得出了与他同样的结果。那么,马克思走的是哪一条道路呢?从文本中可以看到,在克罗茨纳赫期间,马克思反思了《莱茵报》时期哲学话语面对物质利益难题时的无力,大量阅读了政治学、历史学的著作,试图从欧洲国家的封建社会历史中对黑格尔的唯心主义哲学进行真正清算,所有制与阶级的关系问题由此进入马克思的思考范围。此外,自 1843 年 10 月至 1845 年 1 月,马克思寓居巴黎,着手研究政治经济学,除了亚当·斯密和大卫·李嘉图,法国古典政治经济学的代表学者魁奈、萨伊、西斯蒙第和蒲鲁东等人的著作也都被马克思纳入了阅读范围。这些法国古典政治经济学家对于现实政治的敏锐令马克思印象深刻,但是同样地,他们对于历史感的缺乏也震惊了马克思。在马克思看来,这些学者在搭建自己思想体系的过程中,对于历史过程的把握缺乏严肃性或者完整性,甚至自以为他们的政治经济学分类可以适用于任何时期、任何地域。[1] 马克思反问:"不把比如说某一历史时期的工业,即生活本身的直接的生产方式认识清楚,它就能真正地认清这个历史时期吗?"[2]因而,在从人的抽象本质的思辨逻辑到现实的经济事实的科学逻辑的推进过程中,马克思逐步探索出一条从劳动到实践再到生产的历史科学逻辑,认识到是现实的个人及其物质生产活动造就了社会结构与国家。由此,马克思恩格斯两人在相互影响下,各自从不同的道路出发得出了一样的结果,历史唯物主义就此走向了理论前台。

历史唯物主义具有广义和狭义两个向度:广义历史唯物主义指的是一般历史的哲学层面,其揭示了历史发展的一般规律和研究历史的基本方法;狭义历史唯物主义则是基于现代资本主义的起源与

---

[1] 参见[英]以赛亚·柏林《卡尔·马克思:生平与环境》,李寅译,译林出版社 2018 年版,第 97—99 页。
[2]《马克思恩格斯文集》第 1 卷,人民出版社 2009 年版,第 350 页。

发展史,对其内在规律和对抗性矛盾的科学揭示与批判。但无论是广义向度还是狭义向度,马克思主义的历史哲学既不是思辨逻辑的外化显示,亦非实证科学的必然走向,而是对现实的个人的历史的、现实的、具体的社会实践的科学透视方法,也就是历史辩证法。历史辩证法是我们理解马克思主义科学历史观的关键。第二国际的理论家误将马克思主义视为旁观人类历史发展进程的实证科学,而西方马克思主义的主要思想家则是片面强调了人类对于社会发展的能动性,两者对于历史辩证法的理论误读都在某种程度上影响了马克思主义的发展。作为马克思恩格斯所知的唯一一门科学——历史科学,历史辩证法的实际内涵是"立足于人类主体的现实的具体的历史地位的实践辩证法逻辑"①。历史辩证法较之于孔德的实证主义历史观,在三个方面实现了从自然规律到历史规律的理论超越。

第一,历史辩证法肯定人类社会的物质生产规律。从马克思主义的理论视野出发,历史可以从自然史和人类史两个方面考察,两者无疑是相互影响与制约的。但实证主义只是将从自然科学中抽象出的人类可以理解的自然规律简单嫁接到人类史中,明显忽略了人类社会的质性,结果是只能将人类社会刻画为一种"美学上的假象"。不是意识决定存在,而是存在决定意识,物质生产方式才是人类社会得以形成的历史真相,人类社会的生活、政治与文化都受到其制约。人类生活的生产与再生产都建基于物质生产方式之上。以资本主义为例,大工业的生产过程、资本主义的生产关系、工人阶级的持续生成与日常意识的形式,所有这些都是在资本主义的生产方式中历史生成的,而绝不是像孔德的实证主义历史观所认为的那样,是从人类理智发展中映射出来的。

---

① 张一兵:《马克思历史辩证法的主体向度》,北京师范大学出版社 2017 年版,序言第15 页。

第二,历史辩证法坚持人的能动性,反对机械决定论。承认物质生产方式的客观规律性并不意味着否认人类主体的实践能动性,因为生产过程根本不是原子式的孤立个人的活动,"而始终是一定的社会体即社会的主体在或广或窄的由各生产部门组成的总体中活动着"①。人类固然只能提出自己可以解决的任务,但这种任务也只会在具有解决它的条件的时候才会产生,这一方面为人类主体能动性的发挥创造了实践可能性,另一方面也为能动性的发挥限定了物质条件。正如马克思在《资本论》序言中所认识到的,现代社会的经济运动规律既不能跳过也不能取消,但是探索到这种规律可以"缩短和减轻分娩的痛苦"。

第三,历史辩证法要求从总体视角出发,运用从抽象上升到具体的方法观察人类社会。孔德宣称以"历史方法"观察具体的、现实的人类社会,这在马克思主义看来不过就是一句空话,因为对于"具体总体"的把握不外是人类头脑加工的产物,所谓的"历史方法"只不过是孔德的头脑风暴而已,又如何奢谈预见社会发展走向呢? 马克思主义继承了德国古典哲学从康德以来的总体性视角,但是既不同于康德处的抽象直观的统一整体,也不同于黑格尔处的绝对理念整体。基于政治经济学批判的深入考察,马克思已然阐明了,历史辩证法在对生产、消费、分配和交换的透视中生动体现了一种差异总体的视角,这四个环节就构成了一个不可分割的整体,在相互转化中真正建构起现实的、历史的生产过程。由此,马克思主义就掌握了破解人类历史谜团的方法论钥匙——从抽象上升到具体。运用从抽象上升到具体的方法,可以在人类的思维中再现这一具体总体,而又没有取消实在主体的独立性,同时又能够"充分地占有材料,分析它的各种发展形势,探寻这些形式的内在联系"②。人类历

①《马克思恩格斯选集》第 2 卷,人民出版社 2012 年版,第 686 页。
② [德]马克思:《资本论》第 1 卷,人民出版社 2004 年版,第 21 页。

史的社会形态发展就此可以被探索到其内在的发展规律,而这是实证主义根本不能企及的理论成就。

三、超越实证主义道德之维的革命之维

马克思深刻地指出,无论是 1648 年的英国革命还是 1789 年的法国大革命,从领导阶级来看都是资产阶级,从历史影响来看都代表了欧洲新社会制度的胜利,具有世界历史意义;两相比较的话,法国大革命在世界政治史和思想文化史上留下了更为浓墨重彩的一笔。康德是支持法国大革命的,而康德哲学也有助于当时的德国人以某种方式来理解、接受法国大革命。康德哲学对于现象世界和自在世界的区分,对于经验之我和理性之我的区分使得时人能够思考实现自律的可能,法国大革命则有力证明了以自律实现自由的可能,而且认为德国人可以不经过法国人的流血斗争,仅仅凭借实践理性,即自律的道德就可以建立新秩序。[1] 黑格尔将法国大革命视为"一道壮丽的心灵曙光",是理念在激励世人从束缚中解放出来,拿破仑也因此被黑格尔视为"骑在马背上的世界灵魂"。因此,通过对资本主义社会现实的仔细体察,黑格尔认为历史已经抵达了终点站。"在黑格尔看来,一旦资本—民族—国家被建立起来之后……就不会再有根本的变化。所以黑格尔认为历史在此终结了。"[2]黑格尔对革命的模糊态度使得他的信徒在其逝世后很快分为两派,围绕着"现实的就是合理的,合理的就是现实的"这句话的诠释,老年黑格尔派强调现实存在,青年黑格尔派则坚持实现理性是一个不断前进的过程,只不过批判的武器只能以思想的方式运用,而不能求助于现实运动。这也能够解释,为什么费尔巴哈寻求人与人之间的

---

[1] 参见[美]特里·平卡德《德国哲学 1760—1860:观念论的遗产》,侯振武译,中国人民大学出版社 2019 年版,第 83 页。
[2] [日]柄谷行人:《康德、黑格尔与马克思》,夏莹译,《哲学动态》2013 年第 10 期。

"爱"这一道德力量。马克思恩格斯在与青年黑格尔派成员接触的过程中,认清了他们是"最大的保守派"的实质,因此提出,共产主义者的任务就是在实际的活动中走向革命,"使现存世界革命化,实际地反对并改变现存的事物"①。解释世界是哲学家的任务,而革命者的追求是在真正认识世界的基础上现实地改变世界。

孔德坚决反对革命,提倡运用实证主义建设富有秩序与进步的实证社会,在后期又转向了人类之爱的道德维度。孔德年轻的时候是一名共和主义者,激烈反对宗教信仰,并自告奋勇成为圣西门的秘书,寻求法国社会新的社会组织方案。但是孔德和圣西门在新的社会秩序建构方面的分歧日渐加深,最终分道扬镳,关键点就在于孔德不认同圣西门对于革命的鼓吹,而是寻求以道德复兴和阶级调和的方式建设一个以实业制度为基础的实证社会。从孔德的生平来看,他先后经历了法兰西第一、第二共和国,法兰西第一、第二帝国,波旁、奥尔良两个王国,动荡的社会变革使得孔德厌倦了暴力运动,坚定认为法国社会恢复秩序的希望就在于内在精神的变革。由此,孔德将社会进步的希望寄托于人类理智的进步,希望通过各阶级的人们发挥内心之爱,以爱他主义为指导放弃政治斗争,协力建成实证社会。这一实证社会按照孔德的设想是超越阶级而以各人的能力和资质分配任务,"重组后的社会将拥有一个理论阶级和一个实践阶级:前者将提供总体思想的原则和制度以指导社会;后者实施行政和实践措施"②。这一社会的形成自然不可能是由暴力革命打造的。通过设想从利己主义的个人道德向爱他主义的社会道德过渡,孔德认为,实证社会的道德根基使得新秩序成为可能,并寄希望于通过对无产阶级的实证主义教育,从而改变整个社会的风

---

① 《马克思恩格斯选集》第 1 卷,人民出版社 2012 年版,第 155 页。
② [新]C. L. 腾主编:《劳特利奇哲学史》第 7 卷,刘永红等译,中国人民大学出版社 2016 年版,第 173 页。

貌。在孔德看来,工人阶级自私自利之心最少并赞成以公益为重,所以他坚持面向工人做了十几年的实证主义讲座,希冀工人阶级能够接受实证主义并成为构建新社会秩序的主力军。① 这种从道德出发调和阶级矛盾的做法显然是与马克思主义的革命立场直接相对的,也充分显示了孔德及其实证主义学说的保守特征。

马克思恩格斯在实践过程中先后意识到资产阶级民主政治理想的破产,进而转向哲学共产主义(即德国的人道主义)。在创建新历史观的过程中,马克思恩格斯最终转向了科学共产主义的立场,形成了科学的革命主张,提出了斗争的革命手段,坚定了必胜的革命信念。恩格斯受赫斯和魏特林的影响,在 1842 年底就表现出哲学共产主义的倾向,在英国的所见所闻更是直接促成恩格斯彻底转向哲学共产主义,并在《国民经济学批判大纲》中"表述了科学社会主义的某些一般原则"。在这篇文章中,恩格斯大力批判了古典政治经济学家的登峰造极的不道德,但又没有止步于此,而是"从社会关系甚至是社会历史过程的角度来阐述竞争关系条件下工人因生产过剩而挨饿的必然性以及由此而来的消灭私有制的必要性"②。马克思在向共产主义思想迈进的过程中,受到了赫斯的金钱异化思想的影响。不过通过对政治经济学的初步研究,马克思超越了赫斯所止步不前的交换立场,走向了劳动的生产立场,凝练出劳动异化史观,指认:"共产主义是私有财产即人的自我异化的积极的扬弃,因而是通过人并且为了人而对人的本质的真正占有"③。很明显,马克思此时无疑还处于从道德的"应然"寻求革命的"必然"的阶段。

哲学革命可作为政治变革的先导。对于费尔巴哈式的抽象人

---

① 参见欧力同《孔德及其实证主义》,上海社会科学院出版社 1987 年版,第 137—151 页。
② 唐正东:《青年恩格斯对英国工人运动的社会历史性解读及其理论意义》,《哲学研究》2020 年第 10 期。
③ [德]马克思:《1844 年经济学哲学手稿》,人民出版社 2000 年版,第 81 页。

本质的超越,"必定会由关于现实的人及其历史发展的科学来代替"①,这种新世界观以马克思恩格斯 1844 年写就的《神圣家族》为起点,并在两人一起参观曼彻斯特后被进一步催化,最终在 1845 年完成的《德意志意识形态》中获得充分陈述与表达,并于 1848 年出版的《共产党宣言》中公开问世,继而在此后的 170 余年中始终发挥着历久弥新的世界性影响,成为工人阶级公认的共同纲领。如何认识科学社会主义?恩格斯或许早就告知了我们答案:"唯物主义历史观及其在现代的无产阶级和资产阶级之间的阶级斗争上的特别应用,只有借助于辩证法才有可能。"②革命辩证法揭示了个人与社会、自由与必然的历史关系,超越了道德维度的伦理批判,在真正的革命实践中获得了检验与丰富,充分彰显了马克思主义科学的革命之维。

革命是历史的火车头。马克思恩格斯在 1848 年欧洲大革命爆发之前就已在多个场合强调指出,无产阶级和资产阶级的对立已经极为尖锐,两大阶级间的暴力冲突已经是不可避免的了,工人阶级已经深深地感到进行更为彻底、更为激烈的革命的必要了,目标直指推翻资产阶级统治,实现无产阶级解放。就在同期,孔德放弃了十几年如一日的面向工人的实证主义讲座,转而在 1848 年出版了《实证主义概论》,正式转向了"人类教",宣扬以爱为原理、秩序为基、进步为旨的道德实证主义,直接站在了工人阶级和马克思主义的对立面。马克思主义与实证主义在欧洲大革命来临前的不同表现充分展示了两者对于革命的不同态度,也反映了两者对于资本主义社会问题的"应然"与"必然"的不同答复。马克思主义以革命辩证法为指引,在革命的必然性、革命权的必要性和革命必然胜利三个方面超越了孔德实证主义从道德层面对社会问题的消极回答,为

①《马克思恩格斯选集》第 4 卷,人民出版社 2012 年版,第 247 页。
②《马克思恩格斯选集》第 3 卷,人民出版社 2012 年版,第 746—747 页。

无产阶级革命提供了科学革命理论的指导。

第一,无产阶级革命的发生具有科学上的必然性。马克思恩格斯指出,资本主义为了生存下去,必然需要不断对生产工具、生产关系乃至全部社会关系进行持续革命,并且已经以资本逻辑破坏了封建政治逻辑、血缘宗法逻辑和伦理道德逻辑,只剩下冷酷无情的现金交易。但是。一旦生产力的进步越出了资本主义生产关系所适用的范围,社会经济的发展成熟到足以铲除资本主义生产关系的程度,历史将证明,资本主义生产出了它自身的掘墓人!孔德仅仅看到社会因为革命活动而产生的动荡,却全然无视革命产生的原因,一味追求社会的秩序,这种实证主义的保守主张既缺乏对社会的历史性认识,也充分暴露了其鼓吹资本主义社会超越历史的反动立场。

第二,无产阶级革命的成功离不开捍卫革命权。"革命不是请客吃饭",虽然无产阶级在具体情境下也会采用议会斗争的手段,但是绝不会是出于阶级调和的"爱"的道德原因。马克思恩格斯通过对人类历史的梳理认识到,无产阶级革命的目的非常明确,那就是废除资产阶级的所有制,"推翻资产阶级的统治,由无产阶级夺取政权"[1]。为达成这一目的,无疑只能"用暴力推翻全部现存的社会制度"。晚年恩格斯目睹工人运动进入了新的发展阶段,见到了议会斗争取得的新胜利,但依然明确指出革命权是唯一的真正历史权利。孔德妄想以爱他主义消磨工人阶级的斗争意志,使得工人阶级埋头于道德素养的修炼,从而实现阶级关系的缓和,这无疑是将革命权拱手让出,历史事实已经反反复复向我们说明了这种空想的危害。

第三,无产阶级革命必将走向胜利,最终实现人类解放。马克思恩格斯指出,一切所有制关系都经历了历史更替与变更,作为私

---

[1]《马克思恩格斯选集》第 1 卷,人民出版社 2012 年版,第 413 页。

有制发展最高阶段的资本主义所有制关系也不会例外。无私利的无产阶级将在革命中打碎束缚自己的锁链,获得的则是人类社会的新发展形态,"在那里,每个人的自由发展是一切人的自由发展的条件"①。由于沉湎于"人类教"的幻想,孔德试图建立一个宗教统治的等级社会,其实就是以道德之维消解革命的可能性,实质目的还是维护已有的资本主义社会秩序。

由此,我们看到,作为同样兴起于 19 世纪的新社会思想,马克思恩格斯从唯物辩证法、历史辩证法与革命辩证法三个维度出发,科学超越了以经验直观、自然秩序和伦理道德为基础的实证主义,实现了人类思想史上的哲学革命,为人类社会的现代转型提供了行之有效的思想引导。

第三节　马克思恩格斯批判实证主义的立场、方法与观念

在确立了新的世界观和方法论之后,马克思恩格斯更加坚决地投身到理论创新和革命实践中去,在此过程中,马克思恩格斯直接遭遇了孔德及其实证主义流派以及受到孔德学说影响的部分工人运动。为了捍卫马克思主义对于工人运动的科学理论指导,马克思恩格斯在多个场合、以各种方式直接批判了孔德及其实证主义思想。回溯这场理论争锋的过往,我们可以看到,马克思主义的方法与观念的理论锋芒直指实证主义的方法与意识形态。因而毋庸置疑,批判实证主义就是马克思主义的立场、方法与观念的内在要求。

一、革命实践导向:马克思恩格斯批判实证主义的基本立场

孔德创设实证主义的目的就在于把握人类社会的历史发展规律,以实证的方式建设以爱为基、秩序与进步齐进的人类社会,最终

---

①《马克思恩格斯选集》第 1 卷,人民出版社 2012 年版,第 422 页。

实现人性的完善。从这一目的出发,孔德选中了无产阶级作为实现其改良社会精神风貌的主力军,持续对法国工人开展实证教育。孔德对于"道德复兴运动""和平社会主义"的提倡与当时资本主义社会的整体环境有极大关系。这一时期,资产阶级与无产阶级的对立日益加剧,革命的宣言已经呼之欲出,震撼整个欧洲的 1848 年大革命就要到来了。自从法国"七月革命"后,孔德就从共和主义者的立场步步后退,极力强调阶级调和,反对政治运动和暴力革命,这一诉诸道德与和平的实证主义学说正是那一时期资产阶级所期望的理论,而且不可否认,这一学说也对欧洲工人运动产生了不良影响,在第一国际内部就有抱持实证主义观点的工人组织。无论是从马克思主义的辩证批判本性出发,还是从国际工人运动的实际出发,马克思恩格斯都必然要以理论回击孔德及其实证主义发起的挑战。具体而言,马克思恩格斯从哲学、政治经济学和无产阶级革命运动三个方面对孔德及受其影响的实证主义流派展开了直接批判。

　　第一,马克思恩格斯从辩证的总体视角出发批判了孔德及其实证主义流派。1866 年 7 月 7 日,在《资本论》第一卷出版前夕,马克思致信恩格斯,声明自己正在"顺便研究孔德",因为孔德的实证主义当时受到英国人和法国人的大肆追捧,已经成为马克思无法忽视的理论思潮。从各地建立的实证主义协会到英国著名学者斯图亚特·穆勒,再到在法国建立的实证论派团体,实证主义流派的影响尤其是对工人运动的影响要求马克思恩格斯对之做出必要的研究与回应。马克思一眼就识破了孔德学说的虚假的丰富性以及在自然科学领域的琐碎性,"因为实证主义科学观以近代自然科学作为自己的科学范式,只从肯定的方面理解事实,看不到事实在历史中的自我否定和自我扬弃,当然也就看不到事实中所蕴含的价值"①,

---

① 马拥军:《历史唯物主义的"实证"性质与马克思的正义观念》,《哲学研究》2017 年第 6 期。

因而无法透视经验材料背后的总体性价值,也就无法站在哲学的理论高度从整体上把握社会历史的发展。

马克思指出,孔德的著述看起来"像百科全书,包罗万象",但是与黑格尔的哲学体系相比却非常可怜,因此,即使孔德的著作在自然科学领域有细节上的些许优势,但是在整体上却远逊于黑格尔的思想。以黑格尔作为对照孔德的标杆,正是说明马克思意识到孔德试图以实证主义为那一时代的资本主义社会提供一幅新的完善的理论蓝图,就像黑格尔创建的无所不包的哲学体系那样。可惜的是,孔德从自然科学出发,却只抓住了最细枝末节的东西,反而在整体上被黑格尔哲学比了下去,更不要说是超越了黑格尔哲学的马克思主义。就在同年 2 月,马克思在给恩格斯介绍即将出版的《资本论》第一卷时,明确承认这部著作在细节上虽然会有在所难免的缺点,但是"结构,即整个的内部联系是德国科学的辉煌成就"①。这种整体性的辩证思维也是恩格斯批判孔德的出发点。对整个自然科学进行百科全书式的概括是 18 世纪的法国唯物主义之后的理论要求,其中圣西门和黑格尔是其中的佼佼者,只不过随着自然界的普遍联系被证明之后,这种外在的排序就已经落伍了。孔德与这两人相比更是落了下乘,恩格斯明确指出,"孔德不可能是他从圣西门那里抄袭来的关于自然科学的百科全书式的排序法的创造者"②,因为孔德只是在"安排教材和课程"的意义上使用了这一方法,根本没有以整体性的思维运用这一方法,更谈不上辩证使用了。对于这一"抄袭"来的"实证主义破烂货"和"神秘主义的宗教宪章",我们可以看到,进行哲学革命之后的马克思恩格斯无疑已经完全超越了一切旧形而上学(哲学意义上的实证主义自然也归属在内),因此马克思在致实证论者爱德华·斯宾塞·比斯利教授的信中明确表明了态

---

① 《马克思恩格斯文集》第 10 卷,人民出版社 2009 年版,第 236 页。
② 《马克思恩格斯文集》第 9 卷,人民出版社 2009 年版,第 505 页。

度,"我作为一个有党派的人,是同孔德主义势不两立的,而作为一个学者,我对它的评价也很低"①。

第二,马克思恩格斯从历史性的联系视角出发批判了孔德及其实证主义流派。当巴黎的《实证论者评论》从两个方面批判马克思的《资本论》,认为其一方面是形而上学的研究,另一方面是只批判既成事实却没有提出面向未来的举措之时,马克思反问,是需要他开出面向未来食堂的孔德主义调味单吗?实证主义的政治经济学研究者一方面自诩反对形而上学,另一方面则试图"使资本的政治经济学同不容忽视的无产阶级要求调和起来",为资本主义社会出谋划策。约翰·斯图亚特·穆勒作为孔德的实证主义在英国的继承人,在政治经济学领域就以"调和不能调和的东西"而著称。穆勒"把地球上迄今只是作为例外而占统治地位的一种状态看作到处存在的状态"②,但是穆勒这样做只是将资本主义生产的历史性完全抹除了,陷入了"在不存在的时候也总是存在,在存在的时候也是不存在"的虚无状态。

马克思指出,只有对现存经济制度完全无知的人,才不能理解现存社会制度只是具体的、必然的、历史的产物,才会将资本统治和雇佣劳动制度当作"符合事物本性的、自发成长起来的"自然产物而加以保存,进而才会坚信这些制度的永恒性,认为可以通过道德限制对社会问题加以修正。实证主义者自然难以理解《资本论》的辩证方法,因为这种方法视现存事物是必然灭亡的,视既成形式是暂时性的,对任何东西都是批判的和革命的,因此,作为资本主义代言人的实证主义者必然会陷入恼怒和恐慌。恩格斯也揭橥了古典政治经济学的直观性和非历史性。恩格斯指出,政治经济学主要研究人的生产和交换行为在社会方面产生的直接预期影响,"在今天的

---

① 《马克思恩格斯文集》第 10 卷,人民出版社 2009 年版,第 357 页。
② [德]马克思:《资本论》第 1 卷,人民出版社 2004 年版,第 591 页。

生产方式中,面对自然界和社会,人们注意的主要只是最初的最明显的成果"①。这种直接性使得实证主义者只能看到直接的社会生产结果,而完全看不到资本主义生产行为背后对于自然和社会造成的深远影响。无论是自然灾害还是社会持续发酵的阶级对立,都不在实证主义者的视野内,存在的只有埋头工作的工人、组织生产的实业资本家和安排人类精神工作的实证主义者,三者"其乐融融"地共建实证社会。这是一幅多么"美妙"的由秩序与进步交织的实证社会画卷! 实际上,这只是充分暴露了实证主义者"在政治经济学方面是资本家统治的代言人"。

第三,马克思恩格斯从无产阶级运动的视角出发批判了孔德及其实证主义流派。马克思恩格斯承认,实证主义的拥趸确实参加了第一国际的活动,但并非英国和法国的实证主义者自认为的那样向第一国际打入了一个楔子,而只是"由于他们是工人,可以接纳为一个一般的支部,但不能是'实证主义者的支部'"②。此外,进入第一国际内的实证主义拥趸在组织内部是不能沿用实证主义原则的,因为实证主义是与第一国际的指导原则即马克思主义直接抵触的。因此,虽然个别实证主义者在巴黎公社运动期间在报刊上为抵制对第一国际的疯狂攻击作了贡献,但是,一方面实证主义者"没有一个人参加过创建国际的工作",另一方面虽然实证主义者宣称支持工人运动,然而很短时间内这些支持就变得极为冷淡了,因为实证主义者认为"工人已经过分强大,为了保持资本家和工人(在圣西门看来,他们都是生产者)之间的真正均势,现在又该支持资本家了"③。

实证主义者的这种所谓维持均势的做法,实际上完全忽视了工人阶级与资产阶级在社会实际生产、生活中的巨大地位差别,因而

①《马克思恩格斯文集》第9卷,人民出版社2009年版,第563页。
②《马克思恩格斯全集》第32卷,人民出版社1974年版,第449页。
③《马克思恩格斯全集》第39卷,人民出版社1974年版,第375页。

暴露了他们"在政治方面是帝国制度(个人独裁)的代言人","在人类活动的所有范围内,甚至在科学范围内是等级制度的代言人"。①马克思恩格斯作为国际工人运动的导师,是坚决与实证主义这一调和主义立场和宗派主义行径作斗争的;作为工人阶级世界观和方法论的马克思主义,自然而然是与实证主义的等级制和宗教观念作坚决斗争的。马克思主义的科学性就在于彻底的批判精神和革命的实践精神,始终从这一科学立场出发,我们就能明晰和拒斥当代社会思潮中各式各样的实证主义变种思想,坚持马克思主义的真理道路。

二、经验与抽象之辨:马克思恩格斯批判实证主义的方法论之思

黑格尔逝世后,德国古典哲学迅速走向衰落,奠基于庞大实证经验材料的自然科学迅速崛起,并凭借自然科学与工业发展的成就吸引了时人的追捧,思辨的形而上学连同黑格尔的哲学遗产一起被抛诸脑后。恩格斯指出,当旧的哲学权威被打倒,人们希冀自然科学在理论领域扮演新的权威角色的时候却愕然发现,"在这里经验的方法不中用了,在这里只有理论思维才管用"②,因而只能又落入旧形而上学的窠臼,迎合庸人的浅薄思想和庸俗唯物主义因此大行其道,折中主义激烈竞争,但所有这些都不过是形而上学的过时残渣。实证主义就是这一时期的思想产物。孔德还站立在一般唯物主义的立场上,极力宣扬唯科学主义,强调作为客观方法的实证方法既是自然科学的一般方法,也是社会科学的一般方法,两者在实证方法的基础上获得了统一。这里孔德所强调的实证方法,一方面是我们理解的科学研究的证实方法(观察实验方法),另一方面则是孔德实证主义的方法论。这一实证主义的方法论强调三点:经验

---

① 参见《马克思恩格斯选集》第 3 卷,人民出版社 2012 年版,第 151 页。
②《马克思恩格斯文集》第 9 卷,人民出版社 2009 年版,第 435 页。

性、因果性和非历史性。在这个意义上,证实方法并不能和实证主义方法论画等号。马克思恩格斯所大力批判的也只是实证主义方法论,而非证实方法。自然科学与实证知识同样称得上是时代精神的精华,只不过旧的形而上学和固定不变的范畴攫取了科学中的统治地位,而"思辨倾向从来没有多大地位"。马克思恩格斯准确把握了黑格尔的思维方式的历史感,使这个历史感成为"新的唯物主义世界观的直接的理论前提,单单由于这种历史观,也就为逻辑方法提供了一个出发点"①。这个逻辑方法就是从抽象上升到具体。我们从中可以看出,在方法论层面,马克思与实证主义表现出复杂的思想关系,可以在对经验与抽象的分辨和沉思中探究一二。

第一,证实的实证方法不是实证主义的专属方法。马克思恩格斯都从社会调查的实证方法出发得出了对于现实资本主义社会的准确认识,但也在创立新世界观的过程中批判了实证主义方法论。马克思看到,在研究物质生产的过程中,之前的政治经济学家都是只从"合乎自然的个人"出发,认为是自然而不是历史形成了这一起点,并且只有达成私人目的的手段才被这种主观主义的孤立个人视为外在的必然性,而19世纪的经济学家(巴师夏、凯里和蒲鲁东等人)依然抱持着这一神话。马克思在初步涉猎政治经济学研究时就已然发现,政治经济学家已经将现实工人"尽可能贫乏的生活(生存)当作计算的标准,而且是普遍的标准:说普遍的标准,是因为它适用于大多数人",因而,政治经济学家就得以"把工人变成没有感觉和没有需要的存在物,正像他把工人的活动变成抽去一切活动的纯粹抽象一样"。②

但是用隐身帽遮住眼睛和耳朵只能违心地否认妖怪的存在,如果借助社会统计揭开笼罩在现实生活上的帷幕,我们就能够一窥

---

① 《马克思恩格斯选集》第2卷,人民出版社2012年版,第13页。
② 参见《马克思恩格斯文集》第1卷,人民出版社2009年版,第226页。

"幕内美杜莎的头"。马克思高度肯定了英国的社会调查工作是"内行、公正和坚决的"，因为这些调查呈现了英国社会的经济发展状况、工人工作情况和生活状况，充分展示了工人的被剥削情况。马克思在写作《资本论》的过程中大量应用了这些社会调查报告，以充分佐证相关的理论分析。无独有偶，在写作《英国工人阶级状况》的时候，"恩格斯深入了问题的核心并在真实生活的基础上建构了真实的历史"①。一方面，恩格斯为了不仅仅依靠抽象理论获得认识，因而充分搜集英国官方调查的报告和文件；另一方面，恩格斯亲自深入到工人群体之中，观察工人的日常生活，交流工人群体的生存状况。

因此，马克思恩格斯都同样肯认了经验事实对于研究的必要性，但是并没有止步于经验事实，而是更进一步迈向了历史事实，在历史事实中"建构了真实的历史"。因为马克思在政治经济学研究中明确意识到，止步于经验事实是不可能理解作为"普照的光"的资本的抽象统治的。以价值形式理论为例，马克思指出，资产阶级的政治经济学家也曾分析价值形式，却无功而返，原因就在于，"在讲求实用的资产者的粗鄙影响下，他们一开始就只关注量的规定性"②，因而只从量的维度上考虑价值，将价值形式与价值混淆起来，无法理解商品、货币和资本的奥秘。更进一步，苏联学者鲁宾早已看到："没有价值形式就没有价值，马克思准确地理解到，没有充实的劳动内容，这种社会形式就仍然是空洞的。"③正如鲁宾所言，马克思并未停留于对价值的形式分析，没有以牺牲劳动内容为代价来过分强调社会价值形式。实际上，具体的物质生产劳动与社会的和抽象的方面都是紧密相关的。因此，接下来的问题是，如何才能从经

---

① 张亮、刘冰菁主编：《恩格斯研究指南》，江苏人民出版社 2020 年版，第 62 页。
② ［德］马克思：《资本论》第 1 卷，人民出版社 2004 年版，第 64 页。
③ ［苏］伊萨克·伊里奇·鲁宾：《马克思价值理论》，曹江川译，中央编译出版社 2004年版，第 158 页。

验事实中把握到资本逻辑呢？马克思恩格斯给出的答案就是由他们所创立的新世界观。也正是从这一新世界观出发，马克思仰之弥高、钻之弥坚，将政治经济学研究置于现实生活中的经验的实证研究之中，最终科学揭示了资本主义社会的特殊历史生成逻辑，有力驳斥了实证主义方法论的非历史性。正如马克思在《资本论》中所辛辣讽刺的："奥古斯特·孔德及其学派本可以像证明资本家老爷的永恒必要性那样，去证明封建老爷的永恒必要性。"①这正是对实证主义方法论非历史性的绝佳评价。

第二，合理的抽象是必要的，但是仅仅依靠抽象解释不了具体，因为抽象反而是在最丰富的具体基础之上发展起来的。马克思主义的抽象与实证主义的抽象是不同的。实证主义无疑非常强调抽象的必要性。因为只有抽离了质的差异性，才能以无差别的形式拥抱量化和可计算性，进而服务于资本逻辑的统治需要。这种抽象宣称自身建立在对客观事实的经验研究之上，是由研究者的主观能动性将经验材料的共同属性抽离出来。但是，这种抽象最终只是得出了一个空洞的、具有单纯的普遍性和同一性的概念，因为："这种同一性是由研究者本人经过思维制造出来的纯粹的同一性，是一种静态的、僵死的抽象，根本不涉及事物的内在本质。这种抽象构成了所有经验科学和实证科学的方法论基础。"②马克思曾经对于这种抽象的自然科学的直观方法犀利地点评，其缺点"每当它的代表越出自己的专业范围时，就在他们的抽象和意识形态的观念中显露出来"③。那么问题来了，马克思主义的抽象方法是如何区别于实证主义的抽象方法的呢？

毫无疑问，马克思主义的方法同样强调抽象的必要性，但是并

---

① ［德］马克思：《资本论》第 1 卷，人民出版社 2004 年版，第 286 页。
② 孙乐强：《马克思再生产理论及其哲学效应研究》，江苏人民出版社 2016 年版，第 12 页。
③ ［德］马克思：《资本论》第 1 卷，人民出版社 2004 年版，第 429 页。

非实证主义的经验抽象,而是科学抽象。戴维·麦克莱伦曾经指出,马克思在政治经济学研究中运用的方法"非常抽象,但对理解马克思的方法却十分重要",因为这个方法"由简单的理论概念开始,如价值和劳动,然后再进入到较为复杂的但却能观察到的整体,比如人口和阶级"。① 麦克莱伦所指认的正是从抽象上升到具体的方法,马克思明确肯定其"无疑是科学的、正确的方法"。不同于实证主义的经验抽象,马克思认为,虽然从实在和具体开始、从现实前提开始表面上看起来是正确的,但是如果抛开这些所谓现实的构成因素,实际上剩下的只有空话了。以人口这个概念为例,在理论分析起点的人口只是"整体的混沌表象",没有任何的实在内容,只有通过条分缕析人口的更具体的规定,将之与实际的存在联系起来,才能在这个过程中收获最简单的规定;从这一简单规定再启程,最终又返回到人口概念,但是在这一过程中已经掌握了丰富的总体。马克思的这一剖析,一方面是对形而上学的批判,另一方面是科学揭示了对于抽象概念的正确理解。实证主义只是单纯地将概念作为形而上学的产物进行拒斥,片面、绝对地将认识的可能性寄希望于经验观察与简单抽象,而这实际上是得不出科学认识的。因为离开了合理的科学抽象,思维只会被杂乱无章的材料包围,根本找不到明晰的出路。

此外,从抽象上升到具体的方法"只是思维用来掌握具体、把它当作一个精神上的具体再现出来的方式。但决不是具体本身的产生过程"②。马克思主义不仅奠基在历史感上,而且牢牢站在现实感之上,现实的具体存在并非在人们的头脑中产生,而是独立于我们的思维之外,"始终作为前提浮现在表象面前"。实证主义方法论虽

① 参见[英]戴维·麦克莱伦《马克思传》(第 4 版),王珍译,中国人民大学出版社 2016 年版,第 292 页。
② [德]马克思:《资本论》第 1 卷,人民出版社 2004 年版,第 42 页。

然强调现实的具体存在,但是既理解不了现实存在的生成,也理解不了或者是拒绝回答认识的来源,只是笼统地强调经验的重要性,极力鼓吹观察优于想象。赖特·米尔斯对抽象经验主义的评价可被借用来评价这一实证主义方法论:"他们的这些研究堆积琐屑的细节,却对使这些细节形成一定规范形式缺乏足够关注;……这些细节无论怎么庞杂,都不会使我们确信任何本值得我们确信的东西。"①米尔斯的评价是非常中肯的。

第三,从抽象上升到具体的方法是建立在历史的基础上的,是以逻辑和历史的统一实现的对资本主义社会的逻辑"把脉",而非实证主义以思想的逻辑对历史的强行规定与塑造。在黑格尔处,逻辑与历史的统一被视为历史与逻辑的统一,即:"历史上的那些哲学系统的次序,与理念里的那些概念规定的逻辑推演的次序是相同的。"②虽然孔德及其实证主义并不认同黑格尔的哲学思辨,但是在非历史性这一点上却有着惊人的相似之处。孔德及其实证主义一方面是将人类历史根据理智发展程度的不同划分为三个阶段,另一方面则是以人类理智的进步支配人类历史的发展。这种以思维逻辑座架历史的方法淋漓尽致地体现了唯心主义历史观的特征,而马克思恩格斯在新世界观中把握到历史发展的辩证规律,提出了逻辑与历史的统一。但是这并不意味着将逻辑与历史直接等同,因为马克思恩格斯早已明确意识到,历史的发展并非一个平滑的思维过程,而是充满了真实的跳跃与曲折,如果思维严格对照真实历史的发展状况,那么思维就会被局限在无数无关紧要的细节里,而不能真正发挥思维的抽象能力,也就达不到对历史的准确、客观认识。

历史资料固然可以提供丰富的研究资料,但是真正把握历史的

---

① [美]C.赖特·米尔斯:《社会学的想象力》,陈强、张永强译,生活·读书·新知三联书店 2016 年版,第 62 页。
② [德]黑格尔:《哲学史讲演录》第 1 卷,贺麟、王太庆译,上海人民出版社 2013 年版,第 35 页。

发展需要更高一级的理论思维,这种理论思维来源于哲学的抽象训练,但是又扎根于人的思维的历史发展。正如研究经济范畴要从现代资本主义社会的内部结构出发一样,逻辑与历史的统一要从符合对象的整体结构出发,唯其如此,马克思主义才能生动刻画资本主义生产方式的完整结构,进而描绘一幅资本主义的起源、发展与消亡的完整画卷。

三、思入历史深处:马克思恩格斯批判实证主义意识形态的理论洞见

马克思主义是无产阶级的革命的世界观,是始终指向革命的理论学说,其理论本质就是批判的、革命的、历史的。从哲学维度来看,资本主义的物化意识与拜物教意识实质上就是实证主义意识形态的表现形态。作为现实的个人,我们每个人都在日常生活中直接与我们周围的世界打交道,以经验性的方式生活十一隅之地,对于生活世界的认识往往局限于个人的观察视野中,因而很容易就会在纷繁复杂的生活世界中迷失,误将被建构起来的种种意识形态假象指认为真实的、有用的、肯定的"真像","这种抽象自足的物的规律性及其迷惑性的怪诞现象,均是物化意识的表现,属于典型的意识形态"。① 这就是实证主义及其思维方式之所以大行其道的内在原因。只不过,"如果事物的表现形式和事物的本质会直接合而为一,一切科学就都成为多余的了"②。马克思主义科学地、全面地超越了实证主义,并不仅仅体现在对历史本质规律的认识上,更表现为对人们日常生活层面的理论指导。可以说,马克思主义以历史性的辩证思维实现了对于人类社会从宏观到微观的实践批判,为人类超越

---

① 参见丁匡一《马克思主义哲学的总体性概念》,《中国社会科学报》2021 年 2 月 25 日。
② [德]马克思:《资本论》第 3 卷,人民出版社 2004 年版,第 925 页。

具体的资本主义发展阶段和"着了魔的颠倒世界"提供了切实可行的哲学方案。基于此,我们就不难理解马克思主义对于实证主义的坚决批判了。

第一,厘清拜物教批判的科学内涵有助于我们把握马克思主义批判实证主义的核心命意,也才能够在当下社会中,真正帮助我们直面实证主义在日常生活中发起的理论挑战。马克思指出,在资本主义社会中,"人们信赖的是物(货币),而不是作为人的自身"①。为什么会出现如此吊诡的现象呢? 马克思化用了宗教世界的比喻手法,将之称为"拜物教"。马克思区分了三大拜物教:在商品拜物教阶段,作为特定社会发展产物的商品被视为物本身的自然属性,全然忽视了其不过只是人类劳动的产物;在货币拜物教阶段,由商品交换发展而来的货币被视为金银的自然属性,人与人之间的关系被局限为金属、矿石之间的关系;在资本拜物教阶段,自动增殖似乎成了资本的自然属性,资本主义制度就在 G—G′ 的神话中实现了自身永恒性的建构。我们看到,正是在社会关系被一步步颠倒、扭曲的物化过程中,资本主义社会的拜物教建立了起来,而社会大众只剩下对此进行顶礼膜拜了。

因此,在马克思的分析中我们可以明确认识到,如果资产阶级理论家只是从资本主义生产关系当事人的物化视域出发,通过对社会的直观观察,进而对社会现实进行教义式的阐发,那么就一定会迷醉于资本主义制度永恒性的美好幻象,进而对人类社会进行不切实际的分析,得出的认识必然充满荒谬和矛盾。我们看到,在实证主义意识形态的滤镜下,对工人的劳动时间和绩效的量化,使得资本主义社会中的劳资关系不是表现为剥削与被剥削的关系,而是呈现为工资购买劳动的虚假平等幻象。马克思通过对劳动二重性的

---

① 《马克思恩格斯全集》第 30 卷,人民出版社 1995 年版,第 110 页。

区分，科学地指明了资本家用工资购买的根本不是工人的劳动，而是工人的劳动力，由此就以隐秘的形式占有了工人的剩余劳动，进而完成了对工人剩余价值的剥削，所谓的平等交换实际上只是虚假的拜物教意识。而孔德及其实证主义追随者恰恰就是掉入了这一拜物教的陷阱，并毫无自知之明地向人们推销自己千奇百怪的"物化"理论。孔德宣称："大众理性该会不言而喻地倾向于接受实证精神，以此作为真正解决精神与道德大混乱的唯一可行基础。"[1]由于实证主义的广泛传播，加之其与资本主义物化与拜物教意识的内在合流，生活世界的假象反而在谎言的重复过程中摇身一变成了"真像"。不过，马克思指出，随着资本主义的内在矛盾发展到一定阶段，人最终将意识到自身"是被压迫的一方，实践迫使他反对所有这种关系，从而反对与这种关系相适应的观念、概念和思维方式"[2]。而这也将是实证主义意识形态的末路。

第二，通过拜物教批判才能唤醒无产阶级被蒙蔽的主体意识，使其成为自觉的革命主体。实证主义的意识形态千方百计地遮蔽无产阶级的革命意识，在实践中酿成了严重的政治后果。孔德极为敌视暴力的政治运动，无论是在早期宣扬秩序与进步，还是在后期加入了爱的调剂，核心思想都是要以爱他之心实现社会的秩序化，在等级制的社会中实现实业家的进步筹划。作为无产阶级革命运动的导师，马克思恩格斯始终奋斗在理论斗争和实践斗争的第一线，坚决与作为资产阶级代言人的实证主义者和各种阶级压迫势力作斗争，通过对拜物教的批判，为唤醒无产阶级的主体意识持续奋斗。

马克思恩格斯自青年时代以来就坚决站在无产阶级的立场上，

---

[1] ［法］奥古斯特·孔德：《论实证精神》，黄建华译，北京联合出版公司2013年版，第40页。

[2] 《马克思恩格斯全集》第48卷，人民出版社1985年版，第258页。

旗帜鲜明地提出运用革命的暴力手段实现人类解放的最终目标。在这个过程中,无产阶级的主体意识是极为关键的,因为只有无产阶级真正发自内心地意识到革命的必要性与必然性,才能从自在的阶级转变为自为的阶级,在追求解放的过程中使得生产力与现存的社会关系不再能够勉强维持下去,而"在一切生产工具中,最强大的一种生产力是革命阶级本身"①。恩格斯在晚年指出,无产阶级从"本能的、自发的和不可遏制的"行动出发,终将催生出革命成功的形式。虽然在这个过程中,无产阶级或许会为"少数人的花言巧语所欺蒙",并在革命受挫的时候失望、心灰意冷,但是一旦无产阶级意识到是为多数人本身的真正利益而斗争,就一定会信服这一斗争,并在吸收经验教训的基础上达成革命成功的前景。无产阶级的革命意识固然一时会被实证主义的意识形态欺蒙,但并不会永远被蒙蔽。我们看到,马克思主义在第二国际时期曾经困于实证主义的思想旋涡,并导致了革命运动的停滞与倒退,但是列宁和卢卡奇以对辩证法的发扬成功突破了这一旋涡,超越了实证主义意识形态,使无产阶级的革命意识在实践和理论两个维度重获生机。

第三,拜物教批判直接超越了实证主义的直观思维,在对物的超越中直接抵达历史的深处。经验主义认识论认为,认识的确定性之基来自外部世界的自然规律,而认识的发生则有赖于主体的认识能力。这种认识论与理性主义的认识论同样将主体与客体僵硬对立起来,最终都走向了形而上学的认识论终点。经验主义无疑是实证主义的认识论起点,但实证主义试图拒斥形而上学的思维模式,否认本质问题的存在,认为认识的可能性奠基于自然规律不变性基础上的直观。但是这一直观在资本主义社会颠倒的社会现实面前必然折戟,因而,实证主义者对于解释不了的资本主义社会的现实

---

① 《马克思恩格斯文集》第 1 卷,人民出版社 2009 年版,第 655 页。

问题只能推说是自在之物,并最终"直接地而不是间接地在我和你之间的爱中寻找自己的真理"①。在这一点上,孔德和费尔巴哈走入了同样的理论死胡同。

马克思主义强调实践的重要性,通过现实的个人在社会实践场域中的具体的、现实的活动达成主客体的统一,也即主体与客体在历史过程中通过实践发生联系并构建起同一性,在这个过程中,主体与客体都从属于历史的总体,进而以总体性破除了物的虚幻与神秘,理论锋芒直指资本主义的物化意识与拜物教意识,并且超越了主客二分的传统西方哲学的认识论框架。也即是说,实践嫁接起自然世界与人类世界,使得自然的自在之物在人化环节成为人类社会存在和发展的条件,人类社会得以真正形成和发展。马克思主义以拜物教批判驱散了萦绕在社会的物上的思想迷雾,使得建基于人化自然的人类社会露出了鲜活的丰富性与真实性,进而呼唤无产阶级在历史行动中谱写人类历史的新篇章。也即是说,克服实证主义意识形态只能识破而不能破解资本主义的生产逻辑,历史的生成依然需要物质性的力量作为基石。葛兰西就意识到:"对于'物质'既不应当从它在自然科学中获得的意义上来理解,也不应当从人们在各种唯物主义形而上学中发现的任何意义上来理解。……物质本身并不是我们的主题,成为主题的是如何为了生产而把它社会地历史地组织起来"②。这可以说是非常深刻地洞察了马克思主义的理论真谛——通过历史性生成的社会活动,科学捕捉历史唯物主义所深刻揭示的生产力与生产关系的矛盾运动。

①《马克思恩格斯选集》第 4 卷,人民出版社 2012 年版,第 240 页。
② [意]安东尼奥·葛兰西:《实践哲学》,徐崇温译,重庆出版社 1990 年版,第 162 页。

第二章 辩证与实证：晚年马克思恩格斯对实证主义的深化批判

在马克思的墓前，恩格斯用这样的悼词向他的一生挚友作最后的告别："他作为科学家就是这样。……在马克思看来，科学是一种在历史上起推动作用的、革命的力量。任何一门理论科学中的每一个新发现……都使马克思感到衷心喜悦。"①马克思确实如恩格斯所说，作为一名科学家，对于历史科学、经济科学和自然科学都有着非同寻常的兴趣，并一生不懈地追求科学真理。然而，后世的部分西方学者将实证主义与实证科学混为一谈，认为马克思并不像19世纪的社会理论家，如穆勒、韦伯等人那样，"写下据以认定他是科学家的，以科学方法撰写的系统专著"，恩格斯为马克思的发声更被视为"完全是虚构的。马克思的实证主义……在很大程度上是后来诠释者的发明"。② 马克思遭遇的"实证危机"在于对其理论科学性的怀疑，部分西方学者直接将恩格斯视为"伪辩证家"和"真实证者"，进而将其竖立在马克思的对立面，以马克思主义的"辩证"批评恩格斯

---

① 《马克思恩格斯选集》第3卷，人民出版社2012年版，第1003页。
② 参见 James Farr，"Marx and positivism"，in *After Marx*，ed. Terence Ball and James Fall，New York：Cambridge University Press，1984，p. 217。

的"实证"。西方学者以实证主义和实证科学为分析的切入点,试图撕裂马克思恩格斯的一体关系,最终实现破坏马克思主义"一整块钢"的理论图谋。直面这一理论挑战,我们必须回到马克思恩格斯晚年与自然科学共舞的历史语境之中,完整梳理实证主义对马克思主义发起的全方位进攻,厘清恩格斯被打上"实证主义标签"的历史语境和理论语境,从思想史出发剖析马克思恩格斯关于自然科学的真正认知和对实证主义技术决定论、经济决定论的批判,解读马克思恩格斯对于辩证思维的理论探索,完整把握马克思主义的辩证真谛,从而充分认识恩格斯晚年在马克思主义的发展、传播过程中作出的卓越理论贡献,为被指认为实证主义者的恩格斯进行理论"翻案"。

第一节　来自实证主义的全面进攻:"实证主义标签"的源起与发展

　　近代以来的世界,较之于人类之前的数千年历史,产生的诸多不同几乎都可以从自然科学中找到起源。自然科学自 17 世纪以来收获了蔚为大观的胜利,在 19 世纪更是奇伟壮丽、高峰迭起,无愧"科学的世纪"之名。伯特兰·罗素高呼:"十九世纪的精神生活比以前任何时代的精神生活都要复杂。"①一向孕育新事物的自然科学不断取得新的胜利,受到科学发展深刻影响的人们愈发将科学的威信转嫁到对于世界的认识上来。机器大工业的推广更是使得技术开始深度影响人们的思想与认知,科学与技术在这个过程中不断合流,人们的思想观念和整体的社会结构随之也发生改变。近代之前的世纪里,人们以人力为限度,探索认识和实践的边界;近代之后,人力借助科学与技术不断加速向前,人力具有了超越自然并掌控自

---

① [英]伯特兰·罗素:《西方哲学史》下卷,马元德译,商务印书馆 1976 年版,第 287 页。

然的权能，一种新的观念在人们的脑海中不断生根发芽，那就是对于实证科学观点的深信不疑。从实证科学的视角来看，我们生活的世界是清晰可见的，具有可把握的精准规律，人们可以将整个社会井井有条地组织起来，而自然正是可以随意取用的原料产地。人们在这个过程中日益高度肯定自身，膨胀地宣称没有什么是人们无法改变的。最终，实证主义的思想在整个世界范围内泛滥开来。

一、全面得胜的自然科学与实证主义思想的"凯旋"

自然科学与技术仿佛神话中的法术一般，以19世纪的人们始料未及的方式从社会劳动中召唤出了"比过去一切世代创造的全部生产力还要多，还要大"的成就。资本主义生产由工场手工业转向采用机器从事大工业生产，化学从古老的炼金术变成了现代工业和农业中的真正"炼金术"，轮船、铁路和电报彻底打破了隔绝世界的空间壁垒，再也难以找到人类无法踏足的处女地，自然力变成了"人类力"，"资产阶级，由于一切生产工具的迅速改进，由于交通的极其便利，把一切民族甚至最野蛮的民族都卷到文明中来了"①。马克思在《共产党宣言》中的这段论述其实是对19世纪欧洲资产阶级和知识精英阶层心理认知的生动刻画。膨胀的社会生产力在资产阶级及其附属的知识阶层中引发了膨胀的心理，超越时代想象的物质财富、自然科学与技术对于自然的掌控、无往不利的遍布全球的殖民扩张和对世界各地的经济政治文化的影响，造就了他们"文明中心"的自豪感和"持续进步"的社会历史观。在资产阶级看来，落后的、未开化的农村、国家、民族和东方自然要从属于文明的、资产阶级的西方国家与民族，欧洲社会尤其是资产阶级的国度驶入了狂飙突进的快车道，资本主义誓要夺取全球性的胜利。

---

① 《马克思恩格斯选集》第1卷，人民出版社2012年版，第404页。

在这一历史时期，资本主义社会从上到下都弥漫着自信、乐观的气息，陶醉于进步主义愿景下的美好社会前景。而在所有人类积极进取的领域中，自然科学无疑彰显了人类理智最强大的力量和最显著的发展，"这一时期受过教育的人不但为他们的科学自豪，而且打算把所有其他形式的智力活动，都置于科学之下"①。对于自然科学的深信不疑在哲学领域导致的直接后果就是，自然科学与自然哲学分道扬镳，一道深深的鸿沟横亘在两个领域之间，而这正是近代以来主客二分的认识论图景必然导致的结果。② 哲学逐渐在自然科学面前失去了发言权，而自然科学则信心十足地屹立在哲学之前，对于人类社会、自然界和人际关系"指手画脚"。原因无他，自然科学俨然就是知识的唯一化身，而哲学则在实践面前充分暴露了自身的无力。③

19世纪中期的自然科学领域接连出现了细胞学说、能量守恒和转化定律与生物进化论"三大发现"，也正是在同一时期，黑格尔哲学在它的诞生地被视为　条无人问津的"死狗"，活像是"泄了气的气球"。思辨哲学失去了"科学的科学"地位，甚至连自身的科学性都颇受质疑。作为思辨哲学最后也是最完善形式的黑格尔哲学的没落无疑昭示了哲学在这个时代的黯淡境遇，而自然科学取得了全面的胜利。例如，在物理学领域，经典力学、经典电动力学和经典热力学共同支撑起牛顿力学殿堂最为华丽的拱顶，时人认为，物理学的力量似乎完全破解了自然造物的一切神秘，走到了发展的尽头，余下的工作不过是修修补补罢了。此外，19世纪的欧洲国家率先实现了制度化的世俗教育，社会大众的受教育程度获得了普遍性的提

---

① [英]艾瑞克·霍布斯鲍姆：《资本的年代：1848—1875》，张晓华等译，中信出版社2017年版，第294页。
② 近代的世界图像是一幅外部世界与内部世界的对立图景，客观、物质、机械与主观、精神、能动截然二分，怀特海称之为"自然的分岔"。参见孟强《克服"自然的分岔"与实践态度》，《南京社会科学》2021年第5期。
③ 参见许良《亥姆霍兹与现代西方科学哲学的发展》，复旦大学出版社2014年版，第9页。

高,系统的学校教育使得科学知识被系统性地教授给年轻人,并在年轻人心中牢固地树立起了自然科学知识的权威。我们看到,马克思恩格斯在 19 世纪 30 年代的中学阶段就接受了基本的科学知识教育,并培养了他们一生关注自然科学知识的习惯。学校教育的普及使得知识精英与大众群体开始共享科学知识进步带来的部分成果,相应地,实证主义思想也就获得了更为广泛的传播基础。

伴随着自然科学迅猛发展的势头,号称"科学的哲学"的实证主义思想支配了这个时代的精神,走向了发展的康庄大道。孔德的实证主义学说漂洋过海,在具有深厚经验主义传统的英国获得了众多追随者,并经由穆勒和斯宾塞之手,走向了新的发展阶段。历史地看,实证主义在英国获得追捧的原因与英国的社会发展程度息息相关,作为马克思认证的资本主义生产方式的典型国度,英国的资本主义社会发展程度、大工业的成熟程度以及科学技术知识的普及程度都与其日不落帝国的地位相称,实证主义及其思想家获得认可也就不足为怪了。

穆勒的思想深受英国经验主义传统的影响,而且相较于休谟,穆勒从经验主义领域进一步走向了量化的道德标准。在穆勒看来,只有通过观察与经验才能获得关于世界的真正知识,而知识只是观念的牢固而始终一致的联系,只有近代实验的归纳方法才能把握到这一联系,归纳方法的有效性则由思维的心理学来保证。进而,穆勒在逻辑学领域也贯彻了经验主义的主张,认为演绎推理所得出的结论已经在观察中包含在大前提之中了。从经验主义出发,穆勒在实践理性领域强调经验结果对于评价道德标准的重要性:"检验幸福质量的判断标准,以及衡量幸福质量的规则,都有赖于那些经验丰富的人的偏好,此外,还必须加上他们的自我意识和自我观察的习惯。"①由此,穆勒将道德活动的评价由道德价值转移到了行为结

---

① John Stuart Mill, *Utilitarianism*, Kitchener: Batoche Books Limited, 2001, p. 14.

果上来，"最大幸福原则"就是穆勒理论逻辑的必然。这也反映了实证主义的思维模式，即价值要从一种可以量化的维度加以衡量，道德如此，社会也是如此。

斯宾塞在19世纪中期获得了超出其思想内涵的狂热追捧，这也从侧面反映了实证主义思想在同期的理论热度。斯宾塞追求知识的统一性理想，提出了作为最高真理的第一原理，试图运用统一的原则来解释全部的复杂现象。"我们发现有一些更为普遍的法则，而构成科学主体的那些法则就从属于这些法则；这一事实强化了法则的普遍性。……一个新的强有力的理由使我们相信，整个自然界的活动都是一致的。……这些最普遍的规律不仅适用于无机世界，而且也适用于有机世界。"①类似于孔德的社会有机体观念，这种一致性的理念使得斯宾塞认为人类社会就是宇宙进化的延续，进而将人类社会的进化归结为简单的生物进化规律，并在伦理学中也引入了生物学的适者生存法则，这些理念导致了严重的社会思想结果——社会达尔文主义横空出世。斯宾塞引发的这一错误思潮也说明了，如果在社会科学中错误地嫁接自然科学理论，那么科学的方法也无法拯救错误的运用，并且有可能借助科学的权威造成严重的社会恶果，种族主义的人类学和生物学就是最好的例证。

实证主义在19世纪中叶的"凯旋"是不言而喻的。自然科学被视为阐释宇宙的不二法门，被知识界和社会大众寄予了最高程度的信赖；自由资本主义暂时度过了大革命的冲击，似乎离取得最终胜利只差临门一脚了；开始普及的基础教育与不断涌现的自然科学进步交相呼应，相当数量的科学知识变成了常识。一种普遍性的信念得以确立："只有那些其结果是有形的、可度量的和可计算的人类行动才是有价值的，并且只有那些有助于使生活更容易满足基本需

---

① Herbert Spencer，*First Principles*，New York：Cambridge University Press，2009，p. 114.

求、促进沟通和提高生产力的理想才值得承认。"①在实证主义思想广泛流行的背景下,马克思主义坚决拒斥了这种消解人类价值的思潮,以新的历史观对人类社会的结构与历史进行了科学阐释,探索了人类理想的真正归属——自由与解放。

二、"严密科学"的世界观及其对工人运动的影响

1848 年轰轰烈烈的欧洲大革命并未直接宣判欧洲资本主义的"死刑",赢得无产阶级革命胜利的时机还未到来,马克思恩格斯选择暂时蛰伏于英国,为革命活动积蓄科学理论和组织力量,欧洲社会迈入"资本的年代"。但是,在表面的风平浪静之下,无产阶级的革命活动从未止歇,只不过"新的革命,只有在新的危机之后才可能发生。但它正如新的危机一样肯定会来临"②。在意识到这一点之后,马克思恩格斯积极投身到国际工人运动的活动中去,先是在1849 年着手改造共产主义者同盟,在伦敦重建同盟的中央委员会,又积极支援欧洲大陆的无产阶级革命活动,并通过各种方式培养和教育了工人运动的先进分子,例如李卜克内西等人。一俟欧洲的无产阶级重新恢复了阶级力量,1864 年 9 月 28 日,国际工人协会在伦敦圣马丁教堂宣告成立,马克思担任总委员会委员,恩格斯予以协助。纵览国际工人运动的历史,马克思主义是毫无疑问的科学理论指南,先后挫败了蒲鲁东主义、拉萨尔主义和巴枯宁主义等错误思潮的挑战,成功抵御了资产阶级在和平年代对无产阶级的理论侵蚀。但是,19 世纪 70 年代,这个时代最时尚的实证主义思想亦不甘人后,乔装打扮一番后假托社会主义的名号混入到工人运动中来,柏林大学的非公聘讲师欧根·杜林就是其中的领头羊。这种打着

---

① Leszek Kolakowski, *The Alienation of Reason: A History of Positivist Thought*, trans. Borbert Guterman, New York: Doubleday & Company, Inc., 1968, p. 99.

②《马克思恩格斯全集》第 10 卷,人民出版社 1998 年版,第 229 页。

"科学真理"旗号的思想在工人运动内部引发了极大的思想混乱,严重冲击了马克思主义在工人运动中的思想领导地位,因而引起马克思恩格斯的高度关注,并对之予以坚决批判与清理。

实证主义思想因为其特有的迷惑性而容易渗透进工人运动之中,"无聊的"杜林恰恰是利用了这一点。杜林一方面钻研政治经济学,另一方面从事哲学研究,其经济学著作《国民经济学批判基础》只是凯里思想的翻版,而哲学著作《自然辩证法。科学和哲学的新的逻辑基础》反对黑格尔的辩证法,《力学一般原理批判史》则运用哲学思辨去论述力学思想,这充分暴露了杜林的实证主义者身份。杜林宣称其《哲学教程——严密科学的世界观和人生观》所包含的"严密科学"是运用新的思维方式得出的,具有彻底独创性的结论和观点的最后的、终极的真理,是一个体系化的思想。但是,从哲学、政治经济学和社会历史观三个维度来看,杜林的"严密科学"只不过是实证主义的简单翻版。

第一,杜林认为哲学"应该成为实证科学的原理的统一体",也即取消了哲学的独立性,使之作为实证科学原理的一部分而存在,哲学的任务被定位为选择、加工实证科学工作中产生的烦琐材料,以明晰和丰富人们的思想,因为"自然科学的思维方式,概括了人们关于一切过程的普遍规律的认识"[1]。第二,杜林在政治经济学领域鼓吹"一切经济的自然规律",提出"如果不把正义原则延伸到经济生活上去,那么,令人满意的政治形态是无法实现的"[2]。杜林认为,正义原则是自然状况的社会体系中的天然权利,通过将这一政治原则引入经济活动中,一个具有完全经济正义的社会就会防止单纯的资本占有和资本垄断。第三,因而,杜林吹捧孔德为历史哲学提供

---

[1][德]E. 杜林:《哲学教程——严密科学的世界观和人生观》,郭官义、李黎译,商务印书馆1991年版,第263页。

[2][德]E. 杜林:《哲学教程——严密科学的世界观和人生观》,郭官义、李黎译,商务印书馆1991年版,第258页。

了最优秀的模式,"没有陷入到轻率的历史结构的领域中",而是将人类历史视为最单纯的自然劳动的延续,因为"人和人的关系的基本支架,无论什么地方都是以基本相同的形式建立起来的。人类生存过程的所有阶段和时期所显示的形式是统一的"①。恩格斯在点评杜林的思想时犀利指出,杜林一进入社会和历史方面,道德形式的旧形而上学就会占据支配地位,这也暗指了杜林学说与实证主义的内在亲缘性。

杜林通过将自己伪装成"社会主义的行家和改革家",受到德国社会民主党部分成员的热捧,在德国社会民主党内部掀起了一股"杜林热",伯恩施坦就是杜林学说的积极追随者。伯恩施坦明确提出,杜林"用来说教的那种实用主义与实证主义的形式很中我的意",而且"用比马克思的著作易懂得多的语言与形式来叙述社会主义",因此"把它介绍给其他的社会主义者,他们的反应几乎都同我一样"。② 倍倍尔同样也肯定了杜林的"基本观点是出色的",并视杜林的《国民经济学和社会经济学教程》和《资本论》一样都是政治经济学领域的优秀著作。

可以看到,德国社会民主党内的思想情况已经非常紧急了!作为欧洲工人运动的重要力量,德国社会民主党内的思想情况是较为复杂的,爱森纳赫派与拉萨尔派在合并之初就因为党的纲领问题受到过马克思恩格斯的批判,伯恩施坦引入的杜林学说更是恶化了这一状况。那么,杜林的学说为什么会受到热捧呢?伯恩施坦的说法不无道理:一方面是当时的德国社会民主党内部缺乏关于社会主义运动基本思想和目的的概括性表述,另一方面是杜林的实证主义说教形式更为通俗易懂。细加思考就能理解,无产阶级虽然是社会主

---

① [德]E.杜林:《哲学教程——严密科学的世界观和人生观》,郭官义、李黎译,商务印书馆1991年版,第275页。
② 参见中央编译局国际共运史研究室编《研究〈反杜林论〉参考史料》,生活·读书·新知三联书店1980年版,第2页。

义运动的主力军,但无产阶级并不能自然而然地掌握马克思主义的科学理论,而是需要系统化的理论教导才能明确自身的历史任务;加之无产阶级受限于自身的认知水平,理解《共产党宣言》还较为容易,但理解《资本论》就明显力有不逮了。但是,《共产党宣言》正如标题所显示的那样,只是一份宣言,国际工人运动的现实状况对系统化阐释马克思主义提出了迫切的要求。

正如前文所述,马克思恩格斯始终关注着国际工人运动的发展,对于德国社会民主党的思想斗争更是高度重视。李卜克内西多次向马克思恩格斯寄去"不学无术之徒的信件",并请求尽快对杜林的著作进行详尽的科学批判。在此背景下,马克思恩格斯"注意到那些平庸思想在党内传播的危险性","感到这件事情值得花力气去做"。最终,这项工作主要是由恩格斯来完成的。原因有二:其一,从研究内容的关系角度来说,恩格斯当时正在写作《自然辩证法》,掌握了科学论述哲学与自然科学关系的相当数量的材料,可以更快速地切入到对杜林的批判工作,而马克思此时正忙于研究具体的俄国土地关系和一般地租问题,为《资本论》第二卷、第三卷的写作准备材料,恩格斯显然比马克思更容易转向这项工作。其二,从马克思恩格斯的文风特征来说,针对传播、宣传马克思主义这一现实需要,马克思精于理论思辨的文风反倒不如恩格斯简明流畅的文风,毕竟宣讲的受众是占人口最大多数的工人阶级,从这个角度来看,一位"博士"反倒没有一个"炮兵"来得好。

马克思肯定了恩格斯投身这一工作"是一个巨大的牺牲",因为恩格斯当时对研究自然辩证法问题更感兴趣,此外,马克思也部分参与了《反杜林论》的工作,既读过恩格斯的全部原稿,又撰写了经济学部分的第十章内容。可以说,《反杜林论》是马克思恩格斯体系化表达马克思主义哲学的标志性成果,是对来自实证主义进攻的有力反击。马克思恩格斯在联名给德国社会民主党主要领袖的通告信中,直接批判了"不是自己首先钻研新的科学;而宁可按照搬来的观点把这一新的科学裁剪得适合于自己"①的实证主义学说,强调要"无条件地掌握无产阶级世界观",保持无产阶级的锐气。考茨基明确意识到《反杜林论》的重要意义,认为正是在《反杜林论》出版后,"我们才开始比较深入地探究了马克思主义的思维方式,开始系统地按马克思主义来思考和工作了。从那时起才开始出现了一个马克思主义的学派"②。然而,令人意想不到的是,恩格斯所做的这一工作在后世的岁月里却成了部分西方学者攻击马克思主义的理论借口,并为恩格斯贴上了其所批判的"实证主义标签"。例如,戴维·麦克莱伦的观点就很具有代表性,"鉴于 19 世纪末的文化风气,这种哲学不得不用科学的、甚至实证主义的术语来表述。虽然晚期马克思在其著作中已带有这种态度的一些痕迹,但使之成为一种体系形态的是恩格斯"③。

三、作为"替罪羊"的恩格斯:西方学者的"实证主义者"指责

20 世纪初,借助科学的名义,实证主义对西方社会科学研究产生了广泛影响,以实证主义方法论为基础的社会学就深深介入了对资本主义社会问题的解读,并取得了相当数量的经验成果。而同时期的第二国际的主要理论家囿于教条主义而没有把握到资本主义新阶段的深刻变化,反而因对时代问题的不同看法导致了对马克思主义解释的分裂。伯恩施坦就宣称恩格斯在"政治遗嘱"中"大胆地指出了马克思和他对于社会政治进化期间的推测所犯的错误"④。

---

① 《马克思恩格斯选集》第 3 卷,人民出版社 2012 年版,第 738 页。

② [德]曼·克利姆:《恩格斯文献传记》,中央编译局译,湖南人民出版社 1986 年版,第 477 页。

③ [英]戴维·麦克莱伦:《马克思以后的马克思主义》(第 3 版),李智译,中国人民大学出版社 2008 年版,第 4 页。

④ [德]爱德华·伯恩施坦:《社会主义的前提和社会民主党的任务》,殷叙彝译,生活·读书·新知三联书店 1965 年版,第 26 页。

伯恩施坦通过"绑架"恩格斯,以猜测的方式提出马克思恩格斯之间的差异,为之后西方马克思主义和西方"马克思学"学者通过批评恩格斯来对抗第二国际和苏联马克思主义打开了一扇方便之门。部分西方学者打着还原所谓"本真马克思"的旗号,激烈批评恩格斯的自然辩证法,一个重要维度就是认为自然辩证法是对马克思主义历史辩证法的实证化运用。恩格斯在西方马克思主义和西方"马克思学"学者的理论视域中被指认为实证主义者,成为马克思主义理论"败坏"的"替罪羊"。

西方马克思主义者试图寻求一条不同于正统马克思主义的理论和实践之路,尤其是要挣脱第二国际打着恩格斯旗号的实证主义理论倾向。从这一目的出发,恩格斯就必然成为西方马克思主义者理论集火的对象,在西方马克思主义的各个发展阶段都遭遇到大量理论攻讦,而批评的矛头直指恩格斯的自然辩证法思想。

第　阶段,早期西方马克思主义者对恩格斯的批评。柯尔施就曾委婉指出:"尽管恩格斯总是避免说'实证科学',但他仍然要在'哲学'(思维及其规律的理论——形式逻辑和辩证法)内保留一块有限领域的独立性。"[1]在柯尔施看来,哲学是不能等同于自然科学的,因为自然科学是对局域性事实的实证描述,而不会牵扯到事物的变化;但是,哲学却是一种革命的能动力量,能够辩证地把握变革的过程,只不过恩格斯的阐释没有揭示出马克思主义哲学的真正含义。卢卡奇则指出,自然界不存在主体,也就不存在辩证法,辩证法只能由历史过程而来,是历史特定发展阶段的表现形式;马克思就是在历史过程中把握到辩证法的,因而,辩证法的唯一表现形式只能是历史辩证法,而恩格斯"对辩证法的表述之所以造成误解,主要

---

[1] [德]卡尔·柯尔施:《马克思主义和哲学》,王南湜、荣新海译,重庆出版社1989年版,第18页。

是因为他错误地跟着黑格尔把这种方法也扩大到对自然界的认识上"①,使得马克思主义成了"借以强奸事实的空洞结构"。

第二阶段,法兰克福学派学者对恩格斯的批评。马尔库塞就认为,人与社会历史的关系完全不同于人与自然界的关系,人能够认识和改造社会,却在自然界及其规律面前束手无策,将辩证法应用于自然领域只会导致社会批判理论变成实证主义的社会学。因此,在马尔库塞看来,辩证法只能作为一种历史的方法存在于变革自然的实践过程之中,恩格斯建立的脱离人类实践活动的自然哲学体系只是对自然的解释说明,其思想在此倒退成了一种朴素的实证论。施密特也在《马克思的自然概念》中严厉批评了恩格斯的自然辩证法,认为恩格斯"超出了马克思对自然和社会历史的关系的解释范围,就倒退成独断的形而上学"②。

第三阶段,存在主义的马克思主义者对恩格斯的批评。萨特强调,辩证法应当是属人的辩证法,因而只能存在于人文领域;自然界作为纯粹的客体,并不具有思维能力,因而并不存在辩证法。在萨特看来,恩格斯是从实证视角出发才得以将辩证法引入到自然领域,将属人的辩证法错用在了自然领域,因而其"宣称为科学方法的东西,不过是他头脑中的简单运动:从科学世界来到幼稚的现实世界,再回到科学世界和纯粹感觉的世界"③。在萨特看来,恩格斯这种从自然的运动中推演辩证法的思维方式与实证的分析理性有着某种程度的相似之处。

总的来说,西方马克思主义者认为,恩格斯的自然辩证法思想集中表现了其实证主义的思维方式,因而将其打上了"实证主义标

---

① [匈]卢卡奇:《历史与阶级意识》,杜章智等译,商务印书馆1999年版,第52页。
② [德]阿尔弗雷德·施密特:《马克思的自然概念》,欧力同、吴仲昉译,商务印书馆1988年版,第44页。
③ Jean-Paul Sartre, "Materialism and Revolution", in *Literary and Philosophical Essays*, trans. Annette Michelson, New York: Collier Books, 1962, p. 208.

签"。西方马克思主义者坚持把辩证法限定在社会历史领域,认为恩格斯只是把历史辩证法强加给了自然界而已,与马克思的历史主体辩证法思想是相悖的。但是,我们需要认识到,自然辩证法科学揭示了自然界物质运动的辩证发展规律,不仅对更深入探究自然界有思维指引作用,而且充分反映了恩格斯对于19世纪自然科学发展的深刻认识,因为自然科学的产生与发展成熟正是在这一历史进程中,恩格斯只是从理论上对这一历史现象进行了理论的总结与升华。西方马克思主义者片面地将恩格斯的自然辩证法思想划拨到实证主义的一方,恰恰是一种缺乏历史性思维的体现,因而也就无法在20世纪的历史情境下,真正唤醒马克思主义的革命潜能。不得不说,这是令人遗憾的。

西方"马克思学"学者试图从学院派研究的角度出发,将马克思从经典革命家形象转而塑造为一个只关心人类道德与社会发展的哲学家形象。为实现这一理论图谋,西方"马克思学"学者通过指认恩格斯为实证主义者,试图将马克思恩格斯剥离为两个不同的主体。这一理论图谋大致可分为三个发展阶段。

第一阶段,早期西方"马克思学"学者对恩格斯的批评。悉尼·胡克师承经验主义实用主义者杜威,其在欧洲广泛接触了第一手的马克思主义资料,返回美国后从实证主义思维出发,歪曲马克思主义哲学。胡克批评道:"恩格斯的自然辩证法是从马克思立场上的后退,将辩证法重新变成了一种神话!"①在胡克看来,恩格斯的辩证法既缺乏固定的表达方式,也缺乏必要的逻辑证明,因而抛出了所谓的"科学方法"来取代辩证法,将科学与辩证法对立起来,提出所谓的"双重真理"命题——"一种是通常的、科学的和俗世的真理,另

---

① Sidney Hook, *Towards the Understanding of Karl Marx : A Revolutionary Interpretation*, New York: The John Day Company, 1933, p. 104.

一种则是神秘的、'辩证的'和'更高的'真理"①。胡克夸大了感觉和经验的认识,以狭隘的经验主义贬低恩格斯的辩证法思想,却倒打一耙,给恩格斯打上了实证主义的标签。胡克的做法为后世西方"马克思学"学者批评恩格斯开辟了一条屡试不爽的思路。

第二阶段,西方"马克思学"繁荣时期学者对恩格斯的批评。第二次世界大战后,冷战导致的现实意识形态斗争需要极大促进了西方"马克思学"的发展。胡克的做法启发西方"马克思学"学者开始从不同方面思考这一问题,作为西方"马克思学"这一名称的提出者,吕贝尔认为,恩格斯对于马克思思想遗产的整理并未还原马克思思想的原意,因此恩格斯要为近一个世纪的歪曲负全责。② 英国学者乔治·李希特海姆也持有类似观点,认为"马克思主义"这个概念是由恩格斯创造出来的,而恩格斯无疑要为马克思主义体系中那些实证主义和进化论的非马克思主义因素负责。在李希特海姆眼中,正是恩格斯对辩证法的理解偏差导致了马克思主义阵营分裂为修正主义和批判理论两个分支,因为恩格斯把马克思的学说"从一个独特的历史性突破的愿景转变成一个因果决定过程的理论,类似于达尔文的进化论"③。

第三阶段,西方"马克思学"学者对恩格斯最为激进的批评。诺曼·莱文以极端对立论而扬名,他将"对立"的双方分别命名为"马克思主义"和"恩格斯主义",批评恩格斯是"第一个修正主义者","攻击恩格斯'赶走了哲学',用实证科学代替了它"④,由是将马克思的辩证法禁锢于人类历史领域,坚决反对将辩证法扩展到自然界的

---

① [美]悉尼·胡克:《理性、社会神话和民主》,金克、徐重温译,上海人民出版社1965年版,第224页。
② 参见 Maximilien Rubel, *Rubel on Karl Marx*: *Five Essays*, Cambridge: Cambridge University Press, 1981, p. 17。
③ George Lichtheim, *Marxism*: *An Historical and Critical Study*, New York: Columbia University Press, 1982, p. 237.
④ 孙伯鍨、曹幼华等:《西方"马克思学"》,江苏人民出版社1992年版,第119页。

理论尝试,否认主体对于自然界的历史性影响,人为制造了马克思和恩格斯的对立。莱文因这种彻底对立的观点一时之间出尽了风头。但是热闹过后,我们回过头来看莱文的观点,可以轻松发现这种极端对立论的浅薄之处。

综上所述,西方"马克思学"学者对恩格斯的"实证主义"批评可总结为:在世界观上,割裂唯物主义的辩证性与历史性,将辩证唯物主义理解为恩格斯对黑格尔所创立的自然宇宙观的误读;在辩证法上,提出历史辩证法与自然辩证法的"两军对垒",宣称恩格斯对辩证法的理解不过是一种完全脱离主体而独立存在的"自然"实证辩证法;在认识论上,将恩格斯和马克思区分为机械反映论和社会认识论的不同立场;在历史观上,认为恩格斯的发展观完全是以自然进化为中心的决定论思想。

由于政治斗争、意识形态斗争、学术讨论等诸方面因素的影响,马克思恩格斯的关系被西方学者从多个方面加以审视,而辩证法问题则成为突破两人"一致"关系的重要切入点,尤其是恩格斯晚年所着重研究的自然辩证法,更是被西方学者拿着放大镜来审视,一旦寻得两人之间的差别就如获至宝,完全无视具体的历史情境、理论分工等复杂因素。可以说,西方马克思主义和西方"马克思学"学者都没有真正认识恩格斯自然辩证法的真谛,以实证主义的先入之见去审视恩格斯的理论,那么得出的结论必然是恩格斯背离了马克思主义,转向了实证主义的立场,从而阉割了恩格斯与马克思在思想发展中的内在联系,人为制造自然辩证法和历史辩证法的对立,完全遮蔽了恩格斯在马克思主义发展史中作出的突出贡献。

只不过,虽然西方学者攻击恩格斯的理论是反马克思主义的实证主义观点,带有浓厚的意识形态色彩,但是提出的问题却值得我们认真反思。我们应该如何理解马克思恩格斯与实证主义的关系?我们必须意识到,如果我们片面强调辩证或实证中的一个,那么是断然不能完整准确理解马克思主义的理论全景的。我们可以看到，即使我们将马克思恩格斯分别进行审视，也能够发现，马克思恩格斯的思想不仅具有辩证历史的特征，同样也是在充满实证的社会环境中发展成熟的。在 19 世纪的时代背景下，马克思恩格斯同样都热情接纳了自然科学。他们当然不是为了成为实证的自然科学家，而是要以自然科学的最新发展成果检验他们所创设的新世界观，进而为新世界观提供丰富和发展的新材料。在这一点上，马克思恩格斯既有共识，也有分工。

第二节 晚年马克思恩格斯关于自然科学与辩证思维的思考

马克思恩格斯在完成新历史观的创建后，对于人类社会与自然界的关系也有了更加深刻的认识。不同于黑格尔的自然哲学，他们不再把自然界看成人类精神的产物，而是意识到"在思辨终止的地方，在现实生活面前，正是描述人们实践活动和实际发展过程的真正的实证科学开始的地方"[1]。"真正的知识"必然取代"意识的空话"，马克思恩格斯由此决心向科学的深处进发，那么研究和思考自然科学与辩证思维就成为题中应有之义。我们看到，自青年时期接触自然科学伊始，马克思恩格斯就始终关注自然科学的发展，在革命实践和科学研究中对马克思主义进行了丰富与发展。19 世纪 70年代之后，马克思恩格斯面对国际工人运动的迫切现实需要，依托成熟的新世界观和自然科学的突破性进展，系统阐明了马克思主义的科学理论，并在此过程中用完整的马克思主义世界观、方法论武装工人的头脑，抵制和批判泛滥起来的实证主义学说。这既是理论发展的自然成果，也契合了实践斗争的现实需求。

---

[1]《马克思恩格斯选集》第 1 卷，人民出版社 2012 年版，第 153 页。

一、马克思恩格斯关于自然科学的研究与思考

作为诞生与成熟于"科学的世纪"的马克思主义,其必然和马克思恩格斯对自然科学的研究与思考密切相关,可以说,没有对自然科学的透彻理解,马克思主义的科学性也就成了无源之水。黑格尔就曾明确指出:"哲学与自然经验不仅必须一致,而且哲学科学的产生和发展是以经验物理学为前提和条件。"①黑格尔敏锐意识到 19 世纪的全新哲学图景,力图将精神哲学与自然科学结合为包罗万象的思辨体系。但这条导向绝对真理的道路是行不通的,反而是黑格尔不自觉地指出的"自然科学与辩证思维"的结合可以达及相对真理的目标,马克思恩格斯正是沿着这条路径出发,抵达了真切认识现实世界的理论起点。在此,我们将回溯马克思恩格斯对自然科学的历史认知,从中体察自然科学与辩证思维是如何在马克思恩格斯的理论视域中一步步结合起来的。

第一阶段,马克思恩格斯在青年时期初步接触了自然科学知识,奠定了他们一生对自然科学知识的兴趣。马克思在特里尔中学初步掌握了数学、地理、物理等学科的知识,表现较为优异;在柏林大学期间报名修习了地理学知识,并在一定程度上了解自然科学发展状况的基础上,在哲学上接近了黑格尔思辨体系的开端。恩格斯虽未接受过大学的专业教育,但是在爱北斐特中学掌握了基础的科学文化知识(数学、地理、物理、经验心理学等),并在随后的时间里坚持自学自然科学知识;施特劳斯的《耶稣传》使得恩格斯转向黑格尔哲学,值得注意的是,施特劳斯正是要求以自然的因果规律达及、确证历史的可信性。马克思恩格斯一方面接触了自然科学的知识,另一方面在哲学上向黑格尔靠近,奠定了他们一生的思考之基。

①[德]黑格尔:《自然哲学》,梁志学等译,商务印书馆 2009 年版,第 9 页。

第二阶段,马克思恩格斯在19世纪40年代对自然科学的认识有力地支持了他们完成新历史观的创建。马克思在对政治经济学的初步研究中关注到拜比吉、尤尔等人的著作,意识到自然科学将通过工业进入并改造人的生活;恩格斯则认识到,英国社会革命是在科学技术与劳动冲突的背景下产生的。在共同参访曼彻斯特后,马克思恩格斯着手写作《德意志意识形态》,在手稿中将"自然科学与历史"并列提及,说明他们研究自然科学是为了更好地阐明新历史观。马克思恩格斯指出,费尔巴哈曾经提到"自然科学的直观",宣称"只有物理学家和化学家的眼睛才能识破的秘密"。这种直观正是实证主义宣扬的自然科学对于物质世界规律的感性认识,而问题在于,物理学家和化学家确实能够通过实验与研究把握物质世界某一方面的规律,但是马克思恩格斯紧接着道出了实证主义未深究或者说刻意回避的问题:"如果没有工业和商业,哪里会有自然科学呢? 甚至这个'纯粹的'自然科学也只是由于商业和工业,由于人们的感性活动才达到自己的目的和获得自己的材料的。"①人类的直观能力甚至人类的存在,完全奠基于人类连续不断的劳动与生产过程,只有认识到这一点,人类才能彻底破解历史之谜,进而以"属人的历史"超越"神创的历史",为历史提供世俗基础,为人类提供坚实可靠的落脚之处。因而,马克思恩格斯才会说出,我们仅仅知道唯一的科学——历史科学。

第三阶段,19世纪中期资本主义的发展和自然科学的突破使得马克思恩格斯更为重视自然科学,对新历史观形成了更加深刻的认识。1851年,马克思恩格斯参观了在伦敦举办的万国工业博览会,直观地感受到现代工业积累起来的全部生产力。马克思清醒意识到,若要真正理解资本主义的复杂机理,一定要"钻研工艺学及其历

---

①《马克思恩格斯选集》第1卷,人民出版社2012年版,第157页。

史和农学",因为工艺学正是与机器大工业相适应的现代科学,机器大工业使得"科学作为一种独立的生产能力与劳动分离开来,并迫使科学为资本服务"①。这充分反映了资本主义在这一时期的迅猛发展与科学技术的密切关系。加之,自然科学此时取得了一系列重大发现——细胞学说、能量守恒和转化定律与生物进化论,恩格斯称之为自然科学中彻底动摇了形而上学自然观的"三大发现"。自然科学的这些进步充分揭示了自然界的发展性和联系性特征,展示了自然科学从经验到理论、从分析到综合的历史变迁。马克思高度评价了达尔文的《物种起源》一书,认为其对自然科学的目的论学说予以致命打击,并且"可以用来当作历史上的阶级斗争的自然科学根据"②,从而为新历史观提供了自然史的基础。可以看到,人们对于史前时期的划分就是从技术的维度进行的,即石器时代、青铜时代和铁器时代,其奠基于自然科学研究的基础上,而不是历史研究的基础上。这里马克思恩格斯并非否定他们的新历史观,而恰恰是彰显他们的新历史观,因为这充分证明,并非是历史学决定了人类历史的发展进程,而是人类的现实历史和社会生活决定了历史学的理论样貌。继而,马克思在对地租的研究中意识到,地租不是"纯教条的争论",而是"实际的生死斗争",我们只有"去观察构成这些教条的隐蔽背景的各种互相矛盾的事实和实际的对抗,才能把政治经济学变成一种实证科学"③。这就是说,我们只有借助实证科学的手段,才能彻底阐明资本主义生产方式及其生产关系和交换关系,停留于意识的空想是无济于事的。

---

① [德]马克思:《资本论》第1卷,人民出版社2004年版,第418页。
② 《马克思恩格斯全集》第30卷,人民出版社1974年版,第574页。但是,需要说明的是,马克思恩格斯并没有全盘接受达尔文的学说,而只是"有条件地接受达尔文的论证方法和简单明确的表达新发现事物的方法"。参见[加]A.泰勒《达尔文学说对马克思和恩格斯的重要意义》,亦舟译,《国外社会科学》1990年第11期。
③ 《马克思恩格斯全集》第32卷,人民出版社1974年版,第170页。

第四阶段,19 世纪 70 年代后马克思恩格斯持续关注自然科学,恩格斯开始深入思考自然科学与辩证思维的关系问题。马克思将主要精力都集中在了《资本论》第二卷和第三卷手稿的写作中,并研究了与资本主义批判相关的农学、地质学、生理学和数学等,留下了一批自然科学摘录笔记。但是,马克思主义的辩证科学方法与实证主义的方法是有着巨大不同的。通过对自然科学的研究,马克思才得以厘清"特殊社会组织的物质基础的形成史",进而在对资本主义现实生活关系的考察中勾勒出资本主义的"天国"形式,因此,这是唯一的唯物主义方法,也是唯一科学的方法;而实证主义这种"排除历史过程的、抽象的自然科学的唯物主义",一旦超越人为划分的专业界限时,"就在他们的抽象的和意识形态的观念中显露出来"。①在从商业活动中解脱出来后,恩格斯从马克思主义的辩证科学方法出发,投入了更多精力研究自然科学知识。恩格斯对于自然科学的兴趣在这一阶段得到了延续与发展。② 恩格斯与密友们,包括著名化学家卡·肖莱马,数学家、地质学家和植物学家赛·穆尔等人密切交流,充分了解了自然科学的最新进展。经过对物理学、化学、生物学、天文学、数学以及其他自然科学的广泛研究,恩格斯掌握了丰富的自然科学知识,意识到自然科学中极富思辨成分,因而"能够依靠经验自然科学本身所提供的事实,以近乎系统的方式描绘出一幅自然界联系的清晰图画"③。由此,自然哲学的必要性被取消了,而在人类历史中真正起作用的规律得以彰显,也即马克思恩格斯创立的新历史观。恩格斯试图以自然辩证法为"在自在之物面前完全陷

---

① 参见[德]马克思《资本论》第 1 卷,人民出版社 2004 年版,第 429 页。

② 但是我们不能因为恩格斯对自然科学的浓厚兴趣,就认定恩格斯随后写作的《自然辩证法》是这一兴趣的必然结果。我们可以说,恩格斯掌握的自然科学知识有助于他的写作,但恩格斯的写作并非只是兴趣使然,颠倒这一关系就会陷入目的论的陷阱里。

③《马克思恩格斯选集》第 4 卷,人民出版社 2012 年版,第 252 页。

入困境"的人提供一种解救的哲学,但是恩格斯万万没有料到的是,《自然辩证法》反而使他陷入损害马克思天才思想的指责中。

需要说明的是,马克思恩格斯深入研究自然科学既不是单纯的兴趣使然,也不是认为凭借自然科学的实证性就能够透视资本主义的历史真相,而是在承认自然科学与现实资本主义社会复杂关系的基础上,以自然科学的研究成果帮助自己爬梳资本主义的形成史和现实样貌,进而以新历史观作为撬动人类社会从必然王国走向自由王国的杠杆。

二、反对杜林就是反对实证主义

马克思恩格斯最早关注到杜林是在 1868 年,因为杜林为马克思的《资本论》第一卷写了一篇书评,由此进入了马克思恩格斯的视野。虽然杜林自诩为政治经济学中的革命者,但是杜林完全理解不了马克思在《资本论》中所用的辩证方法,对于地租、利润、利息、劳动和工资也都是当作已知的东西来研究,因而"处处都碰到不能解释的现象",这就表明,杜林以实证主义思维去检验马克思的政治经济学批判,发表的评论只能是"可笑极了"。在马克思看来,杜林的《国民经济学批判基础》和反对黑格尔辩证法的《自然辩证法》被《资本论》第一卷"在这两方面都把他埋葬了"。① 但是理论上的胜利并未直接转化为现实中的胜利,杜林紧接着打起了社会主义的旗号,在 1875 年前后连续出版了《国民经济学和社会主义批判史》与《哲学教程——严密科学的世界观和人生观》,号称以新哲学体系的形式为社会主义运动提供了全新理论,并且激烈抨击马克思主义。刚刚合并成立的德国社会民主党正处于思想混乱的时期,以伯恩施坦为首的部分成员成了狂热的杜林分子,试图以杜林主义取代马克思主

---

① 参见《马克思恩格斯选集》第 4 卷,人民出版社 2012 年版,第 466—468 页。

义的指导地位。李卜克内西在 1875 年 2 月 1 日和 4 月 21 日连续致信恩格斯,希望恩格斯下决心收拾杜林。① 面对平庸思想在党内传播的危险,马克思恩格斯自然会着力将"对未来社会结构的一整套幻想从德国工人的头脑中清除出去"②,从而一致同意对杜林展开毫不留情的批判,"狠狠敲打他的脑袋","把这个家伙驳得体无完肤"。在此基础上,恩格斯负责主要部分的写作,马克思从旁协助,两人充分交流意见并达成共识,最终于 1878 年上半年完成了《反杜林论》。针对杜林这两部著作中的主要内容,恩格斯从哲学、政治经济学和科学社会主义三个方面展开系统论述,批判了杜林实证主义的错误思想,阐述了马克思主义的科学内涵。

第一,恩格斯以辩证思维批判了杜林的实证主义"终极真理"。杜林极力卖弄自己的哲学体系,将其称为"严密科学的世界观"。在杜林看来,除了这种哲学,"世界上没有第二个发现真理的源地",因为"世界和人类的大量的精确的和可靠的知识成果,是一切哲学的独立性的前提"。③ 那么,杜林将人类知性和科学知识视作哲学独立性的保障,是不是说杜林就认为哲学的真理性在于实践呢?事实并非如此。杜林只是认为自然界和人们对此的认识是哲学唯一尚未认识而又必须加以认识的领域,在严密科学的发展中将为哲学提供最终的决断力量,但是哲学本身是"掌握一切类型的观念的标尺",是自由的、自满自足的权威,具有制定规范的力量。可以看到,杜林一方面强调自然科学知识对于哲学的必要性,另一方面又坚称哲学的自主性,在科学主义和主观主义之间反复摇摆,说明其既无法摆脱实证主义思维,又不想放弃哲学的至高无上性。

---

① 参见中央编译局国际共运史研究室编《研究〈反杜林论〉参考史料》,生活·读书·新知三联书店 1980 年版,第 129—130 页。

②《马克思恩格斯文集》第 10 卷,人民出版社 2009 年版,第 421 页。

③ 参见[德]E.杜林《哲学教程——严密科学的世界观和人生观》,郭官义、李黎译,商务印书馆 1991 年版,第 6—7 页。

在考察了杜林的哲学体系后,恩格斯无奈发现,杜林所谓的"新的思维方式""创造体系的思想"只是一种新的无稽之谈,没有提供任何新的知识。因为杜林的所谓哲学体系已经被证实为极为贫乏的知识,由于"他的狭隘的形而上学思维方式……他本人的幼稚的奇奇怪怪的想法而受到主观主义的限制"①。恩格斯指出,哲学并非终极真理,也不是实证知识的汇集,哲学是对思维与物质关系的考察,古希腊罗马哲学是自发的唯物主义,但在回答这一问题的过程中走向了一神教,而现代唯物主义的发展使得旧唯心主义站不住脚了,在扬弃的过程中哲学不再作为某种特殊的"科学的科学","在以往的全部哲学中仍然独立存在的,就只有关于思维及其规律的学说——形式逻辑和辩证法,其他一切都归到关于自然和历史的实证科学中去了"②。由此,一种新的世界观被提出来了,即马克思恩格斯创立的新历史观。

第二,马克思恩格斯以历史的发展视野批判了杜林在政治经济学领域提出的"自然规律"。杜林总结了五条经济发展的自然规律,简单来说就是:技术发明提高生产率;分工提高生产率;交通运输提高生产力;工业提高人口容量;经济就是追求物质利益。杜林将这些经济事实指认为经济发展必须遵循的基本规律,似乎这些经济活动不是历史发展起来的,而是从来就有的,经济只要按照这种模式就可以发展。所以,去尽情发明创造吧!去分工吧!去提高交通吧!去增加人口吧!这样就能获得巨大的经济利益了!在天马行空的想象后,一个所谓满足时代需要的、决定时代的新经济体系就被杜林建立起来了。我们看到,杜林不去研究资本主义的起源和发展,只是将一切经济现象作为现实的起点,在自吹自擂中抽离了资本主义的历史性,鼓吹了资本主义的永恒性,因而归根结底,杜林不

①《马克思恩格斯选集》第3卷,人民出版社2012年版,第523页。
②《马克思恩格斯选集》第3卷,人民出版社2012年版,第400页。

过是个"神气的庸俗经济学家"。

马克思明确批判过,庸俗经济学正是实证主义思维方式在政治经济学中的体现。因为这些经济学家看不到事物的内部联系,只会傲慢地鼓吹事物的现象层面的表现形式并自鸣得意,可是事实上,他们只不过抓住了外表,却将其视为最终的东西,"把尚待阐明的一切可能的范畴都假定为已知的",而一切"合理的东西和自然必需的东西都只是作为盲目起作用的平均数而实现",马克思不禁反问:"这样一来,科学究竟有什么用处呢?"①作为一门科学,政治经济学当然不是从来就有的,而是在工场手工业时期才产生的,并伴随资本主义生产阶段而演化出不同的理论形态,"历史地出现的政治经济学,事实上不外是对资本主义生产时期的经济的科学理解"②。离开了对资本主义生产历史过程的彻底把握,就不能揭示其隐蔽的内在性质,不能实现彻底的批判,不能指明未来的道路。马克思正是通过创造了新历史观和剩余价值理论才得以揭开资本主义生产方式的全部秘密,马克思主义也才由此确证了自身的科学性。

第三,恩格斯以科学社会主义的历史与逻辑批判了杜林的"新的共同社会结构"。由于杜林不能认识到现实资本主义社会的经济材料是历史地形成与发挥作用,那么他就只能从头脑中、从哲学的"终极真理"中去硬造出一个新的社会制度了。这也就难怪杜林要求他的读者和研究者具有丰富的想象力了,不然就根本无法理解他的"天然法律观"、"高尚的人性"和"自由社会模型"。杜林设想,自由社会奠基于两个人自愿达成的合作协议之上,意志的道德纽带负责保障双方的联合,"这种关系中存在着一切完美的、人类共同生活的最高的基本原则……排除了统治和奴役,从而也排除了一切真正

①《马克思恩格斯选集》第4卷,人民出版社2012年版,第473—474页。
②《马克思恩格斯选集》第3卷,人民出版社2012年版,第610页。

的统治关系"①。恩格斯无奈地发现,杜林在谈论自然界的时候"总算还有一些辩证说法的可怜残余",但是"一转到社会和历史方面,以道德形式出现的旧形而上学就占支配地位"。② 这种实证主义的社会道德想象无法理解现代社会主义的革命理论,看不到现代社会主义的革命理论实际上诞生于资本主义社会内部的阶级斗争,因而也就必然无法理解现代社会主义的革命要求与资本主义社会压迫的辩证关系了。

恩格斯细致剖析了空想社会主义的发展史,肯定了空想社会主义者的思想贡献,指出了他们的认识局限,在此基础上指明现代社会主义的历史发源地是无产阶级和资产阶级的对立。这种对立绝不是杜林所设想的两个人之间的社会协议的冲突,也不是道德手段能够弥合的张力,而是生产力与生产关系的对抗。恩格斯提供了理解现代社会主义的一种科学方法,即以新历史观阐明科学社会主义理论,提出了屹立在辩证方法基础上的无产阶级世界观,为无产阶级的斗争提供了科学指南。

可以看到,将自然界视为绝对不变的观点正是实证主义的哲学根基,从这种观点出发,杜林之流必然会强调终极真理的存在、自然规律的永恒不变性和道德的自由社会。但是,这种"放肆的伪科学"一旦遭遇辩证思维就会暴露其空想的本质。原因在于,"自觉的辩证的自然科学"一方面摆脱了凌驾于其上的自然哲学,另一方面摆脱了沿袭自英国经验主义的狭隘思维方法,从而使人们第一次成为自然界自觉的、真正的主人,同时获得了从必然王国飞跃入自由王国的科学理论指南。

---

① [德]E. 杜林:《哲学教程——严密科学的世界观和人生观》,郭官义、李黎译,商务印书馆 1991 年版,第 245 页。
② 参见《马克思恩格斯文集》第 10 卷,人民出版社 2009 年版,第 418 页。

三、自然辩证法:实证思维还是辩证思维?

恩格斯在马克思主义发展史中的历史地位和理论贡献始终是国内外学界关注的焦点问题,其中,晚年恩格斯写作的《反杜林论》和《自然辩证法》更是成为引起聚讼纷纭的"恩格斯问题"的核心文本。恩格斯写作《反杜林论》是回应现实工人运动思想斗争的需要,那么更早计划写作但最终并未完成的"自然辩证法"计划又是为了达成什么理论目的呢?恩格斯是否真的如西方学者所批评的那样,要承担起马克思主义实证化的责任呢?

对于辩证法问题的阐释直接关系到我们对于马克思主义的科学解读。马克思多次强调要合理阐释黑格尔的辩证法,为辩证法祛魅。1858年1月,马克思阅览了黑格尔的《逻辑学》并颇得助益,并表示,如时间精力允许,"很愿意用两三个印张把黑格尔所发现、但同时又加以神秘化的方法中所存在的合理的东西阐释一番"[1];一旦摆脱经济的束缚,马克思就计划写《辩证法》,因为黑格尔的辩证法"具有神秘的形式。必须把它们从这种形式中解放出来"[2];在《资本论》第二版跋中,马克思更是公开承认自己是黑格尔的学生,只是必须破解黑格尔辩证法的神秘形式,发现其合理内核。恩格斯在关注自然科学进展的过程中愈发意识到阐明辩证法的重要性。与马克思思考澄清辩证法神秘形式基本同时,1858年7月,恩格斯就在研究生理学、解剖学时有了探索自然科学与辩证法之间关联的意识,因而试图从黑格尔的《自然哲学》入手,看看黑格尔在建构其庞大哲学体系的时候,是否意识到自然科学展现出来的发展、转化、飞跃等哲学元素,搞清楚"所有这些东西老头子是否一点也没有预见到"[3]。

---

[1]《马克思恩格斯全集》第29卷,人民出版社1972年版,第250页。
[2]《马克思恩格斯全集》第32卷,人民出版社1974年版,第535页。
[3]《马克思恩格斯全集》第29卷,人民出版社1972年版,第324页。

1873 年 5 月,恩格斯向马克思提及自己"关于自然科学的辩证思想"①,并请马克思转交自然科学家卡·肖莱马、赛·穆尔过目,肖莱马予以高度肯定。由于写作《反杜林论》的需要,恩格斯中断了一段时间的《自然辩证法》的写作,但相应的思考不仅没有中止,反而充分体现在了《反杜林论》中,尤其是在哲学编关于自然哲学和辩证法的讨论中。但是在"自然辩证法"计划的起步时期,恩格斯"对辩证法在自然科学研究中的历史表现没有弄明白",只是到了"批判过程中才逐步升华对辩证法认识的"。② 可以看到,马克思恩格斯都试图阐释清楚辩证法的合理形式,将辩证法从黑格尔的神秘思辨中解放出来,只不过,面对同一个辩证法,两人各自选择的理论出发点有所不同。认清这一点有助于我们更加准确地把握恩格斯的思想发展逻辑,精准定位恩格斯自然辩证法思想的理论位置,进而阐明作为科学的辩证思维的自然辩证法的理论样貌。

基于对突飞猛进的自然科学的持续关注,恩格斯从唯物史观的视野出发,已然充分意识到科学哲学(理论)与科学史(科学现实)之间不可分割的思想关系,进而决定在《自然辩证法》中将之系统地呈现出来。《自然辩证法》篇幅庞大,论文、札记、片段众多,写作时间跨度近十年(1873 年初至 1882 年夏),中间又穿插完成了《反杜林论》的写作,恩格斯的思考也在不断深化与拓展。由于忙于各种工作,恩格斯最终并未完成《自然辩证法》这一著作,只留下了四束材料:(一)《辩证法和自然科学》;(二)《自然研究和辩证法》;(三)《自然辩证法》;《四》《数学和自然科学。不同的东西》。本书无意也无法全面阐释恩格斯在《自然辩证法》中创造的理论思考成果,在此仅

---

① 恩格斯与《自然辩证法》有关的手稿最早在 1873 年 2 月就开始写作了,后来在收入《自然辩证法》时被命名为《毕希纳》,目的是批判庸俗唯物主义和社会达尔文主义的代表路·毕希纳。

② 参见胡大平《回到恩格斯:文本、理论和解读政治学》,江苏人民出版社 2011 年版,第 290 页。

围绕三个问题,阐释恩格斯所论述的辩证法与自然科学的关系问题,以此说明恩格斯的理论思考不仅不是实证化马克思主义,而是凸显了马克思主义的科学特质,是科学的辩证思维的胜利,而不是实证思维的胜利。

第一,恩格斯为什么思考辩证法与自然科学的关系问题? 恩格斯在为《政治经济学批判。第一分册》写作的书评中就明确指出,自然科学随着资本主义的发展日益兴盛,导致"科学的实证内容"重新胜过其形式,旧的形而上学思维方式又流行了起来,但这种方式只是由于惰性和缺乏别的简单方法而继续存在。对待科学的方法应该是什么样的呢? 那就是马克思恩格斯创立的,以黑格尔的有厚重历史感的思维方式为直接理论前提的新历史观,只不过要"使辩证方法摆脱它的唯心主义的外壳并把辩证方法在使它成为唯一正确的思想发展形式的简单形态上建立起来"①。沿着这条思路前进,恩格斯高度肯定了自然科学的历史意义,指出其展示了"人类以往从来没有经历过的一次最伟大的、进步的变革",使得人类思维从神学中解放了出来。但是,恩格斯紧接着指出,自然科学的发展却又为实证主义提供了自然观上的哲学根基,即:"形成了一种独特的总观点,其核心就是自然界绝对不变的看法。……自然界中的任何变化、任何发展都被否定了。"②原本革命的自然科学突然走向了保守立场,冲破神学束缚的思想再次被神学禁锢,这种自然观虽然在进步的自然科学面前显得漏洞百出,但依然"统治了 19 世纪的整个上半叶",并延续到恩格斯的写作时期,实证主义在这种自然观的土壤上生根发芽、广泛传播也就不足为怪了。

但是自然科学并未停止进步,一系列科学发现有力证明了,自然界是"生成着的"与"消逝着的"而不只是"存在着的",自然界是永

①《马克思恩格斯选集》第 2 卷,人民出版社 2012 年版,第 13 页。
②《马克思恩格斯文集》第 9 卷,人民出版社 2009 年版,第 412 页。

恒流动和循环运动的,自然科学发现的物质之间的相互转化使"范畴的一切固定性都终结了"。自然科学的发展为恩格斯提供了把握自然科学与辩证法关系的足够的实证知识材料,也证明了经验方法"不中用了",而只有理论思维"才管用"。这里的理论思维,就是"关于人的思维的历史发展的科学",也即经马克思恩格斯创立的新历史观改造后的辩证思维。

第二,恩格斯是如何看待辩证法与自然科学的关系问题的? 马克思在《资本论》第二版跋中指出,研究方法与叙述方法在形式上必须不同:研究是在充分占有材料的基础上探寻发展形式的内在联系,叙述则是在研究的基础上在观念里呈现出来的先验的结构;这里的叙述方法就是辩证方法,而研究方法则是一种实证研究的方法。但是,马克思并非要否定研究方法。毫无疑问,马克思在《资本论》中所研究的对象正是经验性的存在,实证性的研究确乎是必要的,只是单纯停留于研究方法并不能展现现实的运动,政治经济学批判正是对于这种经验性研究的超越。马克思是如何做到的呢? 一切的奥秘正在于辩证法。恩格斯也明确提出,辩证法不是黑格尔《逻辑学》中驾驭自然和历史的纯粹思维规律,而是抽象于自然界、人类社会和人类思维的对实在发展规律的反映,辩证法同样可以运用于自然科学研究,"对于现今的自然科学来说,辩证法恰好是最重要的思维形式"①,只不过"在自然界和历史的每一科学领域中,都必须从既有的事实出发,因为在自然科学中要从物质的各种实在形式和运动形式出发"②。

由是,我们不能简单认为,既然辩证法所代表的思维形式可以应用于自然科学,那么马克思主义的研究对象就是自然科学了,因而推论出恩格斯试图将马克思主义引向一条实证化的路径,走向了

---

① 《马克思恩格斯文集》第9卷,人民出版社2009年版,第436页。
② 《马克思恩格斯文集》第9卷,人民出版社2009年版,第440页。

与马克思的"历史"思路不同的"自然"思路。这无疑是不正确的,是一种逻辑歪曲。恩格斯研究辩证法与自然科学的关系,其实是和马克思运用辩证法解剖人类社会尤其是资本主义社会,有着异曲同工之处的。他们的共同目的都是实现科学社会主义的最终理想,而这就需要科学的新历史观,进而就凸显了辩证思维方式的重要性。马克思强调,这种"卓越的理论思维能力"已经"在德国工人阶级中复活了",而恩格斯也明确指认了"德国的工人运动是德国古典哲学的继承者",这里所提及的"卓越的理论思维能力"自然是指经马克思恩格斯破除了神秘形式的"合理的辩证法"。

第三,我们应该如何解读恩格斯关于辩证法与自然科学关系问题的认识?依照苏联学者凯德洛夫的观点,恩格斯写作《自然辩证法》的目的是承继《资本论》,以"提供关于马克思主义学说统一而完整的观念和对这个学说加以阐明的著作"[1]。凯德洛夫的判断其实说明了,从马克思主义辩证法的统一角度来说,恩格斯与马克思其实是殊途同归的。从这个角度看,恩格斯绝非西方学者所认为的,"忽视""误解"了辩证法,仅仅关注辩证法的实证性,将辩证法理解为自然辩证法,而是"以实践为基础,以人与自然的关系为核心,并结合社会制度阐述了主体和客体的辩证关系"[2]。这也就是说,恩格斯的落脚点是实践与人类社会历史,是站在人与自然关系的基础上的,进而从自然科学的最新进展抽象出科学的辩证思维,而非生搬硬套自然科学规律的实证思维,在对自然科学的讨论中实现了辩证法形式普遍性与内容特殊性的现实统一。因而,如果我们"要理解恩格斯的科学贡献,就需要理解这种理论实践。换句话说,需要具

---

[1] [苏]勃·凯德洛夫:《论恩格斯〈自然辩证法〉》,殷登祥等译,生活·读书·新知三联书店 1980 年版,第 35 页。
[2] 杨耕:《"回到辩证法"——关于恩格斯辩证法思想的再思考》,《哲学研究》2019 年第 12 期。

备马克思主义自身的科学史理论"①。这里所说的,就是要真正理解
"合理的辩证法"。唯其如此,才能走进恩格斯晚年的思想深处。

第三节 时代与理论的张力:回应实证主义决定论挑战的晚年恩格斯

　　马克思主义的"实证主义标签",很大程度上是和"恩格斯问题"
联系在一起的。西方学者围绕晚年恩格斯的著作进行理论发挥,一
方面抛出了自然辩证法与历史辩证法的对立,另一方面将第二国际
的实证主义倾向归罪于恩格斯,将经济决定论、技术决定论指认为
恩格斯对马克思历史观的扭曲,强行制造马克思恩格斯之间的理论
对立,甚至炮制出"马克思主义"反对"恩格斯主义"的伪命题。西方
学者的主张固然有着意识形态层面的考量,但作为西方学院派学者
的研究成果,在某种意义上也值得我们认真对待、反思。晚年恩格
斯是否真的如西方学者所言,转向了实证主义立场? 对于我们而
言,站稳马克思主义的立场当然是首要任务,这就要求我们产生坚
实的理论研究成果,有理有据地回应西方学者发出的理论挑战。回
应这一挑战,需要我们从文本与历史的语境出发,细致梳理晚年恩
格斯的思想"真像",从而在学理层面为晚年恩格斯进行学术
"翻案"。

一、变化的时代:晚年恩格斯面对的历史情境与挑战

　　1883 年 3 月 14 日,马克思在伦敦寓所的安乐椅上安静离世了。
恩格斯万分悲痛地指出,无产阶级和历史科学都遭受了不可估量
的损失。斯人已逝,但指导无产阶级和发展历史科学的巨大空白
需要有人来填补,恩格斯作为"第二小提琴手",现在要挑起"第

---

① 胡大平:《作为科学家的恩格斯》,《教学与研究》2020 年第 10 期。

一小提琴手"的重任了。这一接手,就是整整 12 年的漫长岁月,而资本主义也在同时期进入了新的发展阶段,由自由放任阶段走向了组织化生产阶段,引发了社会与思想层面的急遽改变。变化的历史时代对于我们理解晚年恩格斯的思想提出了新的挑战,我们只有回到历史情境中,直面这一挑战,才能真正理解晚年恩格斯的思考与写作。

霍布斯鲍姆指出,在 19 世纪 70 年代初期,资本主义的自由大旗似乎即将在全世界升起,资本主义的一切看起来都是无可阻挡的;但是到了 19 世纪 70 年代末期,情况却发生了急剧的变化,资本主义的发展不再一帆风顺了。高奏凯歌的资本主义国家依托经济、军事和科技霸权,在全球划分势力范围,宣扬自由的资本主义国家给全球带来了最大的不自由,殖民帝国成为世界的主宰;资本主义的发展逻辑也因时而变,自由的市场竞争转变为对垄断市场的追求,托拉斯、康采恩、辛迪加、卡特尔等垄断组织形式纷纷涌现;工人阶级的大规模反抗与有组织的工会运动走向了新的高峰,工人阶级政党日益成为显著的政治角色;在从"资本的年代"向"帝国的年代"过渡的过程中,资本主义从自由资本主义阶段步入垄断资本主义阶段,经济繁荣与科技进步依然在继续,但是"鲜花着锦、烈火烹油"的繁盛景象之下,前所未有的危机已经伴随着殖民帝国的矛盾在悄然孕育。时代的变局急切呼唤革命的理论。

马克思恩格斯领导第一国际,积极推动工人运动,在巴黎公社革命期间与革命者并肩战斗,肃清了拉萨尔主义、巴枯宁主义、杜林主义等的理论流毒,马克思主义由此确立了在工人运动中的指导地位,并获得了广泛传播。也正是在这个过程中,经由恩格斯体系化表述的马克思主义获得了广泛传播(主要是《反杜林论》及从中摘编成册的《社会主义从空想到科学的发展》)。马克思认为,恩格斯为工人阶级提供了"科学社会主义的入门"①,高度肯定了恩格斯的贡献。恩格斯出于全方位驳倒杜林所谓"新的哲学体系"的需要,对杜林的哲学体系进行了有针对性的批判。虽然恩格斯的目的绝非新建一个哲学体系以和杜林的哲学体系"打擂台",但是基于辩证思维运演理论逻辑的恩格斯依然使得其理论见解之间具有了内在联系。恩格斯在 1885 年意外发现,哪怕杜林及其所谓的"新的哲学体系"已经被原来的追捧者弃如敝屣,但专门批判杜林观点的著作却依然受到了工人群众的广泛欢迎,"消极的批判成了积极的批判;论战转变成对马克思和我所主张的辩证方法和共产主义世界观的比较连贯的阐述"②。

　　在恩格斯著作的助推下,马克思主义的历史观和辩证法受到各界人士日益广泛的热烈欢迎并被接纳,并越出了欧洲的范围,走向了世界。这充分说明了马克思主义的理论生命力,也从另一个角度说明了,马克思主义并非一开始就是一种体系化的学问,后世的马克思主义体系只是恩格斯出于批判杜林实证主义思潮的"无心插柳",只不过结果是插柳成荫并开枝散叶。从理论目的来看,恩格斯清楚地声明了自己无意创设一个哲学体系,但是马克思主义的方法使得"消极的批判"具有了内在的联系,这只能说充分体现了辩证法的内在规律,而不能说是恩格斯的有意为之。另外,从理论传播效果来看,以体系的形式出现的马克思主义确实具有更为强大的传播效力,因为成体系的理论更便于受众群体的理解与掌握,进而将理论观点"深入科学界和工人阶级的公众意识"中。马克思恩格斯在世的时候都对此有清醒的认识。因而,后世西方学者视恩格斯为马克思主义体系的奠基人,这种观点只能说是看到了恩格斯在将马克思主义体系化中所作的贡献。但是,西方学者进而将之从马克思主

---

① 《马克思恩格斯选集》第 3 卷,人民出版社 2012 年版,第 742 页。
② 《马克思恩格斯选集》第 3 卷,人民出版社 2012 年版,第 383 页。

义中剥离出来,并歪曲其为"恩格斯主义",则包藏了理论祸心,无视了他们所指认的恩格斯著作的理论原意,强行扣上了不应有的帽子。马克思主义的科学性在于方法,这一点恩格斯是完全肯定的,并明确进行了指认——马克思主义并非教义而是方法,"它提供的不是现成的教条,而是进一步研究的出发点和供这种研究使用的方法"①。但是广泛传播的普及化的马克思主义理论自然也存在被庸俗化解释的可能性,本来是反对杜林实证主义哲学体系的论著却被扭曲成了恩格斯的"实证主义论著",这不得不说是思想史上的一幅讽刺画。

我们看到,在同一时期,本来一路高歌猛进的实证主义思想开始遭遇西方学院派学者的反思。作为新康德主义者的狄尔泰反思与批判了西方思想界对于科学技术及实证主义思想的崇拜,强调了精神科学与自然科学之间的本质差异。狄尔泰指出,以孔德为代表的实证主义者在考察历史哲学确定性基础的过程中,"都为了使历史实在适合于自然科学的概念和方法,对这种实在进行了删节和肢解"②。狄尔泰认为科学当然都是从经验出发的,精神科学的独立性也来自经验,不过狄尔泰指的是内在经验。这种内在经验使得从经验中产生的意识条件和意识脉络联系了起来,并与我们的本性所具有的总体性联系在一起,因此,精神科学的有效性就来自我们的总体性,并因之获得了坚实的基础。韦伯在探索近代资本主义的起源时意识到,资本主义精神从表面上看是"天职"观点的延展结果,但是荣耀上帝的劳动最终却被祛魅了,由禁欲演化而来的追求与上帝的合一塑造了资本主义的事功精神,以强制节约的禁欲导致了资本的形成,整个社会在严密计算的基础上实现了理性化,并"如今以压倒性的强制力,决定着出生在此一机制当中的每一个人(不只是直

---

① 《马克思恩格斯选集》第 4 卷,人民出版社 2012 年版,第 664 页。
② 〔德〕威廉·狄尔泰:《精神科学引论》第 1 卷,艾彦译,译林出版社 2012 年版,第 4 页。

接从事经济营利活动的人)的生活方式"①。这种只追求功利目的的工具理性演变成囚禁人类的理性铁笼,社会现实生活在合理化、科层化、科学化的过程中陷入对同一和秩序的迷恋,过分崇尚数理计算方法,而忽视了社会生活的价值维度,因此韦伯呼吁建基于人的行为本身的价值理性,强调价值理性较之于工具理性更为本质,即强调实质合理性。

韦伯对于技术合理性的批判后来为卢卡奇和法兰克福学派所吸收,成为西方马克思主义对抗实证主义的思想资源之一。欧洲思想界一改先前热情拥抱实证主义的做法,转而意识到实证主义泛滥所导致的一系列社会现实问题,进而以人文精神反击实证主义,并逐步上升到对于科学技术的批判与否定,欧洲思想界对于实证主义的认识因而发生了一次断裂。这种对于实证主义的批判虽然高扬了欧洲的人文主义传统,但是对于近代以来诞生的自然科学传统却作出了较为不公的判决,对丁自然科学和实证主义的挂钩更使得晚年恩格斯的著作与思想成为被猛烈批评的对象,并最终使他成为马克思主义"实证化"的"替罪羊"。

二、驳斥实证主义的两个决定论:晚年恩格斯的历史写作与行动

作为共产国际的老战士,晚年恩格斯清醒地认识到资本主义的新变化,因而,整理完成、出版马克思的《资本论》第二卷、第三卷就成为最为紧迫的理论任务。由此,《自然辩证法》就被搁置了起来,尽管恩格斯此时已经基本完成了几乎所有部分手稿的写作,但《自然辩证法》最终还是没有以完整形式公开问世。不过,晚年恩格斯坚持以新历史观对抗以经济决定论和技术决定论为代表的实证主义思想新形态,以科学理论指导国际工人运动,传播推广和丰富发

---

① [德]马克斯·韦伯:《新教伦理与资本主义精神》,康乐、简惠美译,广西师范大学出版社 2010 年版,第 182 页。

展马克思主义理论,探索国际工人运动的新方向。在晚年恩格斯的不懈推动下,1889年第二国际在巴黎成立,德国社会民主党也取得了议会斗争的巨大胜利,国际工人运动在19世纪末达到了新的高峰。在这个时期,晚年恩格斯以新历史观为出发点,坚决抵抗了实证主义的两种表现形式——经济决定论和技术决定论——的钳形攻势。

第一,晚年恩格斯立足新历史观的科学内涵,坚决反对经济决定论式的实证主义思想。晚年恩格斯意识到,虽然新历史观已经广泛传播了20年,但并未很好地发挥"研究历史的引线"的作用,"在年轻党员的作品中通常只不过是响亮的词藻"①,被简单化为观念的堆积,这一点尤其体现在德国社会民主党的"青年派"中。以保·恩斯特为代表的"青年派"将马克思主义视为万能良药,并扭曲为"经济学唯物主义"的教条形式,吸收杜林的"暴力论",反对德国社会民主党的合法斗争。"青年派"的"经济学唯物主义"引发了对马克思主义的经济决定论式的理解。一方面,资产阶级理论家纷纷跳出来指责马克思主义是决定论的,巴尔特将马克思主义的社会发展理论批评为社会学的单一经济论,布伦坦诺和施塔姆勒也指责马克思主义"把人变成了任意由历史规律摆布的小卒"。另一方面,布洛赫、博尔吉乌斯等青年学生纷纷致信恩格斯,表达他们对经济关系作为唯一决定性因素的认同。② 经济决定论式的马克思主义的流行凸显了国际工人运动繁荣背后的思想危机,作为指导思想的马克思主义日益遭受实证主义思想的侵蚀,面临着被庸俗化解读的理论风险,并在实践中表现为工人运动的实践与理论之间的严重割裂,忽视历史条件的盲目斗争和无视革命状况的机会主义为国际工人运动的发

---

① 《马克思恩格斯全集》第38卷,人民出版社1972年版,第310页。
② 参见[苏]И.С.纳尔斯基《恩格斯关于历史唯物主义的书信和当代》,田歌译,《哲学译丛》1991年第1期。

展埋下了深深的隐患。

恩格斯强调指出,将经济因素视为唯一决定性的因素是荒诞不经的说法,因为新历史观所肯定的"历史过程中的决定性因素归根到底是现实生活的生产和再生产"①,而生产与再生产的主体是现实活动着的人。只以经济因素去说明一切历史现象,就像是以简单的数学思维去硬套历史进程,背后的哲学基础绝非是马克思主义的,反而恰恰是实证主义的。恩格斯将历史表述为作为整体的合力的产物,反对一元的绝对主义决定论,认为持有经济决定论观点的先生们"所缺少的东西就是辩证法",因为他们陷入了空洞的概念抽象,看不到历史的实际发展"是在相互作用的形式中进行的","没有什么是绝对的,一切都是相对的"。② 实证主义思想恰恰是披着相对主义外衣的绝对主义思想,因而,也就决定了"青年派"及其他资产阶级思想家会抱持着一元决定论的僵化思想,看不到马克思主义的内在思想基础——辩证法。

第二,晚年恩格斯以新历史观为指导,反对技术决定论式的实证主义思想,阐明了科学技术与人类解放的关系问题。自然科学活动与技术活动本属于两个不同的等级,但是到了 19 世纪下半叶,在第二次工业革命兴起的背景下,自然科学与技术的关系愈发密切,技术的突破已经完全依托于科学的进境,因而自然科学与技术开始走向了合流。依据《社会历史观大辞典》的说法,技术决定论是"一种把科学技术的作用绝对化,认为科学技术是历史进步的唯一的决定性因素的观点",因为只注重实体性要素而排斥生产关系,因而"是一种机械的或庸俗的历史观"。③ 技术决定论本质上就是实证主义思想的简单改写,是唯科学主义的直接体现。唯科学主义这一信

---

① 《马克思恩格斯选集》第 4 卷,人民出版社 2012 年版,第 604 页。
② 参见《马克思恩格斯选集》第 4 卷,人民出版社 2012 年版,第 614 页。
③ 参见周隆宾主编《社会历史观大辞典》,山东人民出版社 1993 年版,第 462—463 页。

念的源头毫无疑问要追溯到孔德,实证主义者们推崇科学,进而坚信"自然科学方法可以用来研究人类行为;社会科学生存的原理可以用来在合情合理的基础上组织社会;科学可以用作一个全面的信仰系统,赋予生命意义"①。然而,西方学者却用技术决定论来指称马克思恩格斯的技术思想,将之进行庸俗化和实证化的诠释,结果使得"'技术决定论'的幽灵困扰着马克思主义"②。

马克思恩格斯的科技思想不可能是决定论式的,因为新历史观的理论逻辑就不可能走向决定论的终点,恩格斯对于科学技术的阐释更是有力驳斥了这一批评。恩格斯在回溯人类历史从钻木起火到蒸汽机发明的技术过程时,虽然肯定了蒸汽机对生产力的变革作用,但更认可的是钻木起火所代表的"使人支配了一种自然力"的历史意义,因为在恩格斯的视野中从未将自然科学技术视为构成社会的根本性力量,而新历史观更是教导我们,"整个人类历史还多么年轻,硬说我们现在的观点具有某种绝对的意义,那是多么可笑"③。晚年恩格斯在回复博尔吉乌斯的时候说,决定社会历史的经济关系是指人们生产生活资料和产品的方式,这里面当然包括各种技术,但更重要的是,不是技术决定社会,而是社会的需要推动科学技术的前进,因而恩格斯调侃道:"人们撰写科学史时习惯于把科学看做是从天上掉下来的。"④恩格斯这句话的背后有着坚实的新历史观的哲学支撑。因而,在马克思主义所始终不懈追求的人类解放问题上,我们既不能一味强调科学技术与社会生产力之间的矛盾以希冀资本主义的崩坏,走向机械决定论或宿命论,也不能一味强调阶级

---

① [美]尼尔·波斯曼:《技术垄断:文化向技术投降》,何道宽译,中信出版社 2019 年版,第 162 页。
② William H. Shaw, "The Handmill Gives you the Feudal Lord: Marx's Technological Determinism", *History and Theory*, Vol. 18, No. 2, 1979, p. 155.
③《马克思恩格斯选集》第 3 卷,人民出版社 2012 年版,第 492 页。
④《马克思恩格斯文集》第 10 卷,人民出版社 2009 年版,第 668 页。

斗争，忽视客观的科学技术发展和社会生产力因素，陷入革命的唯意志论；正确的态度是，站在生产力与生产关系矛盾运动的坚实基础上，批判性地把握工人阶级由于资本主义的压迫性关系、工人意识的全面性发展和革命经验的历史性积累而从自在阶级觉醒为自为阶级。到了那个时候，"一支社会主义者的国际大军，它不可阻挡地前进，它的人数、组织性、纪律性、觉悟程度和胜利信心都与日俱增"①。

当我们回顾晚年恩格斯的历史写作与行动时，可以明显发现，晚年恩格斯已经为科学阐明马克思主义竭尽所能了。面对新的历史情境下实证主义的两种"决定论"的表现形式的疯狂挑战，晚年恩格斯坚决捍卫新历史观，予以坚决的回应。在理论层面，晚年恩格斯一方面提出"历史合力论"以批评经济决定论，强调非经济因素尤其是人在历史过程中的能动性作用，高扬新历史观的辩证本质，另一方面批判技术决定论，阐明社会需要对科学技术发展的重大意义。在实践层面，晚年恩格斯坚决捍卫唯一的真正历史权利——革命权，从新历史观出发，既强调坚持革命权的基本原则，又根据资本主义的新变化新趋势动态调整斗争策略，在客观公式与主观公式的辩证统一中探索工人运动的革命道路。

三、理解晚年恩格斯：面向时代的思想家与革命家

恩格斯在马克思主义发展史上具有特殊的地位，因为他是马克思主义的创立者、丰富者、阐发者和传播者，尤其是马克思主义辩证法的第一位系统阐释者。但是我们看到，由于政治斗争、意识形态斗争、学术争论等复杂因素的叠加，西方学者将晚年恩格斯对于马克思主义辩证法的阐发视为是与马克思的历史辩证法对立的自然

---

① 《马克思恩格斯选集》第 4 卷，人民出版社 2012 年版，第 385 页。

辩证法,并不符合马克思的本意,将自然辩证法指认为对于马克思历史辩证法的实证化运用。莱文的观点最为典型,他宣称,恩格斯的思想与孔德的实证主义有密切关联,因为"孔德和恩格斯都把科学定律的发现视为给人类带来实证的知识,视为表明哲学会成为科学"①。恩格斯也许早就已经明确意识到自己的工作未来会受到资产阶级学究们的攻击,因而在《社会主义从空想到科学的发展》的序言中已经预先为我们提供了说明:"唯物主义历史观及其在现代的无产阶级和资产阶级之间的阶级斗争上的特别应用,只有借助于辩证法才有可能。……我们不得不援引现代自然科学来证明辩证法在现实中已得到证实。"②因此,对于晚年恩格斯的正确理解是,恩格斯坚持从新历史观出发,坚持以辩证方法、辩证思维研究自然科学,反对实证主义方法论和作为资产阶级意识形态的实证主义,是始终面向时代进行思考的马克思主义思想家与革命家。

第一,晚年恩格斯秉持新历史观,始终坚持以辩证法反对实证主义。从"拒斥形而上学"这一口号来看,马克思主义与实证主义都是对近代西方认识论传统的反叛。但是,不同于实证主义认识论的是,马克思主义认识论,即辩证法,并非像实证主义那样停留于口头的拒绝却暗地里走向形而上学的怀抱,而是从实践立场出发,以历史性的态度对待具体的社会实践,在总体性认识的基础上提出了从抽象上升到具体的方法,彻底改变了旧唯物主义认识论探讨的方法,对近代西方认识论传统加以革命性变革,进而实现了对实证主义认识论的超越。对这一点,恩格斯有过非常精彩的阐述。

恩格斯指出,人类出于细致观察自然界和人类历史的需求,发展了自然科学和历史科学,但是自然科学的迅速发展在思维层面上

---

① [美]诺曼·莱文:《辩证法内部对话》,张翼星等译,云南人民出版社 1997 年版,第 137 页。
②《马克思恩格斯选集》第 3 卷,人民出版社 2012 年版,第 746—747 页。

引发了实证的思维方式，即孤立、静止、片面地考察自然物与自然过程，完全远离了整体联系的宏大背景。这种思维方式看起来合乎常识，易于理解，可是"熟知非真知"，一旦我们"跨入广阔的研究领域"，这种思维方式就会力不从心，因为形而上学思维的框架已经制约了其想象空间。有鉴于此，恩格斯提出，"要精确地描绘宇宙、宇宙的发展和人类的发展，以及这种发展在人们头脑中的反映，就只有用辩证的方法"①，因为辩证法是从联系、运动和发展的方面展开考察的。恩格斯将自然界当作检验辩证法的试金石，认为自然科学为检验辩证法提供了丰富的材料，进而，自然界这一在实证主义看来具有永恒规律的场所，在恩格斯的视野中就只是"经历着实在的历史"，是历史性生成与发展的。

第二，晚年恩格斯深入研究自然界和科学技术绝不是向实证主义靠拢，其立足点始终是新历史观。在《德意志意识形态》中，马克思恩格斯强调："我们仅仅知道一门唯一的科学，即历史科学。"②人类史与自然史构成了历史科学的两个方面，自然史指的就是自然科学，只不过他们暂时将之搁置了。这句话虽然在手稿中被删去了，但依然表明马克思恩格斯已经意识到自然史与人类史的内在统一性③，因而，新历史观就内在蕴含着从自然史维度揭示历史发展的客观规律。这个任务正是由恩格斯完成的。

恩格斯在《路德维希·费尔巴哈和德国古典哲学的终结》中区分了自然科学、历史科学和思维科学。在这种新历史观的视域中，科学不只是理论问题（即对事实的阐明），而且是改造世界的问题

---

① 《马克思恩格斯选集》第 3 卷，人民出版社 2012 年版，第 793 页。

② 《马克思恩格斯选集》第 1 卷，人民出版社 2012 年版，第 146 页。

③ 亚当·沙夫指出，尽管这句话只是出现在手稿里并且后来被删掉了，但正确的理解应该是"它强调历史研究的重要性，并主张对研究的问题做发生学上的解释"。这种发生学上的解释指的就是自然科学研究。参见［波］亚当·沙夫《历史与真理》，张笑夷译，黑龙江大学出版社 2014 年版，第 165 页。

（即按规律行动）。马克思主义反对自然科学之绝对的因果决定论假设，如果将科学与绝对真理联系在一起的话，那么马克思主义必须反对这种科学，恩格斯在《反杜林论》中就是反对杜林以实证主义为基础的所谓"终极真理"。马克思把辩证法运用于具体的政治经济学研究，因而主要是发展了辩证法的历史基础和作为具体科学研究的方面；而恩格斯则将辩证法的研究对象扩展到自然界和自然科学，阐述了辩证法在自然界和自然科学研究中的一般认识功能与方法论原则。但是，恩格斯的自然辩证法并非是从与人类社会无关的自然中直观得出的，而是"在对那个时代自然科学成果的概括基础上提出来的，是对那个时代自然科学成果的一种概括性分析和提升"①。因此，我们可以得出结论，马克思恩格斯其实是共同促进了马克思主义辩证法的系统化和完备化，在这个意义上，两人始终是携手并进的。

第三，晚年恩格斯发扬新历史观的批判性，坚决反对蜕变为资本主义意识形态的实证主义。自然科学的突飞猛进使人们强烈感受到自然科学方法的巨大威力，日益感受到没有事实根据的臆测、臆断以及模棱两可、暧昧不清的空泛议论毫无用处。因此，借鉴自然科学的方法改造不同门类的学科（包括社会科学）成为 19 世纪众多思想家的努力方向，实证主义就是在此背景下兴起并受到热烈追捧的。但是，脱胎于近代自然科学的实证主义并没有超脱机械论自然观。实证主义虽然在诞生的起点上就信誓旦旦地要反对形而上学，却以最终走向形而上学而告终，为了从一般规律中得出无可置疑的经验现象，"粗俗的经验主义变成了虚伪的形而上学，变成了烦琐哲学"②。借助新历史观的理论锋芒，恩格斯发现，蜕变为资本主

---

① 刘森林：《恩格斯的自然辩证法是一种启蒙辩证法》，《马克思主义哲学》2021 年第 1 期。
②《马克思恩格斯全集》第 33 卷，人民出版社 2004 年版，第 66 页。

义意识形态的实证主义遮蔽了资本的抽象统治,使得工人阶级只能看到直接的、实际的关系,而再也看不到现实背后起作用的真正关系,也就是说,缺失了批判性的意识!

　　杜林的所谓"严密科学的世界观"就是表现为资本主义意识形态的实证主义思想,其严重扰乱了马克思主义对工人阶级的理论指导,因而恩格斯对其发起了猛烈的批判。恩格斯指出,杜林用"社会炼金术""从他的孕育着'最后真理'的理性中,构想出一个新的社会制度的'标准'体系",让人们从头脑中、从对永恒真理和正义的认识中寻找社会变革与政治变革的终极原因,却完全忘记了"应当到生产方式和交换方式的变更中去寻找"。① 恩格斯充分意识到实证主义思想与资产阶级意识形态的内在同谋关系,因而要求马克思主义不断介入资本主义社会现实,透视表面的物相和颠倒的假象,实现从形而上学批判、意识形态批判到对资本本身的批判,实现哲学批判和政治经济学批判的内在融合,从而真正实现马克思主义科学性与批判性的统一。 由此观之,恩格斯绝非实证主义的同路人,而是一名坚定的马克思主义者,一位始终面向时代、回应时代的思想家、革命家。

---

① 参见《马克思恩格斯选集》第 3 卷,人民出版社 2012 年版,第 653—655 页。

第三章 哲学与革命：列宁与卢卡奇批判实证主义的辩证之思

马克思主义从诞生到传播的整个过程中始终面临着时代性与科学性的拷问。从客观的历史时间来看，马克思主义毫无疑问是 19 世纪的产物。从思想史上的理论效力来看，马克思主义随着历史长河的波澜起伏，在人类社会的实践中被打磨为愈发璀璨的理论宝石，也在与实证主义的理论争锋中愈发凸显自身的理论锋芒。当历史的时钟缓慢地从 19 世纪拨动到 20 世纪，马克思恩格斯遭遇的"革命与资本共舞"的年代缓缓落下了大幕，但是马克思主义却继续在"帝国的年代"里奏响了 20 世纪的理论最强音。不过正如辩证的发展规律所揭示的那样，马克思主义并非是一帆风顺地走向理论新高度，而是在与理论对手的激烈角斗中赢得了理论话语权，其中的核心理论对手之一就是实证主义。在着力建设 21 世纪马克思主义和当代中国马克思主义的当下，我们需要回望 19 世纪末 20 世纪初的世纪之交马克思主义批判实证主义的两条辩证路向，厘清作为老对手的实证主义是如何向马克思主义发起新的挑战的，深入领会列宁与卢卡奇是如何使得马克思主义超越时代局限，实现马克思主义理论生命树长青的。

第一节　大行其道的实证主义与遭遇危机的马克思主义

马克思主义的根本特质就在于,其是工人阶级的世界观,彻底的批判与革命的实践是其坚守的理论鹄的。自从《共产党宣言》明文宣告了一个"共产主义的幽灵"在欧洲游荡,马克思恩格斯就始终心系无产阶级的革命事业,冲锋在革命斗争的理论与实践的最前线。在生命的最后岁月里,恩格斯在回顾无产阶级革命的斗争历程时,依然坚定地指出"革命权是唯一的真正'历史权利'"[1]。当革命的火炬传递到第二国际的领导者与理论家手上时,资本主义似乎已经走到了历史的终点站,抵达了马克思恩格斯所预言的两大阶级准备生死决战的时期。但是吊诡的是,作为时代主题的革命并未在第二国际的领导下从"应然"走向"实然",达及新的社会发展阶段的希望最终与马克思主义擦肩而过。我们必须追问,为什么历史会开这样一个玩笑? 从哲学的角度来看,实证主义的思想侵蚀是重要的理论推手,实证主义通过"否认理性的权威性、确定性和统一性,力图动摇人类生存的合理性、必然性和规律性信念"[2],使得人类在对理性的怀疑中,拒斥历史的进步可能,深陷相对主义的价值信念。受到实证主义影响的第二国际的领导者与理论家就此错过了转瞬即逝的革命契机,失落了马克思主义的初心与使命。

一、变动的时代与文明的危机:实证主义与科学的深度结合

19 世纪与 20 世纪的交点从历法上看或许只是跨年时刻的一瞬,但是从历史的过渡与演变的进程来看,霍布斯鲍姆提出的"帝国

---

[1]《马克思恩格斯文集》第 4 卷,人民出版社 2009 年版,第 550—551 页。
[2] 孙正聿:《对社会历史的两种理解——马克思主义哲学与科学主义思潮的重大分歧之三》,《理论探讨》1991 年第 1 期。

的年代"(1875—1914)或许更能完整地呈现历史的结构性变迁。从经济上看,自由资本主义已然式微,取而代之的垄断资本主义更符合资本的本性,能够攫取最大的利润,坚持自由贸易政策的英国受到美、德两国垄断经济集团的猛烈冲击,传统的经济管理手段也让位于大规模、集团化生产的新举措——泰勒制和福特制。变局即意味着变动,经济集中与科学管理成为资本主义应对内在危机的必然手段,而作为领跑者的英国却"船大难掉头",自由放任的传统与垄断不免有兼容性冲突,美、德两国因而后发先至。经济上的变动传导到政治上,发达地区掀起了对欠发达地区的领土与资源的掠夺狂潮,并形成了世界格局的帝国化,这不仅是因为资本主义国家的强权愈加凸显,也和具有"皇帝"名号的统治者的增加直接相关。面对时代的变局,列宁批判了考茨基和希法亭等人对于帝国主义的认识,明确指出:"帝国主义是作为一般资本主义基本特征的发展和直接继续而生长起来的。……帝国主义是资本主义的垄断阶段。"①

经济变动与政治变动的紧密交织是 19 世纪末 20 世纪初的突出特点,而与此同时,科学的发展也遭遇了巨大的危机,由 17 世纪因袭而来的静态宇宙结构及其延亘到新领域产生的观念,造就了实证主义的永恒思维模式与理性的可预测规律认识,其在世纪之交遭遇了巨大冲击。在自然科学层面,大致从 1895 年开始,自伽利略和牛顿以来的机械宇宙图景不断受到质疑,"宇宙的新建构却越来越不得不抛弃直觉和'常识'。也可以说,'自然'变得较不自然但更容易理解"②,爱因斯坦的相对论宇宙图景获得了最后的胜利,数学也摆脱了和真实世界的对应;在社会科学层面,主张生存竞争的社会达尔文主义深刻影响了这一时期的社会、政治与科学,优生学、遗传学又

---

① 《列宁选集》第 2 卷,人民出版社 2012 年版,第 650 页。
② 〔英〕艾瑞克·霍布斯鲍姆:《帝国的年代:1875—1914》,贾士蘅译,中信出版社 2017 年版,第 277 页。

以选择、突变学说反过来增强了社会达尔文主义的科学性①。

时代的经济、政治与科学上的变化必然反映在哲学思想上面。梯利在纵览哲学史的基础上指出:"每一种思想体系或多或少地有赖于其所由兴起的文明、以前各种思想体系的性质,及其创始者的个性;它又反过来对当代和后代的思想和制度发生很大的影响。"②梯利本人也许称不上是一位重要的哲学家,但是对于哲学史的认识却有其独到之处,这一将哲学史置于时代背景下综合考察的做法就胜过从预设的哲学立场出发进行的审读。比如,罗素对哲学史的考察就有着预设的立场,他指出,自毕达哥拉斯时代以来,哲学就在对立中一路发展,一派是受数学的启发,一派是受经验科学的启发,实际上就是理念论与实在论两条进路。罗素要求对这两条进路进行综合,并认为这一新哲学虽然"目标不及过去大多数哲学家的目标堂皇壮观,但它的一些成就却像科学家的成就一样牢靠"③。罗素所肯定的就是实证主义发展的新形态。如果我们综合分析梯利和罗素的主张就能够发现,在世纪之交,西方传统哲学在时代的浪潮下迎来了新的发展阶段,作为最后的体系哲学的黑格尔哲学在德国虽然曾经变成了"死狗",却在改头换面后又以唯心神学的形式在英美哲学界迎来了复兴,而英国的经验哲学传统则在欧陆哲学界获得了认可,并在批判绝对唯心论的过程中带动了实证主义和经验心理主义的兴起。④

---

① 社会达尔文主义直接影响了优生学运动。达尔文的表弟弗朗西斯·高尔顿在1904 年发表于《美国社会学杂志》上的一篇文章中提出,优生学的合理性就在于劣等性和优越性可以被客观地描述与衡量。这明确展现了实证主义思想与方法所产生的影响。参见[英]彼得·沃森《思想史:从火到弗洛伊德》下卷,胡翠娥译,译林出版社 2018 年版,第 959—960 页。
② [美]梯利:《西方哲学史》(增补修订版),伍德增补,葛力译,商务印书馆 1995 年版,第 1 页。
③ [英]罗素:《西方哲学史》下卷,马元德译,商务印书馆 1976 年版,第 425 页。
④ 参见洪汉鼎《当代西方哲学两大思潮》上册,商务印书馆 2010 年版,第 9—15 页。

在变动不居的时代大潮下,实证主义因时而变,发展出新形态的实证主义学说。实证主义的新形态较之于19世纪的实证主义思想,虽然依然坚持对形而上学的拒斥和对纯粹经验的肯定,但是不再追求一个理性的、由因果论和决定论支配的、井井有条和包罗万象的自然与社会,而是将注意力集中于对自然科学的认识,也即从价值中立的立场出发重建科学的根基,并加以公式化和定理化。只不过,真理重要性的判定不再是所谓的与真实世界相符,而是满足经验标准的有用。作为对19世纪实证主义的反动,约定论的观点削弱了对于科学结果具有客观性和有效性的乐观与自信,进而消解了科学认识事实与纯粹经验的可能性,科学法则的有效性只是在于人们对其进行解读的预先约定,而这种约定具有认识效力的原因在于其经济、方便、有用,甚至仅仅是符合审美特性。

19世纪末20世纪初的实证主义新形态表现为经验批判主义,其又以马赫主义之名为人所熟知,主要代表有马赫和阿芬那留斯。经验批判主义宣称要仿效康德为知识的确定性划界,只不过要求从纯粹经验出发,因而以经验和批判来命名,并标榜自身超越了唯物主义和唯心主义,是"唯一的科学"。在这一时期,物理学从宏观到微观的进展使得传统的科学标准受到了强烈的质疑,人们长久以来习惯的世界观、价值观、真理观都失去了坚实的地基。在此背景下,身为物理学家的马赫"跨界"到哲学,打着"中立"的旗号,试图运用自然科学的新成果重塑人们认识世界的方式,因而理论重心就落在了认识论上面。

在马赫看来,物理学中的声、色、温、时、空等要素以各种方式结合起来,心理学中的心情、感情与意志等也以不同方式结合起来,这两种要素的结合所形成的相对稳定、持久的部分因为其显著性而被铭刻在记忆中,并以语言的形式呈现出来;物理要素结合而成的复合体就是物体,心理要素结合而成的复合体则是自我,两者都不是绝对恒久的;这些复合体表面上的区别经不起精细的考察,因为它们实质上不过是构成要素的排列组合方式不同罢了。因此,马赫认为实在与假象不过就是因为条件不同而呈现出的要素的不同结合罢了。通过这种方式,马赫将物理科学与心理科学统一了起来,并将人们的认识定位于感觉之上。"由于常有同类的事情,我们最后就习惯于认为物体的一切特性都是由常久核心出发,通过身体的中介而传到自我的'作用';我们把这种作用叫做感觉。……这些核心便失去了它们的全部感觉内容,变成赤裸裸的思想符号了。因而,说世界仅仅由我们的感觉构成,这是正确的。这样一来,我们的知识也就仅仅是关于感觉的知识。"①通过这种方式,马赫取消了康德哲学中物自体存在的必要性,打通了外部世界与心灵世界之间的界限,消解了宗教与形而上学的世界图景,将人类的感觉指认为科学知识的真正创造者,科学则不过是人们对于经验符号的体系化记录,这种记录运用的正是认识的经济原理。可以看到,马赫的经验批判主义理论同 19 世纪的实证主义相比,都是从主体出发,强调感官经验的重要性,抛弃形而上学而强调科学对于人类的价值。但是,这种将自我定位为和物理因素统一的符号抽象,过分凸显了自我的实际目的和作用,而完全贬低了作为主体的人类的价值,必将导致对于人类价值的虚无认识。

历史地看,实证主义的这一转化与社会大众对进步预期的失调显著相关。其实孔德的实证主义就是对启蒙运动以来一直宣称的理性国家失望的产物,因为"按照这些启蒙学者的原则建立起来的资产阶级世界也是不合理性的和非正义的"②,因而孔德试图重新从理性出发建设一个秩序井然的世界。到了 19 世纪末 20 世纪初,一

---

① [奥]恩斯特·马赫:《感觉的分析》,洪谦、唐钺、梁志学译,商务印书馆 1997 年版,第 10 页。
② 《马克思恩格斯选集》第 3 卷,人民出版社 2012 年版,第 778 页。

直为科学进步和社会发展所鼓舞的西欧社会大众愕然发现,他们一直信赖有加的科学遭遇了危机与颠覆,希冀的美好未来频频落空,发展与进步主义的想象难以为继,进而意识到潜藏的危机即将爆发,这一点在知识分子中间尤为显著。尼采认为,自然科学导致了西方文明自身的崩溃,必然将走向颓废与虚无,因而有必要"重估一切价值"。尼采的悲观主义论调并非一家之言,而是反映了这一时期西方知识分子的普遍之感,并获得了西方社会群体的热烈追捧,斯宾格勒的《西方的没落》之所以轰动西方社会,也与这种社会群体的普遍认识和心理感受密切相关。在这个历史时期的德国,精神层面的虚无与社会领域的危机,更是"催生了精神文化和社会领域以回归传统乡土为取向的乡土运动"①。

这种进步信念的崩塌、对于科学标准的怀疑和人类价值的虚无,凸显了西方文明在长久迷醉于实证主义信念而一朝惊醒时的惊慌失措。在新的时代条件下形成的实证主义新形态,看似迎合了科学发展的新形势,并极力抬高主体的认识价值,试图以此为主体划定存在的空间,殊不知,这种挖空科学确定性之基的做法只会加剧文明的危机。但是,与之形成鲜明对照的是,马克思主义坚定扎根于真实历史的地基之上,从人类社会的物质生产实践出发,始终保持着对科学、理性和人类自由发展的开放态度,将马克思主义的生机与活力谱写在时代的答卷之上。

二、辩证的失落:实证主义影响马克思主义的三种表现形式

时代变迁下的文明危机必然促使西方资本主义社会思考未来的新出路,曾经被沉默对待的马克思主义在受众和地域上都获得了广泛传播。马克思恩格斯在晚年就已经看到了马克思主义及其思

---

① 邢来顺:《回归乡土与德意志帝国时期的现代化危机》,《历史研究》2019 年第 4 期。

想指导下的工人运动的极大发展。在《共产党宣言》1882 年俄文版的序言中,马克思明确指出,作为欧洲 1848 年秩序支柱的美国和俄国都已发生了革命性变化,美国的资本积聚带来了无产阶级的大发展,俄国更是变成了"欧洲革命运动的先进部队",而且已经培育出探索共产主义道路的革命潜力。到了 1895 年,恩格斯欣喜于德国社会民主党取得的选举胜利,因为在恩格斯看来,哪怕是欺骗的工具也可以变为解放的工具,并为无产阶级斗争带来实质上的成果。恩格斯晚年对于斗争策略的新思考并非对他和马克思斗争态度的调整,更不是对马克思主义的修正,其本质上是依托辩证的历史观清醒地意识到时代和斗争条件的变化而作出的策略调整,最终目的是保护日益增强的无产阶级革命力量,直到两大阶级决战的那一天。我们看到,在世纪之交,以科学的马克思主义为指导,国际工人运动已经获得了巨大发展。"在欧洲大陆,可以说社会主义被马克思主义所'俘获'。到了世纪之交,马克思主义成为工人运动的主导。"[①]作为一个侧写,马克思·韦伯的夫人在刻画 20 世纪初德国青年人的思想状况时提到,年轻人们渴望一个新的共同体来摧毁旧世界,"他们等待着新世界、一个超民族联合的世界的降生,在这个世界中,最终占支配地位的是和平、兄弟之情、团结及社会主义"[②]。

在这一背景下,一批成长于 19 世纪 40 年代至 50 年代的中、东欧知识分子在 80 年代至 90 年代转向马克思主义,成为第二国际的领导者和理论家,其中的代表人物有考茨基、拉法格、普列汉诺夫、梅林、拉布里奥拉等人。为什么这批第二国际的理论家主要来自中、东欧地区呢?原因并不难想到。资本主义的生产方式逐渐由西欧蔓延到这一地区,而由西欧主导的经济体系给中、东欧地区带来

---

① [英]唐纳德·萨松:《欧洲社会主义百年史——二十世纪的西欧左翼》上册,姜辉、于海青、庞晓明译,社会科学文献出版社 2017 年版,第 5 页。
② [德]玛丽安妮·韦伯:《马克斯·韦伯传》,阎克文、王利平、姚中秋译,江苏人民出版社 2002 年版,第 685 页。

了更严重的社会问题,无产阶级的力量由此获得了极大发展;俄国的革命形势更是早就引发了马克思恩格斯的极大关注,俄国成为工人运动的重点地区。

时代的变迁向马克思主义提出了新的时代之问,如何回应这些问题成为摆在马克思恩格斯之后的马克思主义者面前的重大问题。作为始终面向时代、回应时代的理论,围绕时代问题进行理论反思与发展更是马克思主义的题中应有之义,因为马克思主义始终秉持着辩证的方法论,"对每一种既成的形式都是从不断的运动中,因而也是从它的暂时性方面去理解;辩证法不崇拜任何东西,按其本质来说,它是批判的和革命的"①。第二国际的理论家们同样意识到发展马克思主义的重要性,只不过从现实历史来看,他们的理论与实践却在实证主义的影响下最终背离了马克思主义,走向了修正的方向。究其原因,就在于第二国际的理论家们在哲学上没有区分开马克思主义和实证主义,将两者误认为是"一致的",进而在实证主义的影响下"修正""补充"马克思主义。具体来看,实证主义影响第二国际理论家主要有三种表现形式。

第一,以伯恩施坦为代表的部分第二国际理论家在实证主义的影响下试图将马克思主义引导向伦理社会主义。伯恩施坦 1872 年就加入了德国社会民主党,只不过他在思想上很快就倒向了杜林,直到恩格斯发表《反杜林论》后才转向了马克思主义。恩格斯逝世后,伯恩施坦在 1896—1898 年以"社会主义问题"为总标题发表了一系列文章,对马克思主义的社会革命与哲学观点提出批评,并在《社会主义的前提和社会民主党的任务》中完整阐述了其对于马克思主义的"修正"。

伯恩施坦否认辩证法在马克思主义中的重要性,提出:"不管事

①《资本论》第 1 卷,人民出版社 2004 年版,第 22 页。

物在现实中是什么样子，一旦我们离开了可以凭经验确认的事实的土地并且超越这些事实而思考，我们就要陷入派生概念的世界……不知不觉地进了'概念的自我发展'的圈套。"①伯恩施坦认为，马克思恩格斯所指出的工人处境的绝望性已经在资本主义的发展中被消解了，现实存在的是有产者人数的增加，因而"不认为社会主义的胜利要取决于它的'内在的经济必然性'"②。伯恩施坦试图以部分工人生活水平的提高和社会财富的增加这些所谓的"事实"来掩盖资本主义的内在矛盾，从哲学上来看，伯恩施坦毫无疑问是陷入了实证主义的思维罗网中。伯恩施坦强调经验事实的重要性固然没有问题，但是马克思主义的辩证法显然不是仅仅在概念中进行思考的哲学体系，而是从实践中来、到实践中去的思想，仅仅凭借部分观察到的经验现象就认为无产阶级摆脱了所有权上的被剥削境况，这无疑是苍白无力的。伯恩施坦将辩证法歪曲为"Cant"（陈词滥调），那么他寻到的解决方法是什么呢？伯恩施坦的回答是——"Kant"（康德）！也即是说，他认为马克思主义的社会主义理论要"回到康德去"，为社会主义的发展注入道德这一"能起创造作用的力量"。因而，伯恩施坦提出要修正马克思主义的理论与实践，强调议会斗争运动是一切，而社会主义的最终目的反而是微不足道的。

第二，以考茨基为代表的部分第二国际理论家在实证主义的影响下将马克思主义引导向经济决定论。在马克思处，历史必然性指的是历史的不可避免性和重复性。由于对新历史观的曲解，德国社会民主党的"青年派"曾经宣扬过经济唯物主义，晚年恩格斯借助阐释新历史观的形式对经济决定论的思想进行了坚决驳斥。到了考茨基处，他为必要性引入了必然性的内涵，提出"随着无产阶级的人数、精神力量和它对经济发展的必要性的日益增长"，那么形成的结

---

① 殷叙彝编：《伯恩施坦读本》，中央编译出版社 2008 年版，第 241 页。
② 殷叙彝编：《伯恩施坦读本》，中央编译出版社 2008 年版，第 347 页。

果就是"无产阶级的最后胜利,是自然而必然的"。① 从这一认识出发,考茨基强化了他的"经济必然性"与"长入社会主义社会"的理论,所谓"经济必然性"是"人的生活意志的必然性和人利用他们所处的生活条件的不可避免性"②,这使得要从两条道路,即"通过资本的积聚实现资本主义的发展"和"工人阶级朝着社会主义方向发展","长入社会主义"。这种寄希望于自然而然进入社会主义的理论充分说明了考茨基实质上已经背离了新历史观的辩证法而投身于实证主义的思维方式中了,进而会将无产阶级革命理解为一种进化论的模式,以自然科学规律的必然性来解释现实社会发展的走向。因而,考茨基提出"马克思主义不是哲学,而是一种经验科学,一种特殊的社会观"③,也就不足为奇了。考茨基的经济决定论思维使得马克思主义降格为一种实证科学,严重损害了马克思主义的理论声誉,在实践中则使得第二国际在工人运动中执行阶级合作政策,在第一次世界大战爆发之时走向了理论破产。

第三,奥地利和俄国的部分第二国际理论家在实证主义的影响下直接走向了经验批判主义。奥地利社会民主党的知识分子以"奥地利马克思主义者"而为人所知,他们在哲学领域主张用经验批判主义(马赫主义)"修正"马克思主义。弗里德里希·阿德勒就公开主张经验批判主义,认为历史唯物主义缺乏自然科学的根基,而经验批判主义则是自然科学提供的最好的世界观,因而试图用经验批判主义来"补充"马克思主义。俄国社会民主党内部也涌现了一批鼓吹经验批判主义的成员,比如波格丹诺夫、巴扎罗夫和卢那察尔斯基等人。在 1905 年俄国革命失败后,这批经验批判主义的吹鼓手更是利用革命的低潮大肆宣扬经验批判主义,出版了大量鼓吹马赫

---

① 参见王学东编《考茨基文选》,人民出版社 2008 年版,第 37 页。
② 王学东编:《考茨基文选》,人民出版社 2008 年版,第 224 页。
③ 中共中央马恩列斯著作编译局国际共运史研究室编:《国际共运史研究资料》第 3 辑,人民出版社 1981 年版,第 251 页。

主义的著作。波格丹诺夫积极接受马赫的认识论，并将之内化于自己的经验一元论体系中，他试图说明，物理现象和心理现象是同一个经验的不同组织形式，"心理现象是以个人方式组织起来的，物理现象是以社会方式组织起来的"①。这种从经验出发的哲学观点完全背离了马克思主义，并导致这批自称为马克思主义者的俄国社会民主党人完全理解不了辩证法的理论真意。因此，即使他们阅读了《资本论》和《反杜林论》也只能看到形式逻辑的矛盾，而"没有能力在统一完整的理解中把它们联系起来"，只能"把逻辑理解为'准则和法则'的总和"②，看不到逻辑学、认识论和辩证法的统一，因而也就无法为俄国社会主义革命找到真正的实践出路。

　　第二国际的理论家们无疑意识到马克思主义需要始终面向时代进行调整与发展，但是他们的失误在于，没有真正理解马克思主义的辩证精髓，被实证主义思维方式的所谓"经验性""科学性""必然性""经济性"蒙蔽，将马克思主义引向了修正主义的理论歧路，在国际工人运动的实践中驶向了必然的失败终点站。

三、被"修正"的马克思主义与受挫的革命

　　在实证主义的影响下，第二国际的部分理论家走上了对马克思主义的"修正"道路。这是实证主义发起的对马克思主义的又一次理论进攻。从结果上看，第二国际在政治上分化为左中右三派，右派和中间派主导着第二国际走向了机会主义路线：在思想上放弃马克思主义的理论阵地，向实证主义、新康德主义等靠拢，革命的辩证理论被"修正"为道德的、经济决定的、经验认识的"纯理论"。对此，

---

① ［英］戴维·麦克莱伦：《马克思以后的马克思主义》（第 3 版），李智译，中国人民大学出版社 2008 年版，第 104 页。
② ［苏］Э. В. 伊里因科夫：《〈列宁的辩证法和实证主义的形而上学〉一书结束语》，柳树滋译，《哲学译丛》1983 年第 3 期。

我们必须清醒地认识到,第二国际部分理论家运用实证主义"修正"马克思主义的理论尝试是错误的、失败的,原因就在于他们没有理解马克思主义的理论真谛,在误解了马克思主义的理论命意后走向了修正主义的方向。具体来说,第二国际部分理论家在方法论、哲学立场和哲学旨归三个层面上对马克思主义进行了错误解读,进而作出了错误的理论"修正",导致了极为严重的实践与理论后果。

第一,在方法论层面,马克思主义辩证法的对立面并非经验的实证方法,而是实证主义的简单抽象与绝对观念。以现实的人为起点,马克思主义是在社会现实的客观基础上具体把握自然与社会的,这种历史的、辩证的方法当然内含着运用经验揭示客观规律的实证方法①,而反对的则是从简单抽象出发、只关注表象联系却忽视现象背后联系的非历史的实证主义抽象方法。伯恩施坦看到了时代变局下的工人运动的新情况新发展新问题,但是他却将之错误解读为历史的"真相",将辩证法视为概念世界的"把戏",将社会主义运动的希望寄托于康德哲学中渲染的道德的力量,背离了科学的马克思主义,从鲜活的生活实践走向了绝对的道德世界。

第二,在哲学立场层面,马克思主义同样反对实证主义所批判的形而上学旧哲学,不同的是,马克思主义超越了这种旧哲学,而实证主义并未在理论逻辑上超越旧哲学。具有绝对性的超感觉的物是旧哲学的理论出发点,而马克思主义坚持从现实的人与现实的物的关系出发,在历史过程与实践关系中形成了对具体历史时期的认识。不同于马克思主义,以孔德为代表的第一代实证主义者奉可观察到的自然规律为自然和社会活动的圭臬,当现代物理学推进到微观领域后,以马赫主义为代表的第二代实证主义者则将感觉经验视为世界的本质,波格丹诺夫的经验一元论就是最好的注脚。从这种

---

① 参见吕世荣《马克思研究社会发展问题的主要方法》,《河南大学学报(社会科学版)》2001年第3期。

哲学观出发,波格丹诺夫必然将社会意识与社会存在等同起来,将社会存在的变革归结为社会意识的改变,马克思主义也就被实证主义者降格为意识哲学了。

第三,在哲学旨归层面,马克思主义的理论目的不是止步于解释世界,而是改变世界,即现实地反对作为其中一个人类历史发展阶段的资本主义和笼罩其上的资本主义意识形态,而实证主义在本质上恰恰就是资本主义的意识形态。从实证主义的理论视野出发,第二国际的部分理论家就再也看不到社会现实背后的社会关系维度与过程维度,而只会被经验观察到的部分现象遮蔽双眼,沉醉于一时的议会选举胜利和部分工人生活水平的提高,因而作出错误的理论和实践判断。伯恩施坦与考茨基所代表的第二国际的右派与中间派就是由于这个原因而走上了机会主义路线,这也为之后的马克思主义招致了实证主义的污名化。就这一点来说,恩格斯是为第二国际部分理论家对马克思主义的"修正"背了理论"黑锅"。

第二国际部分理论家的理论破产并不意味着马克思主义的理论破产。可以说,正是这一理论"修正"活动敦促我们去反思什么是真正的马克思主义。由于《联共(布)党史简明教程》的广泛影响力,马克思主义被诠释、理解为辩证唯物主义和历史唯物主义的简单结合,其中,"辩证唯物主义是马克思列宁主义党的世界观",而"历史唯物主义就是把辩证唯物主义的原理推广去研究社会生活"。[①] 既往的研究已经明确了,这种苏联教科书体系的观点并不代表马克思主义的"真像",不能将这种教科书体系的马克思主义与科学的马克思主义画等号,将之视为一致的观点只会招致西方学者对马克思主义的无谓批评。

马克思恩格斯认为,他们的哲学是新唯物主义,是作为研究工

[①] 参见联共(布)中央特设委员会编《联共(布)党史简明教程》,中共中央马恩列斯著作编译局译,人民出版社1975年版,第115—116页。

作指南的唯物史观,其是与旧唯物主义完全不同的,"并不是按照黑格尔学派的方式构造体系的杠杆"①。这意味着,"马克思主义哲学不是体系哲学(不像黑格尔哲学),其灵魂突现在世界观和方法论中"②。这种世界观和方法论就是强调历史与辩证的唯物主义,在唯物主义的基础上实现历史与辩证的统一。进而,马克思主义就不会驻足于旧唯物主义的感性直观,也不会留恋于体系哲学的思辨想象,而是将自然与历史统一于辩证发展的过程中来理解。马克思恩格斯坚决反对将这种新世界观和方法论作为教条,而是要将之作为深化研究的出发点和"解剖刀"。也正是由于这个原因,马克思主义就不会拘泥于某一个具体结论的正确与否,而是始终以正确的世界观和方法论为指导,审视具体的、当下的生产生活与社会实践。因此,马克思主义能够始终保持自身的理论定力,不因为现实历史的变迁和科学技术的发展而发生理论立场的摇摆,而是在与现实历史和科学技术的紧密结合中实现逻辑与历史的统一。这种发展性、实践性与逻辑性也正是马克思主义超越实证主义的理论底气。

但是,由于没有意识到马克思主义科学性的真正基石,第二国际部分理论家盲目引入实证主义来"修正"马克思主义,这种削足适履的行为不仅不能实现马克思主义与时代共进,反而斩断了马克思主义的科学之基,使得第二国际在革命形势遭遇历史机遇的时刻,就像泥足巨人一般寸步难行,无法整合国际工人的革命潜能,在西方文明危机的大变局中错失良机。面对第二国际部分理论家走入的理论误区,列宁与卢卡奇从自身的革命实践经验出发,以辩证法为理论武器对实证主义进行了深刻的理论批判,开辟了马克思主义批判实证主义的两条理论路向,凸显了马克思主义的科学之维与革

---

① 《马克思恩格斯选集》第4卷,人民出版社2012年版,第599页。
② 孙伯鍨:《作为方法的历史唯物主义》,《河南大学学报(社会科学版)》2001年第3期。

命之维,彰显了马克思主义的生机与活力。

第二节　列宁对经验批判主义的唯物辩证法批判

马克思主义自 19 世纪 60 年代至 70 年代传入俄国后,逐渐吸引了一批俄国进步知识分子和工人群众,并在普列汉诺夫及其领导的劳动解放社的努力推动下,在俄国获得了广泛传播,列宁正是在此背景下逐渐成长为一名坚定的马克思主义者的。但是我们必须看到,俄国的马克思主义并非铁板一块,而是汇聚在同一面旗帜下反对共同敌人的不同思想派别的组合,不同的思想派别和组织对于马克思主义有着不同的理解,因而在思想上也就无法达成一致。淬炼"一整块钢"需要高温与锻造,而打造俄国马克思主义的思想整体也同样需要革命之火与不同思想之间的激烈碰撞,列宁正是在与经验批判主义的公开斗争中,为 20 世纪马克思主义的发展注入了时代精神与革命之魂。

一、宣称"唯一科学":实证主义俄国版本的挑战

马克思主义从其诞生的那一刻起所走的每一步都经历着与资本主义理论形态的激烈争斗,也正是在和各种理论与思潮的斗争中,马克思主义得以不断巩固与发展,实证主义则是马克思主义所面对的老对手、熟面孔。当马克思主义在工人运动中巩固了自身的理论指导地位之后,敌视马克思主义的学说就改头换面,潜入马克思主义内部以反马克思主义的形式展开斗争,第二国际部分理论家对马克思主义所做的"修正"就是这种理论斗争形式的表现,在俄国则体现为拥护经验批判主义的波格丹诺夫和卢那察尔斯基等人的经验一元论。那么,从俄国马克思主义发展的角度来看,修正主义为什么会不可避免地产生呢?

俄国在 1848 年欧洲大革命中扮演着旧制度的秩序支柱的角色,

但是西欧资本主义的发展极大地刺激了俄国的知识分子,其中最为激进的成员甚至掀起了"民粹主义"(Populism)的社会思潮。以保全俄国农村公社为出发点,俄国民粹派敌视资本主义,吸纳了各种形式的社会主义思想,以图在俄国农村公社的基础上实现俄国的社会主义发展。马克思主义在此过程中获得了广泛传播,《哲学的贫困》《共产党宣言》《资本论》等著作都被译成了俄文,为俄国革命者提供了马克思主义的理论养料,俄国的革命者也与马克思恩格斯建立了密切的联系。① 1883 年,普列汉诺夫和查苏利奇等人成立了俄国马克思主义者团体——劳动解放社,俄国无产阶级的政党初见雏形。

马克思主义经过普列汉诺夫的中介传入到俄国革命者中间,从而为俄国革命者提供了一套以历史唯物主义为核心的马克思主义理论体系。因此我们看到,列宁对马克思主义的最初理解就和普列汉诺夫密切相关。霍布斯鲍姆指出:"在 19 世纪 90 年代初期大浪潮后,俄国的民族主义急剧衰落,最革命和最进步的各种思想暂时都趋向一般的马克思主义。"②但是因为革命目标相异,俄国早期的马克思主义者很快就产生了分化,在俄国社会民主工党内部就有追求经济利益的"经济主义者"、认同伯恩施坦的"合法马克思主义者"等不同派别,列宁对此进行了坚决批判,并在俄国社会民主工党内部团结起了以列宁为核心的布尔什维克党。1905 年前后,俄国爆发了大规模民主革命运动,工人罢工、农民抗争运动此起彼伏,开启了巴黎公社后工人运动的又一次高潮,但是由于组织不力、目标涣散、斗争力量没有统一,这次革命慢慢走向低潮与失败。此外,自然科学发

① 在 19 世纪 70 年代后,马克思和俄国革命者关于俄国农村公社与俄国革命道路问题进行了多次交流,极大丰富了马克思历史发展道路理论的科学内涵。参见赵立《马克思历史发展道路理论的科学内涵及其中国意义》,《社会科学家》2020 年第 7 期。

② [英]埃里克·霍布斯鲍姆:《如何改变世界:马克思和马克思主义的传奇》,吕增奎译,中央编译出版社 2017 年版,第 239 页。

展引发的物质坍塌危机也传入俄国。在对革命前途失望迷茫和对自然科学知识的客观性产生怀疑的背景下,经验批判主义迎合了俄国社会民主工党甚至布尔什维克党部分理论家的需求,被奉为超越唯物主义和唯心主义的"唯一科学",并试图对马克思主义进行"修正"。

波格丹诺夫的经验一元论就是经验批判主义在俄国的理论变种,在 1904—1906 年,波格丹诺夫连续出版了三卷本的《经验一元论》(Empiriomonism),力图以经验批判主义的认识论为基底改造马克思主义。波格丹诺夫化用了马赫的世界要素说,将世界视为由感觉经验这一中立性要素构成的不断发展的长链,其中的物理东西与心理东西不外是经验以不同形式组织起来的,社会形式构成了物理的东西,个人形式则构成了心理的东西。波格丹诺夫因而认为,自己的理论克服了二元论的对立,超越了唯物主义的"过时"物质观,为人类认识开辟了新的方向。但是如果追问其认识的根源,波格丹诺夫却又提出自己的认识与精神都来自物理经验,因而与唯物主义并不冲突。例如,波格丹诺夫指出,人明确自身存在首先是有自身的直接体验,其次是体验到他人和他物,进而形成了对社会的认识与经验。如果我们审视波格丹诺夫的认识论链条——"整个世界就是这样从感觉要素→心理经验→物理经验→认识、精神而不断发展的"①,很容易发现这种所谓的物理经验也不过是来自所谓中性的感觉要素,是和马赫一脉相承的感觉经验罢了,因为归根结底,人的存在也是要追溯到中立性的感觉要素处。只不过在波格丹诺夫看来,物理东西和心理东西在感觉要素中消融在了一起,产生了不分彼此的同一,也就无所谓物质与精神了。

如何理解这种所谓的中立性呢? 从物理学出发来解释就比较好理解了。在 19 世纪末 20 世纪初,传统物理学中被认为是实体存

---

① 夏基松:《现代西方哲学教程》,上海人民出版社 1985 年版,第 150 页。

在的原子被有带负电荷电子云的原子取代,反映在欧洲哲学思想上,就是物质存在被否定,而个人的感觉攫取了物质基础之位。从这一认识论出发,波格丹诺夫提出,马克思主义已然"过时"了,表现在对真理的认识上是,真理不过是人所公认的社会存在,只要获得了多数人的承认就是真理了,因而真理也就失去了绝对性,只以相对性的形式存在,这在某种程度上也是经验批判主义的认识思维的经济原理的发挥;表现在对社会的认识上是,社会存在与社会意识是同一的,对社会意识进行教育就能够实现对社会存在的调整,从而弥合社会现实中的对立与差异,进而从理论上取消马克思主义的历史发展规律。

俄国 1905 年民主革命期间,列宁忙于参加直接的革命实践,撰写直接引导革命的文章,无暇顾及波格丹诺夫的经验一元论。革命失败后,列宁于 1908 年初流亡到日内瓦,俄国社会进入"斯托雷平反动"时期,俄国社会民主工党内部产生动荡与分裂。波格丹诺夫的经验一元论从理论上看是实证主义借助自然科学发展的成果从哲学维度对马克思主义展开的理论反扑,但是在俄国 1905 年民主革命低潮的背景下,这涉及俄国社会民主工党内部关于革命前途的路线之争。从经验一元论对社会历史规律的否定理解出发,波格丹诺夫和孟什维克派对俄国革命提出了不同于马克思主义革命路线的主张,波格丹诺夫一派主张召回杜马代表和公开活动的党员,转入秘密斗争,孟什维克派则主张取消革命团体,全面转入公开活动,走伯恩施坦提出的议会斗争路线。这两条革命路线看似要么倒向了经验批判主义,要么倒向了伯恩施坦,但实际上它们都倒向了实证主义的路线,因而无一例外都反对马克思主义的革命斗争路线与策略,"党内在策略路线上的分歧和争论实际上是哲学上两条认识路线的争论在党的工作中的反映"①。这一实际革命斗争的要求就此

---

① 顾海良主编:《马克思主义发展史》,中国人民大学出版社 2009 年版,第 227 页。

摆在了列宁的面前，成为列宁亟待解决的重大理论问题。

早在1906年，列宁就曾考虑过回应波格丹诺夫的《经验一元论》，并写下了《一个普通马克思主义者的哲学札记》，但是较之于哲学争论，革命的紧迫性与现实性使得列宁并未将之公开发表。在流亡日内瓦之后，列宁终于有时间反思革命实践与哲学理论，而且就在同一时间，波格丹诺夫、卢那察尔斯基等人的文集《关于马克思主义哲学的论丛》一书在俄国出版，使得布尔什维克党内在哲学问题上的意见分歧尖锐化、公开化。"我们的经验批判论者、经验一元论者和经验符号论者都在往泥潭里爬。……他们宣称不可知论的变种（经验批判主义）和唯心主义的变种（经验一元论）……宣布恩格斯的辩证法学说为神秘主义……为什么要这样欺辱我们，竟要把这些东西当作马克思主义哲学奉送给我们！"[1]为此，列宁着手搜集关于哲学与自然科学的文献，投身到捍卫马克思主义的理论活动中去，于1908年撰写完成了《唯物主义和经验批判主义》一书。这本书的写作与出版代表着列宁已经意识到马克思主义世界观与现实实践、马克思主义哲学立场与革命立场的内在统一性，因此，列宁"只能是向自己的政治同志进行哲学思想路线上的坚决斗争，而要斗争，就必须有理论思想武器"[2]。这一理论思想武器就是马克思主义的唯物辩证法。

二、回击实证主义：列宁的唯物、辩证与历史统一之思

《唯物主义和经验批判主义》一书的副标题是"对一种反动哲学的批判"，顾名思义就是以唯物主义的哲学立场对经验批判主义的回击，而"反动哲学"一词则表明了这一著作的阶级立场。部分西方学者片面地从哲学维度或政治维度的单一视角切入，塑造出列宁是

---

[1]《列宁全集》第45卷，人民出版社1990年版，第182页。
[2] 张一兵：《列宁第一次系统哲学理论学习的背景》，《江西社会科学》2007年第9期。

一个不成熟的哲学学徒或一个谋于政治的党派领导人的形象,而这一做法不仅撕裂了列宁的完整形象,而且使我们不能完整理解列宁在这部著作中的整体性思考。不过,阿尔都塞高度评价了这部著作,认为其是列宁对马克思主义哲学的重要贡献,因为列宁揭示了马克思恩格斯的真正理论意图,即:不是求索构建一种体系哲学,而是探求"一种新的哲学实践,确切地说,是基于无产阶级哲学立场的哲学实践"①。阿尔都塞的指认无疑为我们理解列宁的《唯物主义和经验批判主义》提供了理论路标,即从马克思主义的理论本质与实践追求的统一中切入对列宁这一著作的理解,方能完整把握列宁朝向哲学与革命问题的思考。那么首先,我们需要从列宁对直接理论对手——经验批判主义的批判中展开探索。

第一,列宁从辩证唯物主义立场出发,坚决驳斥了经验批判主义的物质观。什么是物质,物质消失了吗?从一般经验来看,人类在日常生活中的每时每刻都在和各种各样的物质打交道,经验生活中的物就直接呈现在我们的面前,有些甚至就是现成在手之物,我们确实生活在一个物质的世界中。那么,为什么会说物质消失了呢?原因在于,经验批判主义将物质视为所谓中立性的要素,认为这一要素架起了自我与环境之间的桥梁,自我由此得以感觉到颜色、声音、空间、时间等,这种被清洗过的"完全经验"就得以克服心物二元对立,在第三条路线上走向了"唯一科学"。但是,这种所谓的中立性世界图景不过是一场理论骗局,因为物理的东西和心理的东西的区分是容易理解的,但是谁能够确切地说出"第三种东西"呢?全部哲学所关注的重大基本问题只是思维与存在的关系问题,除此之外并无"第三种东西",沿着经验批判主义的逻辑走下去只会抵达荒谬的唯我论终点,即将整个世界架构于个人的主观地基之

---

① Louis Althusser, "Lenin before Hegel", in *Lenin and Philosophy and other Essays*, trans. Ben Brewster, New York: Monthly Review Press, 1971, p. 107.

上。因此,列宁指出,经验批判主义的观点只是在"宣称自我是第一性的(中心项),自然界(环境)是第二性的(对立项)"①。具有客观实在特性的物质其实并没有消失,消失的恰恰是经验批判主义者眼中固定的、永恒不变的所谓物质。因此,当自然科学的新进展使得人类的认识边界再度拓展,经验批判主义者的物质地基就被推翻了,一瞬间人类就再无立足之地了。这显然是非常荒谬的。

在列宁看来,自然科学一举推翻的是机械唯物主义,经验批判主义者欢呼的物理科学新成就反而印证了辩证唯物主义的科学性。随着自然科学的进展,人类对物质世界的认识不断深化,在这个过程中,客观实在的物质始终存在着,也不断被发现与研究,而非由人类的意识所发明与创造。在这一点上,恩格斯通过实验与工业的实践终结了康德的不可捉摸的自在之物就是最好的说明,因为"我们自己能够制造出某一自然过程,按照它的条件把它生产出来,并使它为我们的目的服务,从而证明我们对这一过程的理解是正确的"②。列宁亦从客观实在的物质特性出发,阐明了人类认识的必然性,指出"在认识论上和科学的其他一切领域中一样,我们应该辩证地思考"③,因为我们的认识并非是一成不变的,而是"从不知到知","从不完全知到比较完全知","从不确切知到比较确切知"。在这个认识的过程中,人类固然抵达不了永恒真理的彼岸,却在绝对真理与相对真理的此岸历史性地前进着。列宁理解的物质绝非囿于直观的经验现实,也不是形而上学的超感觉的物,而是处在关系与过程之中的客观实在,他以此打开了人类认识世界、把握世界的真理之门。相较而言,经验批判主义所持有的中立要素论只会将人类引向主观的、不可知的、神秘的虚无场域。就此而言,马克思主义及其

———————————

① 《列宁选集》第 2 卷,人民出版社 2012 年版,第 108 页。
② 《马克思恩格斯选集》第 4 卷,人民出版社 2012 年版,第 232 页。
③ 《列宁选集》第 2 卷,人民出版社 2012 年版,第 77 页。

唯物主义立场没有也不会过时!

第二,列宁以唯物辩证法回击了经验批判主义的相对主义。实证主义的哲学立场必然是相对主义的,从感觉经验出发是无法抵达确定性的终点站的。经验批判主义的方法论原则是认识思维的经济原理,其意指的是陈述并不增加特殊的事实,而只是帮助人们涵盖、理解事实的特征,即以经济的方式安排经验,形而上学的超越性概念由此被消解了意义。对于经验批判主义来说,强调"完全经验"需要呼唤出认识思维的经济原理的咒语,而同样地,也只有利用经济原理才能推导出"完全经验"的概念,两者之间是本体与方法的关系。思维的经济原理无疑是相对主义的,因为这一原理在区分经验事实与理论时完全凭借个人的感觉,但个人感觉的变动将引发概念的流变,因而确定性在经验的基础上变动不居以致丧失自身,知识、真理因此只剩下相对性。列宁一针见血地指出,如果将这一经济原理当作认识论的基础,那么最终只能走向主观唯心主义、绝对怀疑论、不可知论,真正的经济认识只有在思维正确反映客观真理的时候才有可能,而衡量这一正确性的标准则是人类的实践、实验与工业。因此,武断经验批判主义的认识论具有马克思主义倾向是荒谬而错误的。

经验批判主义的问题就在于"反辩证法的哲学思维方法"。列宁指出,有些自然科学家正是由于不懂得辩证法,结果就在相对主义的诱导下走向了唯心主义,认识思维的经济原理只会使得信奉者在个人主观的基础上滑向不可知论与诡辩论。马克思主义当然反对永恒真理,但是唯物主义辩证法使得人类把握真理具有了可能性,因为不承认永恒真理并不可以被化约为不承认真理的客观性,人类对于真理的认识是在历史过程中不断深化的、动态的过程,相对真理与绝对真理始终在辩证中前进,唯物主义辩证法因而避免了沦为僵化教条或走向不可知论的深渊。列宁由此肯定:"辩证法,正如黑格尔早已说明的那样,包含着相对主义、否定、怀疑论的因素,可是它并不归结为相对主义。"①由此,列宁强调了哲学的党性,但是超越了简单的政治层面的路线之争,因为列宁"关于哲学的党性的要点是它超越了革命者之间的派别差异"②。这就意味着,哲学的党性不是列宁特意用来在革命者之间进行区分的理论红线,而是有着其自身的理论逻辑与命意,那就是马克思主义哲学"自始至终都是有党性的",所谓的党性就是指哲学立场的派别性与阶级性。③ 从这一立场出发,作为马克思主义哲学方法论的辩证法自然将始终屹立于唯物主义和无产阶级的立场上,既不会在哲学上摇摆到所谓的第三种立场,也不会向资本主义卑躬屈膝,而是始终坚守一个理论主旨:"坚持唯物主义,轻蔑地嘲笑一切模糊问题的伎俩、一切糊涂观念和一切向唯心主义的退却。"④

　　第三,列宁指认马克思主义的要义在于辩证与历史统一基础上的革命导向,坚决反对经验批判主义主张的社会存在与社会意识的同一。经验批判主义的主观主义和资产阶级立场使得其在社会历史观上必然反对革命,强调社会存在与社会意识的同一。经验批判主义从人类的主观意识出发,认为组织起来的人类在相互交往的社会生活中形成了人类的社会存在,因此二者是内在同一的,这里其实是将社会存在混同为社会关系,强行在二者之间画等号。经验批判主义者无法否认社会存在的对立与差异,却将之曲解为社会意识中的对立与差异,并归咎于文化教育的原因。因此,在经验批判主义者看来,解决社会现实存在的对立与差异的重任就落在了文化教

---

① 《列宁选集》第 2 卷,人民出版社 2012 年版,第 97 页。
② David Joravsky, *Soviet Marxism and Natural Science : 1917 - 1932*, New York: Routledge, 2009, p. 37.
③ 参见黄楠森《关于〈唯物主义和经验批判主义〉的几个问题》,《江淮论坛》1984 年第 5 期。
④ 《列宁选集》第 2 卷,人民出版社 2012 年版,第 229 页。

育的肩上。列宁指出,将社会存在与社会意识等而视之是"十足的胡言乱语""绝对反动的理论",人们在社会生活中无法认识到自身所处的社会关系,但是依然在社会生活中交往与联系;无产阶级与资产阶级的对立与差异表现在文化教育上,但并不是文化教育导致了两大阶级之间的对立与差异,因为在社会中的两大对立阶级还未产生的时候,人类就已经在创造文化、进行教育了。

列宁明确把握了马克思主义的理论旨趣,即马克思主义"是**辩证**唯物主义,而不是辩证**唯物主义**,特别坚持的是**历史**唯物主义,而不是历史**唯物主义**"①。由是,列宁就再次强调指出了,这一新历史观的精髓就是唯物主义基础上辩证与历史的统一,即不是为了解释世界,而是为了在实践中现实地改变世界。也就是说,列宁并非仅仅着眼于对"唯物"的强调,而是要求哲学和革命维度的辩证与历史的统一,强调了历史发展主体的革命能动性。部分西方学者批评列宁这一时期的思想是一般唯物主义,这是对列宁的理论误认。在列宁看来,正是立足于客观实在的人类实践使得人的意识不仅能够反映客观世界,而是能够创造客观世界,进而以实践能力绘制客观实在的世界图景。这是列宁为经济落后的俄国进行无产阶级革命探索到的切实可行的哲学道路,为1917年的十月革命提前发出了实践的、能动的辩证法先声,出色解答了如何既坚持唯物主义又发挥主体能动性的理论难题。

整体来看,列宁在《唯物主义和经验批判主义》一书中为我们展现了由"一整块钢"铸成的马克思主义,即作为真理的马克思主义始终扎根于现实的物质生产基础之上,并随着历史条件的改变而不断深化发展。在此基础上,马克思主义始终牢牢屹立在无产阶级的立场之上,代表着无产阶级的利益与主张,坚决反对资产阶级意识形

---

① 《列宁选集》第 2 卷,人民出版社 2012 年版,第 225 页。

态的思想蒙蔽与现实统治,与各种实证主义思想及其理论变形进行思想争锋。

三、淬炼"一整块钢":列宁批判经验批判主义的辩证理解

我们必须认识到,经验批判主义的产生有其时代背景与思想渊源,不能简单地从唯物与唯心的二元对立进行批判,而是需要从辩证的角度展开分析。列宁正是在意识到这一点的基础上,从哲学研究与革命实践的双重维度出发展开对经验批判主义的分析,最终实现了对辩证法的认识深化与理论总结。但是,部分西方学者仅仅着眼于列宁思考的哲学方面或者革命立场,从单一维度出发评论列宁的《唯物主义和经验批判主义》,得出的认识自然就失之偏颇。在批判经验批判主义的相对主义思维时,列宁从辩证法的视角出发论述了科学、认识与真理的历史性生成,但是在部分西方学者的视野中,列宁却停留在了一种无辩证的、过时的唯物主义哲学立场之上。柯尔施就认为,列宁的唯物主义"来源于一种绝对的和既定的形而上学的存在观……但它不再是完整意义的辩证法,更不用说辩证唯物主义了"①。在柯尔施的视野中,列宁回到了 17 世纪、18 世纪启蒙运动时期的唯物主义立场上,因而是机械的和非辩证的。

以柯尔施的批评为起点,西方学者纷纷指认列宁将马克思主义引向了非辩证的道路。梅洛-庞蒂认为,列宁对于辩证法的认识是前黑格尔主义的,实质上是"把辩证思想安置到了依据其自身运动拒绝了的一种厚实的实证性中"②。莱文在《辩证法内部对话》中提出,《唯物主义和经验批判主义》是"捍卫一种既不同于辩证唯物主

---

① [德]卡尔·柯尔施:《马克思主义和哲学》,王南湜、荣新海译,重庆出版社 1989 年版,第 82 页。
② [法]莫里斯·梅洛-庞蒂:《辩证法的历险》,杨大春、张尧均译,上海译文出版社 2009 年版,第 65 页。

义又不同于历史唯物主义的哲学唯物主义",在书中"缺乏对辩证法的透彻讨论",因而在哲学水平上是保守、过时的。英国学者尼尔·哈丁则提出,在《唯物主义和经验批判主义》一书中"辩证法的视野的确是非常狭窄的,并且在认识发展(或建构)的过程中的作用不是太大"①。

列宁对于哲学的党性的强调本意是凸显哲学立场的派别性与阶级性,但是在部分西方学者的眼中却是列宁暗藏了政治斗争的野心。科拉科夫斯基认为,《唯物主义和经验批判主义》作为哲学著作是"粗浅的和非专业的",并且列宁"完全没有理解论敌的观点和不情愿努力理解这些观点",而只是"以简单的嘲笑和痛骂弥补这一缺陷",使得"哲学流派成为'党派'"。② 戴维·麦克莱伦同样认为,《唯物主义和经验批判主义》的真正价值不在于哲学论证,因为列宁的写作目的是"削弱波格丹诺夫(以及左派敌手们)的权威,以便重新确立他本人的统治地位",因此"目的主要是政治性的,并在这方面是大为成功的"。③ 这部分西方学者的认识与批评淡化、误解了列宁在批判经验批判主义时对辩证唯物主义的理论贡献,从而撕裂了列宁同时作为革命者与思想家的马克思主义者形象,其理论图谋则暗中指向作为其意识形态竞争对手的苏联马克思主义。

纵观列宁的整个思想发展史,为了写作《唯物主义和经验批判主义》,列宁是第一次认真地投身到系统的哲学理论研究之中。在着手写作这一批判文本之前,列宁甚至在致信高尔基的时候提到,自己强烈意识到自身在哲学修养方面的不足,以至于不能公开发表意见。但是,经验批判主义者对马克思主义的"修正"使得列宁不得

---

① 〔英〕尼尔·哈丁:《列宁主义》,张传平译,南京大学出版社 2014 年版,第 249 页。
② 参见〔波〕莱泽克·科拉科夫斯基《马克思主义的主要流派》第 2 卷,马翎译,黑龙江大学出版社 2015 年版,第 435 页。
③ 参见〔英〕戴维·麦克莱伦《马克思以后的马克思主义》(第 3 版),李智译,中国人民大学出版社 2008 年版,第 105—106 页。

不作出反击,即使波格丹诺夫在政治立场上与列宁同在布尔什维克党的战壕内。列宁从马克思主义世界观与现实实践的内在统一性、马克思主义立场与革命立场的内在统一性出发,在日内瓦图书馆和英国博物馆深入钻研了大量哲学与自然科学图书,在哲学研究方面取得了显著成果,并且"奠定了列宁此后思想发展中最重要的哲学理论基础,也为他更加深入地开展马克思主义研究和领导现代思想斗争提供了不可或缺的思想前提"①。《唯物主义和经验批判主义》一书之所以在列宁思想发展中占据了如此重要的地位,就在于列宁是直接从马克思主义的立场出发直面新的历史条件,迎接理论和革命斗争的。历史形势本身与理论的客观逻辑使得列宁思考的出发点并不只是简单捍卫唯物主义,而是要将唯物主义作为辩证唯物主义加以发展,因为辩证法与唯物主义的认识论具有内在一致性,也就是说,列宁"对哲学唯物主义的保卫和发展是通过与唯物主义处于内在统一中的辩证法本身的进一步发展得到实现的"②。列宁深刻意识到:"没有革命的理论,就不会有革命的运动。"③俄国马克思主义者必须坚持辩证法的批判性与革命性的统一,抗击经验批判主义者在革命立场上的退却,这是理论任务,更是革命要求!

列宁对于辩证法的理解是一个逐步走向深入的过程,其中1908年撰写的《唯物主义和经验批判主义》是一个至关重要的节点。在凯文·安德森看来,列宁研究黑格尔的辩证法开始于1914年8月至11月为俄国百科全书写作"卡尔·马克思"词条,在此之前的两个阶段,无论是1894年在《什么是"人民之友"以及他们如何攻击社会民主党人?》中对黑格尔辩证法的激烈攻击,还是在1908年站在与经验

---

① 张一兵:《回到列宁——关于"哲学笔记"的一种后文本学解读》,江苏人民出版社2008年版,第119页。
② [苏]Б.М.凯德洛夫:《论辩证法的叙述方法》,贾泽林、周国平、苏国勋译,中国社会科学出版社1986年版,第256页。
③《列宁选集》第1卷,人民出版社2012年版,第311页。

批判主义者一样的"实证的和科学的"哲学立场,列宁都"极度远离黑格尔或马克思主义的辩证法思想"。① 安德森的指认其实忽略了一个历史事实,即列宁是以马克思主义者的身份登上历史舞台的,因此马克思主义的辩证法思想始终是列宁的思想基底。只不过,列宁同样需要在理论研究与革命实践中不断深化并最终抵达对马克思主义辩证法的科学认识。但这只是列宁思想发展过程中对马克思主义辩证法从自发到自觉的深入理解,而绝非西方学者所指责的对马克思主义辩证法的批判或远离。

列宁在 1894 年的首次哲学亮相中就从现实和具体的社会历史生活出发,批判了黑格尔辩证法的形式性,坚持了历史辩证法的现实基础与理论起点。在 1908 年这一阶段,列宁从时代的哲学之问出发,以布尔什维克党的革命目的为念,将研究的焦点放在了哲学的基本问题上,专注于批判"修正"马克思恩格斯世界观的范围,阐发了辩证唯物主义与辩证认识论思想。在随后的 1910 年,列宁明确提出了辩证法作为"马克思主义的活的灵魂"和"根本的理论基础"的重要性,强调了辩证法在马克思主义与时代任务之间的关键联系。② 列宁在革命实践中深刻体认了辩证法的重要理论作用,因而产生了更进一步研究辩证法的内生动力,也就表现为 1914 年开始对辩证法进行系统研究的成果——《哲学笔记》。在《哲学笔记》中,列宁明确提出:"要继承黑格尔和马克思的事业,就应当辩证地研究人类思想、科学和技术的历史"③。通过对于人类思维、科技等具体历史实践的辩证研究,列宁进而"在社会历史生活实践基础上实现了辩证法、逻辑学与认识论的统一"④。也即是说,列宁最终实现了对马克

---

① 参见[美]凯文·安德森《列宁、黑格尔和西方马克思主义:一种批判性研究》,张传平译,南京大学出版社 2012 年版,第 20—28 页。
② 参见《列宁全集》第 20 卷,人民出版社 1989 年版,第 84 页。
③《列宁全集》第 38 卷,人民出版社 1959 年版,第 154 页。
④ 仰海峰:《列宁哲学思想发展的三个历史阶段》,《南京社会科学》1999 年第 10 期。

思主义辩证法的深度理解,即辩证法、认识论与逻辑学的统一是建基于社会历史生活实践之上的,概念的运动是对客观世界运动的抽象,凝结着关于世界客观规律的见解与意识,由此,辩证法得以成为内容丰富的科学理论。在此意义上,列宁建构了马克思主义立足于社会历史生活的实践辩证法,吹响了布尔什维克向沙皇俄国冲锋的革命号角!

在理解了列宁对辩证法的实践性解读的基础上,我们可以明确,在马克思主义的发展史中,捍卫理论与创新运用是一体两面的,二者相辅相成。列宁直面经验批判主义的理论冲击,朝向哲学与革命问题展开理论思考,一方面捍卫了马克思主义的理论真意,另一方面以立足实践与革命的辩证之思为马克思主义开辟了通向 20 世纪的理论空间。也正是在这个意义上,马克思主义方能永远朝着时代新精神和实践新形势展现旺盛的理论生命力,进而在纷繁复杂的理论斗争实践中捍卫马克思主义的批判性、革命性与科学性!

第三节 卢卡奇对实证主义意识形态的历史辩证法批判

在马克思恩格斯的革命设想里,假如俄国率先吹响了无产阶级革命的号角,那么欧洲资本主义发达地区,尤其是西欧及其邻近地区,也将在国际共产主义的旗帜下"揭竿而起",形成双方互相补充的革命形势。以列宁为核心的布尔什维克党坚持马克思主义的辩证真理,以坚决的实践态度和革命精神领导俄国十月革命取得成功,建立了世界上第一个社会主义国家,彰显了马克思主义基本原理与理论诉求、实际国情、时代背景相结合的澎湃伟力。面对第一次世界大战导致的资本主义世界统治秩序的危机,在俄国十月革命取得胜利的感召下,欧洲资本主义发达地区的工人阶级政党掀起了无产阶级革命的新一轮高潮,1918—1920 年,先后在德国、匈牙利、奥地利、意大利等国家和地区开展斗争活动,但最终却被资产阶级政府扑灭。无产阶级革命的失败使得部分工人阶级政党的领导人和理论家着手进行理论反思,卢卡奇作为西方马克思主义的创始人之一登上了 20 世纪的思想舞台。面对革命难题与理论困局,卢卡奇以天才般的理论敏锐度洞察到隐藏在资本主义社会物化意识背后的实证主义意识形态,进而通过强调总体性的历史辩证法,为扬弃物化意识开辟了马克思主义的新的理论路向,继而深刻影响了法兰克福学派的批判理论,其思想影响绵延至今,并持续散发着惊人的理论魅力。

一、物化与实证主义意识形态:无产阶级革命何以可能?

我们知道,卢卡奇并非一开始就是马克思主义者,恰恰相反,卢卡奇是在经历较为漫长的理论跋涉后,在 33 岁时才转向了马克思主义。卢卡奇为什么会坚定地转向马克思主义? 回答这个问题,就要从卢卡奇批判资本主义物化社会的思想突围说起了。青年卢卡奇的理论探索可以归结为在现代性危机的背景下理解、批判资本主义社会,寻找超越物化可能性的理论之途。青年卢卡奇的思想发展大致分为文学批评阶段(1900—1911)、哲学反思阶段(1912—1916)和伦理反思阶段(1916—1918)。[①] 1918 年 12 月,卢卡奇加入刚刚成立的匈牙利共产党,标志着其思想从"浪漫主义的反资本主义"转向了"救世主义的革命的马克思主义"。卢卡奇在转向马克思主义立场之前,其思想锋芒就已经瞄准了精神衰颓的资本主义社会,力图以自己的理论创作介入对现实社会的重塑。在卢卡奇看来:"作为对走到了尽头的主体性的自我扬弃,讽刺是在一个没有上帝的世界所可能有的最高自由。"[②]

---

① 参见张亮《卢卡奇早期思想发展及其思想史效应:100 年后的重访》,《学习与探索》2018 年第 11 期。
② [匈]卢卡奇:《小说理论》,燕宏远、李怀涛译,商务印书馆 2018 年版,第 84 页。

虽然出生于匈牙利,但卢卡奇却深度参与了20世纪初的德语思想界的交流,受到席美尔、狄尔泰和韦伯等人的深刻影响。20世纪初的新康德主义是德语思想界中的一门显学,弗莱堡学派宣扬以唯意志主义的信念对社会历史事件进行美学和伦理学的价值评估。席美尔和狄尔泰都深受新康德主义的影响,强调通过内省精神层面的生命,进而外显和影响思想、情感、艺术、宗教、社会制度等。在文学批评阶段,卢卡奇就以审美现代性思想为理论支撑,以文学批评的方式试图介入到个人和社会历史进程之中,在衰颓的资本主义社会中诉说生命的真理,反抗资本主义的文化体制。但是,现实生活却给了卢卡奇当头棒喝。1911年,卢卡奇连续遭遇无缘布达佩斯大学的教职、初恋伊尔玛自杀、好友列奥·普波早逝、创办的刊物《精神》停刊等挫折,一系列来自现实生活的拷问使得卢卡奇意识到文学批评在历史问题和伦理问题上的无力。迁居海德堡后,卢卡奇进入韦伯的圈子,学习、掌握了韦伯的社会学研究方法,加之第一次世界大战爆发后,卢卡奇曾经信赖的新康德主义领路人纷纷陷入民族主义的战争狂热之中,卢卡奇开始转向新黑格尔主义,寻求以历史性、现实性和经验主体反抗资本主义社会体制。

俄国十月革命的胜利与匈牙利的无产阶级革命行动吸引了卢卡奇走向现实,意识到"真正的内容始终是:我的想法和感觉是否真实,即它是否表达了我的真实个性"[1]。因为卢卡奇意识到,面对当代资本主义社会所内生的现代性疾病,诉诸伦理规范是无济于事的,正确的做法是采取特定的行动。马尔库什断言,卢卡奇转向马克思主义是"试图为刺激他整个青年时期发展的问题既寻求理论答

---

[1] Georg Lukács, *Record of a Life: An Autobiography*, ed. István Eörsi, trans. Rodney Livingstone, New York: Schocken Books, 1983, p. 156.

案又寻找实践解决方案"①。由此,卢卡奇结束了 1917—1918 年在托尔斯泰伦理社会主义中的过渡与徘徊。卢卡奇此时离开了"应然"与"实然"严格对立的伦理立场,明确:"真正的问题是我需要把我的精神和实践努力与当前的世界形势结合起来,以便能产生成果(不仅在客观上和实际上正确,而且有利于我个人的发展)"②。而卢卡奇直接遭遇、必须解答的难题是,如何唤醒、发动深陷实证主义意识形态旋涡的无产阶级投身革命运动。

在 19 世纪末 20 世纪初,自由竞争式的旧资本主义让位于垄断组织式的新资本主义,工业生产向规模愈来愈大的企业集中的趋势不断加速。列宁提出:"资本主义发展到了最高阶段,有一个极重要的特点,就是所谓联合制"③。韦伯也指出,在资本主义市场经济中涌现出的大规模现代企业以明确方式追求持续性目标,这应当称为一种经营(enterprise),其在持续追求目标的过程中成为一个正式组织,这一组织"是无与伦比的严密的官僚制组织楷模",其"经营管理完全依赖于越来越高度的精确性、持续性以及至关重要的运行速度"。④ 这种工业生产的官僚制与理性主义依赖于实际生产中的可量化的"经济行动的形式合理性",即运用技术手段进行具有目标取向的理性算计。这种生产中的极端形式合理性演化为企业经营中的具体手段,集中体现为美国工程师温斯洛·泰勒提出的"科学管理"理念和标准化生产方式"泰勒制"。在这种形式合理性的压迫下,劳动者原有的智力、体力和主动精神都被抛弃,一切生产作业都

---

① György Márkus, "Life and the Soul: the Young Lukács and the Problem of Culture", in *Lukács Revalued*, ed. Agnes Heller, Oxford: Basil Blackwell, 1983, p. 21.

② 杜章智编:《卢卡奇自传》,李渚青、莫立知译,社会科学文献出版社 1986 年版,第 33—34 页。

③《列宁选集》第 2 卷,人民出版社 2012 年版,第 586 页。

④ 参见[德]马克斯·韦伯《经济与社会》第 2 卷上册,闫克文译,上海人民出版社 2020 年版,第 1343 页。

只归结于劳动者在机器与标准动作间的最大熟练程度。韦伯认为,在形式合理性之外还应有一些终极目的的准则来评价经济活动的结果,不拘于伦理、政治等形式,强调了实质合理性的重要性。只不过在韦伯那里,实质概念还止步于抽象的类概念,因而对于扎根工业生产的形式合理性略显无力。而在葛兰西看来,这种组织严密的官僚制和生产的形式合理性组成了资本主义意识形态领导权的一部分,进而压抑了无产阶级的主动精神,因为工人的劳动完全就是"以很紧张的速度重复着的简单的姿势的职业记忆力、行业记忆力,其'基础'是神经节和肌肉节……工业中基本职业运动也不需要思考而进行着"①。无产阶级在机械化劳动的过程中丧失了主体性,沦为理性计算下的客体,换言之,无产阶级被物化了。物化的结果就是作为主体的无产阶级被生产过程视为抽象的、分离的、没有内在联系的单个实体,也就是世界图景的实证化。资本主义极为渴求这种物化的社会现实,因为唯其如此,才能充分满足资本最大化增殖的本质需要。

此外,马克思恩格斯所设想的无产阶级革命也深受物化意识的影响。不同于19世纪资本主义简单粗暴的统治与压迫,20世纪的资本主义不仅深刻改变了其生产方式,而且在统治无产阶级方面形成了更加精妙的治理术,即在实证主义意识形态的催眠下,有效分化、削弱了无产阶级的组织力量,第二国际的分裂就是最突出的表现。因此,当资本主义世界的旧秩序遭遇严重危机与挑战的时刻,其不仅没有走向彻底的崩溃,反而能够驱使无产阶级为统治阶级的利益去搏杀,以世界大战的形式纾解资本主义的内在矛盾。如此种种,为第一次世界大战后马克思主义的新一轮理论反思高潮提供了最为现实的社会舞台,卢卡奇就是在此背景下成为一名马克思主义

①　[意]安东尼奥·葛兰西:《狱中札记》,葆煦译,人民出版社1983年版,第408页。

者,以马克思主义的方式对资本主义社会的物化现实和实证主义意识形态展开了鞭辟入里的批判,而卢卡奇的理论努力就集中体现在《历史与阶级意识》一书中。① 在此,卢卡奇从理论上拆解了物化与实证主义的同谋关系。

第一,物化与实证主义意识形态是什么关系? 作为卢卡奇对无产阶级革命的理论问题和组织问题的思考,《历史与阶级意识》的落脚点在于无产阶级的组织问题,但产生持久理论影响力的却是物化问题②与阶级意识。原因或许在于,卢卡奇对这一问题的讨论抓住了时代问题的焦点——无产阶级革命何以可能。在卢卡奇看来,欧洲资本主义发达地区革命失败的原因就在于实证主义思维下的经济决定论逻辑,由此导致了革命主体的集体退场和无产阶级意识的深刻危机,在理论上的体现就是物化问题。作为一名马克思主义者,卢卡奇意识到,解决物化问题需要到资本主义的社会深处寻找答案,而商品问题正是资本主义社会生活中具有普遍性的问题。因此,卢卡奇从马克思的《政治经济学批判》和《资本论》的思路出发,以社会经济过程的起点即商品结构为分析的出发点,在对商品拜物教的分析中讨论物化问题,进而批判资本主义社会中表现为主客颠倒的异化社会关系,深刻理解"资本主义及其灭亡的意识形态问题"。

---

① 孙伯鍨在探讨卢卡奇与马克思思想关系时明确提出:"卢卡奇的《历史与阶级意识》一书的主要目的是批判第二国际的机会主义,尤其是以伯恩施坦和考茨基为代表的直观唯物主义、实证主义的认识方法,强调辩证法和总体性认识方法对无产阶级革命的重要性"。参见孙伯鍨《卢卡奇与马克思》,南京大学出版社1999年版,第114页。
② 在卢卡奇处,物化(Verdinglichung)被认为是主体向客体的颠倒,但是在马克思的语境中,主体的物化是指人向事物(Sache)的颠倒而非向物(Ding)的颠倒,因此存在着物象化与物化的区分。所谓物象化(Versachlichung)指的是人与人之间的社会关系颠倒为事物与事物之间的关系,物化(Verdinglichung)则意味着事物间的关系被进一步颠倒为物(Ding)的自然属性,从这个意义上说,物象化的层级低于物化。只不过卢卡奇对物化的理解来自黑格尔和韦伯,因此在这一时期无法理解马克思由物象化和物化双重逻辑搭建的拜物教理论。参见孙乐强《物象化、物化与拜物教——论〈资本论〉对〈大纲〉的超越与发展》,《学术月刊》2013年第7期。

在卢卡奇看来,所谓物化就是"人与人之间的关系获得物的性质",其产生的基础就在于商品形式在现代资本主义社会中成为真正的统治形式,因而"由于商品关系而产生的物化才对社会的客观发展和人对社会的态度有决定性的意义"①。这意味着,物化其实只是人类活动的产物,而非不可认识的神秘存在。此外,物化现象要与它们真正的可理解的基础实现分离,就"要使资本主义生产完全产生效果的前提成为现实,这种变化过程就必须遍及社会生活的所有表现形式"②。也即是说,资本主义社会的物化现象与实证主义是互为表里、内在同构的。一方面,物化逻辑在客观方面塑造了资本主义世界图景,使得所谓的规律可以被人们认识与利用,但是不能被改变,即物化现象。另一方面,物化逻辑在主观方面则使人的活动造就了与人相对立的意识形态产物,即实证主义意识形态。由是,卢卡奇指认,这种人与人的关系的物化在资本主义现实生活中就表现为"严格的、十全十美的、合理的自律性",亦即普遍存在和发挥效力的实证主义意识形态,而背地里被遮蔽的正是资本主义生产关系。

第二,物化是如何与实证主义意识形态共谋的呢?在马克思看来,物化产生于资本主义的生产过程之中,是社会化的资本在生产过程中颠倒为物的自然属性。卢卡奇虽然以马克思的政治经济学著作为研究起点,但是由于他对于马克思的政治经济学缺乏足够的认识,因而转向求助于韦伯的合理性分析框架,将物化的原因归因于工具理性。卢卡奇认为,物化的产生是由于在劳动从手工业到机器大工业的过程中"合理性不断增加,工人的质的特性、即人的一个体的特性越来越被消除"③。这里的合理性就是可计算性,其要求将

① [匈]卢卡奇:《历史与阶级意识》,杜章智等译,商务印书馆1999年版,第152页。
② [匈]卢卡奇:《历史与阶级意识》,杜章智等译,商务印书馆1999年版,第163页。
③ [匈]卢卡奇:《历史与阶级意识》,杜章智等译,商务印书馆1999年版,第154页。

生产中的整体拆解为专门化的特殊部分,因而劳动主体也被整合进特殊的、机械的系统中,越来越失去主动性,失去了自身的反思、主动意识,只剩下直观、顺从的态度。因此,卢卡奇看到,"现代资本主义产生的所有经济—社会前提,都在促使以合理物化的关系取代更明显展示出人的关系的自然关系"①。

卢卡奇经过分析后认为,实证主义意识形态正是诞生于资本主义生产的所谓合理化过程中,即以实证的名义对一切不合理的、不经济的、不现代的、属于人的关系进行批判,力求做到对这一切关系的合法取缔。合理机械化的和可计算性的原则遍及社会生活的全部表现形式,在此基础上,整个社会的命运就被资本主义"无形的手"操纵,作为客体而存在的整个社会生活都臣服于一种永恒的、铁的规律之下,并创造了同资本主义的发展相适应的法律、国家等上层建筑,物化结构"渗进了人的肉体和心灵的最深处",进而愈发侵入人的意识之中。由此,物化造就了一个不同于自然界的、与人相异化的、以自然规律的形式支配人的第二自然,人们只能像对待自然界那样以直观的、抽象反思的形式来面对第二自然的规律,因而在社会历史中呈现为普遍的二元对立,在思想活动中呈现为不可捉摸的自在之物和二律背反。更进一步,卢卡奇指认,甚至就连近代哲学都是从意识的物化结构中产生出来的。面对这一社会现实与哲学危机,卢卡奇试图从理论上找寻一条救赎之路,我们由此可以看出,"青年卢卡奇的理论冲动,一个重要的方面就是对碎片化世界的失望和对总体性的追寻"②。

第三,那么如何才能克服资本主义社会的实证主义意识形态呢? 在韦伯看来,形式合理性是现代社会的客观属性,资本主义就

① [匈]卢卡奇:《历史与阶级意识》,杜章智等译,商务印书馆1999年版,第158—159页。
② 仰海峰:《总体性思想:从黑格尔、马克思到国外马克思主义的奠基者》,《教学与研究》2021年第6期。

是以手段支配目的的时代,因而产生的物化现实将成为人类难以摆脱的理性铁笼。只不过,韦伯留下了艺术这一领域作为人类最后的诺亚方舟。

在卢卡奇的理论视野中,克服实证主义意识形态就是克服资产阶级思想的二律背反、把握自在之物。卢卡奇从社会发展的视角出发,指认资产阶级思想将其思维形式与现实存在简单等同起来,由此造成了近代哲学的认识论两难问题,即形式与内容、理性与非理性的对立问题。因为近代哲学不再将世界视为独立于认识主体的产物,而是主体能够把握的产物,由此在认识论上肯认了主体对于认识对象的至高无上性。也就是说,认识的本质就在于认识对象符合主体的直观形式与先验范畴,认识的结果被抽离为抽象的形式理性的产物。在这种认识模式下,符合这个理性框架的就是可认识的对象,不符合这个理性框架的则是非理性的对象,即自在之物,因而是个可克服的异化状态。资本就是自在之物的集中体现。进而,数学和几何学的方法,即从一般对象性前提中设计、构造出对象的方法以及数理方法,就这样成为近代哲学认识世界的指导方针和标准,也即世界表象的彻底合理性。近代哲学从这一认识论出发,用思维形式去比量社会存在进而在思维中构想整个世界的秩序,因而只会陷入各种形式的虚构理论,拒斥一切本体论存在意味的形而上学,迷恋专门化的部分领域而拒绝统一化的整体视域,最终其必然归宿就是实证主义意识形态。卢卡奇指出,克服实证主义意识形态的关键就在于"发现和指出那个'行为'主体,现实的具体总体可以被把握为是这个主体的产物"[①]。费尔巴哈从纯粹道德活动的维度迈出了超越从事实出发进而到从行为出发的第一步,但是费尔巴哈求助的内心的伦理活动无力克服现实生活的异化与"自在之物"。

---

① [匈]卢卡奇:《历史与阶级意识》,杜章智等译,商务印书馆1999年版,第221页。

黑格尔也试图通过超越分裂的各个阶段以实现主客体统一的重建，他找到的理论武器就是辩证法，从而在纯粹逻辑的思维活动中创设了一个奠基于内容而非形式的绝对理念体系。但是，这一体系的核心是逻辑概念而非历史主体，因而黑格尔最终陷入概念神话的找不到出路的迷宫。

卢卡奇沿着黑格尔开辟的路径继续出发，指出二元对立、自在之物与二律背反的解决都"具体地集中在辩证法的问题上"，因为辩证法将使"在主体和客体之间的一成不变形式的僵硬对立融化了"。① 只不过，黑格尔虽然把握了辩证的方法，但是超历史的绝对精神由于"歪曲和糟蹋了历史"而被历史"践踏并被撕为碎片"。卢卡奇强调，要从动态的历史中去破解实证主义意识形态，以总体性的辩证法克服直观、抽象与静态的近代哲学认识方法，而这一理论重任就交付给了无产阶级，只因"这个阶级有能力从自己的生活基础出发，在自己身上找到同一的主体—客体，行为的主体，创世的'我们'"②。卢卡奇经由黑格尔辩证法的中介，以人本主义立场为思考起点，严厉批判资产阶级思想囿于纯粹客观现实而看不到颠倒现实的物化，强调在现实的生成与发展中恢复主客体同一的历史辩证法，最终确证了无产阶级革命的可能性，即以革命的历史辩证法驱散实证主义的意识形态迷雾，在无产阶级社会实践（思辨意义上）的基础上迈上超越物化之路。

二、迎战实证主义方法论：卢卡奇对历史辩证法的高扬

在资本主义社会的物化境况下，矢志于批判资本主义的卢卡奇"透过黑格尔的眼镜"观察了马克思青年时期的哲学著作与《〈政治

---

① 参见［匈］卢卡奇《历史与阶级意识》，杜章智等译，商务印书馆 1999 年版，第 226—227 页。
② ［匈］卢卡奇：《历史与阶级意识》，杜章智等译，商务印书馆 1999 年版，第 236 页。

经济学批判〉导言》，并凭借其敏锐的理论触觉感知到，马克思不只是社会学家或经济学家等"部门科学家"，而是"全面的思想家"和"伟大的辩证法家"。[①] 因此，卢卡奇在《历史与阶级意识》中也正如其副标题所标示的，是对于马克思主义辩证法的研究。从克服资本主义社会中的物化意识出发，卢卡奇指认了无产阶级革命的可能性，这一可能性就在于无产阶级能够彻底超越作为资产阶级意识形态的实证主义，以自觉的无产阶级意识投身于彻底推翻资本主义制度的革命实践。因而，卢卡奇将理论目光投向了马克思主义辩证法，求助迥异于实证主义认识方法的总体性方法——辩证方法。卢卡奇在革命实践的淬炼下，在理论反思中清醒意识到，以合理机械化的和可计算性的原则为指导的实证主义意识形态操纵了资本主义社会的现实存在形式，尤其是人的存在形式，由此就导致了资本主义社会世界图景的破碎化，也即总体的湮灭。卢卡奇意识到，现在只有辩证的总体性方法能真正揭橥资本主义生产方式必然产生的、掩盖了主客体间真正关系的实证主义意识形态，因而高声疾呼革命的历史辩证法。

　　卢卡奇强调历史辩证法，既是其理论逻辑的必然走向，也和第二国际的部分理论家对于马克思主义革命理论的方法论"修正"密切相关。卢卡奇写于 1919 年、后又修改的《什么是正统马克思主义？》一文就是《历史与阶级意识》一书的提纲，其批判对象直接指向了热衷于对"事实"进行"不偏不倚的"研究的、追求"客观"对象与规律的实证主义"科学方法论"，也就是第二国际部分理论家对马克思主义正确方法的"克服或改善"，伯恩施坦就是最突出的代表。卢卡奇质问，被奉为神明的事实为无产阶级的革命行动提供了什么样的指南呢？ 在伯恩施坦处，由于他看不到历史过程中主体与客体间的

---

① 参见杜章智编《卢卡奇自传》，李渚青、莫立知译，社会科学文献出版社 1986 年版，第 212 页。

辩证关系,认为辩证法只不过是马克思主义社会学或经济学的"装饰品",是辩证法导致马克思主义成为"强奸事实"的空洞结构,因此他极力祛除马克思主义中的辩证法。伯恩施坦转而求助实证主义,认为实证主义能够对"事实"进行"实事求是"的研究,结果就是,伯恩施坦走向了彻底的机会主义,放弃了革命斗争,转而希冀"和平长入社会主义"。在伯恩施坦的带动效应下,在第二国际中这种号称用自然科学方法提取出"纯"事实的方法似乎一时之间遮蔽了辩证法的存在。

卢卡奇指出,这种实证主义方法论之所以大行其道,就在于资本主义的发展过程中自然而然地产生出迎合这一方法的社会结构,包括经济过程的拜物教、人的关系的物化、生产过程中不断扩大的分工等,诸种要素的叠加既塑造了资本主义社会的现实生活,又塑造了理解这种生活的方式,即孤立的、专门的"科学"。但是,卢卡奇意识到,所谓的"纯"事实只是脱离现实环境的实验室产物,其不过只是在数与数的关系表现中被强化了,可是当"自然科学的认识理想被运用于自然时,它只是促进科学的进步。但是当它被运用于社会时,它就会成为资产阶级的思想武器"①。实证主义方法论就此成为辩证法最为凶恶的理论敌手,其使得资本主义社会的历史性面貌逐渐模糊,辩证法失去了作为方法的合法性,继而总体"对各个环节在方法论上的优越性"被取缔了,对于孤立、片面的部门科学的研究成了贴合一切人类社会的规律。马克思早已指出这一方法论斗争背后的真实意蕴:"资产阶级关系就被乘机当作社会一般的颠扑不破的自然规律偷偷地塞了进来。这是整套手法的多少有意识的目的。"②马克思的指证充分说明了实证主义方法论遮蔽辩证法的意识形态目的。

---

① [匈]卢卡奇:《历史与阶级意识》,杜章智等译,商务印书馆1999年版,第60页。
② 《马克思恩格斯全集》第30卷,人民出版社1995年版,第28页。

　　面对这一意识形态斗争的"方法论高地争夺战"，卢卡奇发出了自身的应战宣言："马克思主义问题中的正统仅仅是指方法。……即辩证的马克思主义是正确的研究方法"①。卢卡奇以此回应在实证主义影响下第二国际部分理论家秉持的机械唯物论、自然胜利论和经济决定论的"正统马克思主义"思想，并进一步批判了资本主义意识形态的实证主义和直观唯物主义，驳斥了宣称掌握了事实的部门科学和由此衍生的科学主义。卢卡奇明确剖析了实证主义方法论的孤立性、非历史性与意识形态性等三个特征。首先，这一实证主义的方法论造就了孤立事实、事实群和单独的部门科学，如经济学、法律等，如此一来，在资本主义社会生活中就只剩下了简单的、纯粹的、直接的、自发的认识和特别精确的抽象规律，而具体的总体消失无踪了。其次，由于这种精确的部门科学需要"以各种因素始终'不变'为前提"，看起来非常科学的实证主义方法论忽略了"作为其依据的事实的历史性质"，从而失去了科学性。也即是说，"资产阶级科学方法之本质就在于它的非历史性或无时间性"②。最后，具体的总体和历史性被遮蔽使得从统一的过程理解历史成为一种奢望，这一方面体现为孔德和斯宾塞等人的抽象社会学中充满矛盾的历史概念，另一方面则表现为资产阶级学者构建的历史哲学概念体系与历史现实在方法论上的二律背反。由此，资本主义社会的拜物教形式愈发兴盛，资本主义生产方式则隐蔽在这一拜物教形式之下，对外仅仅呈现为资本主义生产制度代理人所编造的美丽幻影。

　　卢卡奇此时虽然刚刚转向马克思主义不久，但是业已把握到，"辩证法乃是马克思全部学说的生命线，而他与第二国际'庸俗马克思主义'的全部对立就在于：是捍卫还是割断这一生命线"③。因为

① ［匈］卢卡奇：《历史与阶级意识》，杜章智等译，商务印书馆1999年版，第49页。
② 张一兵：《革命的辩证法与批判的历史唯物主义——解读青年卢卡奇的〈历史与阶级意识〉》，《理论探讨》2000年第2期。
③ 吴晓明：《论〈历史与阶级意识〉的辩证法研究》，《马克思主义与现实》2017年第2期。

卢卡奇意识到,只有辩证法才能穿透实证主义意识形态营造的幻象迷雾,使人真正认识到社会运行的"真像",看清社会发展的真正机制与必然走向。由此,卢卡奇得出结论,马克思恩格斯的辩证法是革命的辩证法,只要按照马克思恩格斯奠定的辩证法方向发展、扩大和深化,就是坚持了马克思主义的正统,而无须信仰具体的论点和公开出版的"圣书"。这也正是恩格斯在致信桑巴特时所肯认的,马克思和他所创建的新历史观"不是教义,而是方法",因为当一种方法成了教义,那么这种方法就失去了流动性。恩格斯和卢卡奇都意识到辩证法的科学性就体现为流动性与生成性。晚年恩格斯指出,实证主义方法论在社会历史面前必然产生错误的根源就是对"同时发生的种种变化的不可避免的忽略"[1]。卢卡奇也明确提出:"说资本主义社会的结构本来就和自然科学的方法协调,是它的精确性的社会前提,这是很成问题的。"[2]因为一切社会(包括资本主义社会)的对象性始终处于辩证的相互作用过程中,因而都处于变动不居的状态中。

为了从方法论上驳倒实证主义,卢卡奇从三个层层递进的维度入手,探讨了朝向革命的历史辩证法的理论逻辑。

首先,从社会总体来看,历史辩证法诞生于具体总体的过程。辩证总体观看起来较之于实证主义是远离直接现实的,其实不然。卢卡奇提出,资本主义社会以及生产力和生产关系的内在对抗性正是辩证总体观的真正物质基础。实证主义否认矛盾和对抗性的存在,将这些矛盾归结为认识的不彻底,并宣扬更一般的理论将会使得这些矛盾最终消失,这种否定资本主义社会内在对抗性的理论自然无法理解统一的历史过程。历史辩证法是"作为整体的历史过程,它的个别的、具体的、不可重复的各个环节,正是通过它们之间

---

① 《马克思恩格斯选集》第 4 卷,人民出版社 2012 年版,第 379 页。
② [匈]卢卡奇:《历史与阶级意识》,杜章智等译,商务印书馆 1999 年版,第 55 页。

的质的差别和它们的客观结构的不断变化,从而揭示了历史的辩证本质。总体性是辩证法的领域"①。因而唯有从总体出发的历史辩证法方能"认识现象的真正的对象性,认识它的历史性质和它在社会总体中的实际作用"②,进而得以摧毁物化范畴虚构的永恒性,为认识现实资本主义社会廓清理论视野。简言之,只有从总体性的视角出发,才能认识资本主义社会,由此,无产阶级才能真正意识到自己的历史主体地位,实证主义意识形态恰恰遮蔽了这一点。

其次,从社会历史来看,历史辩证法贯穿于社会生产的过程。从现实角度出发,辩证总体观必然"把理论视为现实的自我认识",这一点正是马克思主义哲学与黑格尔哲学的学术亲缘性。但是,卢卡奇紧接着就指出了二者在现实处的分道扬镳,即:黑格尔在统一的历史过程问题上始终未能真正弥合思维和存在、理论和实践、主体和客体的两重性,因此,黑格尔对于历史的理解完全被束缚于哲学家的意识中、见解中和观念中;马克思主义哲学则从认识现实的辩证法出发,将黑格尔哲学的历史倾向推向了现实的顶点,将"社会的"和"社会化了的人的"一切现象都变成了历史问题,并揭示了历史发展的真正基础,历史的"决定性因素归根到底是现实生活的生产和再生产"③。只有认识到历史的真正根据,人类才能真正恢复理性的生活形式,也即超越资本主义社会物化现实的人类解放活动。

最后,从社会革命来看,历史辩证法践履于克服物化意识的过程。从实证主义方法论出发,纯粹化的自然关系和神秘化的社会形式都在人们面前成为形式永固的实体,可资利用、可以理解却不可能被颠覆、推翻,德国古典哲学就在孤立个人的实践中逡巡不前。相反,历史辩证法超出单纯的理论,聚焦实践的问题,使得

---

① Georg Lukács, "Technology and Social Relations", *New Left Review I/39*, 1966, p. 32.

② [匈]卢卡奇:《历史与阶级意识》,杜章智等译,商务印书馆1999年版,第65页。

③《马克思恩格斯选集》第4卷,人民出版社2012年版,第604页。

人们意识到自己在资本主义社会中的现实存在同时是统一的历史过程中的主体和客体。在卢卡奇看来,无产阶级只有认识到资本主义社会的现实,才能明晰自身的阶级地位,从而转化为阶级的革命行动,历史辩证法也正是在这一历史过程中产生出来的。这既是无产阶级的主体与客体的统一,也是无产阶级学说的理论与实践的统一。历史辩证法的这种"两统一"落实到无产阶级的革命行动上,充分证明了历史辩证法"是能给行动指明方向的认识现实的唯一方法"①。

卢卡奇的理论目的就是实现历史过程与阶级意识的统一。在卢卡奇的历史辩证法视野里,历史既是客观的实践过程,又是人类的主动创造过程,由此历史过程就和革命实践嫁接起来了。无产阶级只要意识到自身的阶级利益,就会在自觉的阶级意识的指引下展开走向解放的历史行动,继而,无产阶级就将在总体性—历史性—革命性三位一体的历史辩证法理论逻辑下超越资本主义社会的物化现实和实证主义意识形态,走向真正的解放与自由之境。

三、历史变局中的辩证思考:卢卡奇批判实证主义的得与失

作为20世纪最有影响力的西方思想家之一,卢卡奇之于我们的最大理论吸引力在于,其在《历史与阶级意识》中通过对历史辩证法的再发掘与再阐述,为马克思主义走向20世纪开辟了新的路向。②质言之,卢卡奇提出了一条不同于列宁开辟的对于辩证法的唯物主义阐释,而是重新发掘了辩证法的历史主义基质。可以说,在《历史与阶级意识》中,历史概念与历史辩证法就是卢卡奇构建其理论巨

---

① [匈]卢卡奇:《历史与阶级意识》,杜章智等译,商务印书馆1999年版,第76—77页。
② 参见张亮、赵立《如何把握作为马克思主义者的卢卡奇》,《烟台大学学报(哲学社会科学版)》2023年第1期。

舰的压舱石与龙骨，一言以蔽之就是"现实并不是现成的，而是生成的"①。卢卡奇以历史辩证法反击了实证主义在马克思主义和资本主义社会生活中造成的理论混淆与实践倒退，在历史变局的理论校场中为马克思主义辩证法交上了一份新答卷。但是，品评卢卡奇的这一历史辩证法思想，我们必须从马克思主义的辩证立场出发，全面把握其理论得与失。

第一，卢卡奇以历史辩证法彰显了马克思主义的批判性和革命性，充分表征了马克思主义对抗实证主义的理论决心与思想底气。我们看到，马克思主义的创造力的中心并非是固定不变的，而是随着马克思主义辩证精神的发扬而不断流动。由此，马克思主义的生命力就伴随着辩证精神的流动过程，在革命实践中一次次被激发、被高扬。卢卡奇运用历史辩证法批判实证主义的理论行动正是对此的最佳诠释。

在探索现代社会发展力向的进程中，革命与保守的意识形态对抗贯穿始终。其中，无产阶级的革命诉求与实证主义意识形态的剧烈冲突构成了 20 世纪马克思主义的理论起点与批判原点。虽说在 20 世纪 20 年代产生的西方马克思主义最终"在结构上与政治实践相脱离"，但这并非其起点处的理论样态，佩里·安德森就曾指出，以卢卡奇为代表的西方马克思主义创始人"是当时革命群众斗争的直接参与者和组织者；如果不与这种政治背景相联系，人们就真不可能理解他们的理论的出现了"②。历史地看，俄国十月革命的成功与欧洲资本主义发达地区革命的失败形成了强烈的对比，卢卡奇作为匈牙利共产党的领导人与理论家，在革命实践的过程中充分意识到第二国际部分理论家的理论失误，即忽视马克思主义主体能动性、辩证

---

① ［匈］卢卡奇：《历史与阶级意识》，杜章智等译，商务印书馆 1999 年版，第 307 页。
② ［英］佩里·安德森：《西方马克思主义探讨》，高铦、文贯中、魏章玲译，人民出版社 1981 年版，第 42 页。

批判性与实践革命性所导致的实证化倾向,因而提出使无产阶级扬弃物化,重新觉醒阶级意识。也正是在批判第二国际部分理论家的过程中,在 20 世纪马克思主义发展史中熠熠生辉的西方马克思主义思潮汹涌而至。当我们立足新时代马克思主义发展的现实起点,在理论和现实中直面实证主义带来的挑战时,卢卡奇及其在《历史与阶级意识》中对实证主义的批判就愈发凸显其理论重要性,值得我们一次次入宝山中寻宝,从而为我们思考 21 世纪马克思主义的理论走向提供兼具历史感、现实感和时代感的理论资源。

第二,卢卡奇对于历史辩证法的再发掘缺失了马克思主义辩证法的客体向度,打着历史辩证法的理论旗号却最终走向了非历史的终点,因而未能取得批判实证主义的完全胜利。卢卡奇对于历史辩证法的高扬伴随着其对于马克思主义辩证法的理论误认,他的历史辩证法缺失了客观向度,仅剩下分外耀眼的主观向度。在马克思恩格斯那里,历史辩证法既肯定人类社会的物质生产规律,又要求坚持人的主观能动性,贯穿其中的是总体性的视角与方法。第二国际的部分理论家在实证主义的影响下放弃了人类主体的实践能动性,将马克思主义引向了经济决定论、机械决定论的理论死胡同。但是,我们必须预先说明的是,经济决定论、机械决定论的唯物主义并不是历史唯物主义,第二国际马克思主义的理论症结其实并不在于唯物主义,而是在于实证主义。

面对第二国际部分理论家在实证主义的侵蚀下陷入的理论困局,卢卡奇基于对物化和物化现象的思考,重新发掘了马克思主义的历史辩证法,批判了盲目崇拜自然规律的第二国际部分理论家。卢卡奇认为,历史规律不外是人类社会的发展规律,因为人类史是由人类活动创造的,而自然史则不是人类创造的,因此自然规律也就无法为人类所把握,那么结论自然就是,马克思主义是历史辩证法而不是自然辩证法。从这一理论逻辑出发,卢卡奇认为,当时无产阶级革命的客观条件已经成熟了,因而和其他众多革命者一样,卢卡奇深信国际共产主义运动必将很快迎来全面胜利,所以唤醒革命主体的革命意识就具有了急迫性与现实性。在卢卡奇看来,一种发达的阶级意识能够使得无产阶级自觉成为历史主客体的统一,进而推动实现革命运动的成功。不过问题在于,客观条件真的成熟到了无需考虑的地步了吗? 实际上,"否定客观的、即不以人为转移的自然界实际存在的重要性,避免的不是宿命论,而是否认社会发展的客观规律性"①,这种思路的必然结局就是引导着理论走向错误的道路。批判第二国际部分理论家的实证主义倾向固然没错,但是矫枉过正则会损害马克思主义的科学性,西方马克思主义最终由客观历史辩证法倒向主观历史辩证法,卢卡奇无疑要承担相应的理论责任。真正的问题始终在于,如何实现对资本主义社会的科学认识与无产阶级的革命意志的辩证统一。

第三,卢卡奇倡导历史辩证法,批判实证主义的理论鹄的是发动无产阶级革命。不过,我们必须认识到,主观主义的理论底座只能煽起革命的虚火,无法点燃真正的革命火焰。卢卡奇在反对实证主义非批判性的过程中,虽然坚持了马克思主义辩证法的批判性,但是批判的基底却是坐落于主观主义之上,因而偏离了马克思主义的客观基底,最终在革命实践活动中屡屡碰壁,历史辩证法与革命实践运动始终无法凝聚成一股统一的力量,最终走向了自身理论逻辑的终结。卢卡奇与列宁面对着基本类似的实证主义挑战,同样看到了实证主义方法论对于马克思主义辩证法批判性和革命性的理论消解,但是卢卡奇和列宁却选择了不同的辩证法阐释路向。原因何在? 一个可能的回答是,虽然卢卡奇参与了匈牙利的革命实践,但是短暂的革命活动难以真正动摇卢卡奇的知识分子思维逻辑,因

---

① [苏]Б. Н. 贝索诺夫、[苏]И. C. 纳尔斯基:《作为哲学家和社会思想家的卢卡奇》,苏国勋译,《哲学译丛》1985 年第 4 期。

而,卢卡奇更多的是在社会政治的"思想真空"中去思考马克思主义,这无疑会深刻影响卢卡奇对辩证法的理解与认识。

卢卡奇始终强调辩证法的革命性质,希望从改变现实这个辩证法的中心问题出发,做到既批判资产阶级意识形态,又找出一条能够直接超越自然必然性而实现自由的道路。卢卡奇将这一厚望寄托于历史辩证法,期待作为历史主体与客体统一的无产阶级能够在社会实践中真正达成历史地位与历史使命的统一。但是,卢卡奇理解的社会实践只是思辨的、黑格尔式的,而马克思主义的科学方法是反对以思维逻辑座架现实历史的,而要求以总体、历史与革命之维实现对资本主义社会从宏观到微观的实践批判。① 所以,卢卡奇的实际工作"脱离了对全部人类历史发展的科学考察,孤立地推断资产阶级社会物化结构的历史起源及其最终解决,使他不得不从黑格尔哲学的思辨结构中去寻求启示和解答"②。恰是在这一点上,卢卡奇在某种程度上偏离了马克思主义的科学辩证法,走向了被"修正"了的黑格尔哲学的主观辩证法。

作为对比,列宁则是深深扎根于俄国革命的大地之上,将马克思主义的理论创新写在了俄国无产阶级的心中,成长在俄国广阔的土地上。在 1967 年为《历史与阶级意识》所写的新版序言中,卢卡奇指出,其革命岁月时对于历史辩证法的强调使得"以最激进的方式推断马克思主义根本革命内涵的尝试失去了真正的经济基础",原因在于"对于列宁的革命理论以及他在马克思主义的这一领域内所取得的极其重要的进展几乎一无所知"。③ 如果卢卡奇能够早日遭遇列宁的辩证法著作,或许能够擦出不一样的理论火花! 这也要求

---

① 参见赵立《马克思主义科学方法的核心要旨——基于马克思恩格斯对孔德实证主义的批判》,《湖南科技大学学报(社会科学版)》2023 年第 1 期。
② 孙伯鍨:《卢卡奇与马克思》,南京大学出版社 1999 年版,第 50 页。
③ 参见[匈]卢卡奇《历史与阶级意识》,杜章智等译,商务印书馆 1999 年版,第 5—11 页。

我们，在百年后重访卢卡奇批判实证主义的思想现场，充分汲取卢卡奇理论思考正反两方面的经验。唯其如此，方能在回答一系列重大时代课题中创新发展中国化时代化的马克思主义。

第四章　理论、方法与社会：法兰克福学派批判实证主义的三个维度

　　第一次世界大战彻底搅乱了资本主义历经数百年建成的世界历史统治秩序，波及整个世界的战火更是扯下了资本主义装点门面的"文明招牌"，"帝国主义战争大大加速和加剧了垄断资本主义变为国家垄断资本主义的过程"①。在战后的数年间，欧洲各国的共产党组织如雨后春笋般成立并急剧壮大，一切迹象都指向了马克思恩格斯所预言的西方无产阶级革命。但是，"无论哪一个社会形态，在它所能容纳的全部生产力发挥出来以前，是决不会灭亡的"②，资本主义在短时间内完成了对世界历史统治秩序的重建，并使得"世界的秩序从实施个人控制的绝对统治者手中转移到一个不以人的意志为转移的宇宙中"③，资本彻底成为"普照的光"。与之相应的是，实证主义因为和资本主义的历史发展紧密结合在一起，因而在全新的世界秩序中，不仅在理论层面走向新的发展阶段，而且在资本主义社会的政治与文化层面产生了更加广泛的影响，在哲学、政治与

---

① 《列宁选集》第 3 卷，人民出版社 2012 年版，第 109 页。
② 《马克思恩格斯选集》第 2 卷，人民出版社 2012 年版，第 3 页。
③ ［美］刘易斯·芒福德：《技术与文明》，陈允明、王克仁、李华山译，中国建筑工业出版社 2009 年版，第 285 页。

文化等方面进一步彰显了自身的理论存在。与此同时，随着国际工人运动的起起伏伏，西方马克思主义理论家也逐渐由工人政党的领袖转变为学院派学者，由此，关于哲学、美学、认识论、方法论等的讨论逐渐超过了对经济学、政治学等的研究，马克思主义的革命实践也逐渐让位于理论实践。在此过程中，西方马克思主义直接遭遇了成为资本主义社会"显学"的实证主义。

马克思主义的理论立场自然是坚决拒斥实证主义的。面对实证主义再次掀起的社会波澜和理论侵蚀，第一次世界大战后在美因河畔成立的法兰克福社会研究所在霍克海默的带领下接续了卢卡奇开辟的批判实证主义的理论路向，通过和实证主义在理论、方法与社会三个维度的论争实现了辩证精神的理论突围，为我们深刻把握实证主义的意识形态本质提供了可资借鉴的理论资源，并由此树立起20世纪马克思主义批判发达资本主义理论与现实的理论丰碑。即便法兰克福学派的理论突围最终在20世纪70年代前后遭遇实践挫折，最终无奈走向理论逻辑的终结，但是依然值得我们一次次开启理论重访之旅。一个重要的原因在于，法兰克福学派在理论上深刻表征了20世纪马克思主义批判实证主义的辩证与科学精神。

第一节　批判理论 VS 传统理论：法兰克福学派批判实证主义的理论维度

1924年6月，美因河畔的法兰克福大学落成了一座立方形的五层楼建筑，一批具有不同学术背景和研究志趣的左派知识分子汇聚于此，在资产阶级大学体制内"为自己的理论研究搭建合适的'舞台'"[1]。时人未曾料到，在其后的时光里，这所当时还寂寂无名的社

---

[1] 张亮：《何谓西方马克思主义——基于中国立场的再审视》，《马克思主义与现实》2024年第3期。

会研究所以"批判理论"之名搅动起莫大的理论风潮,而指引研究所不断理论创新的正是霍克海默提出的研究任务:"建构关于哲学结构与社会学说中的经验并存的有计划研究",进而回答"社会经济生活、个体心理发展与严格意义上的文化领域变化之间的关系问题"。① 那么,霍克海默力图回答的是什么问题呢?霍克海默看到,作为资本主义构建起的世界历史统治秩序的哲学、文化一环,实证主义摇身一变成为"显学",成为资本主义社会意识形态难以逾越的思想藩篱。在霍克海默的视野中,作为传统理论的实证主义,既包括各种专注所谓科学方法的当代哲学如逻辑实证主义,也包括唯名论、现象主义、经验论等,其核心是对日益僵化的抽象理性主义和发达资本主义社会中对个体存在的标准化的拒斥。② 围绕着霍克海默的理论创新,法兰克福学派开启了对实证主义的深度批判,展现了马克思主义辩证法的批判精神与思想锋芒。

一、逻辑实证主义:由"科学统一"到"技术统治"

随着现代化进程的深度演化,意识形态与技术控制的合流已然成为资本主义社会中难以绕开的重大问题。在此过程中,西方思想界的理论动向进一步表征了资本统治由表及里的演进过程,即以反对辩证的批判思想为口号,提倡科学世界观的统一,进而顺理成章地投入"技术统治"的怀抱。

黑格尔哲学在 19 世纪中叶的德国思想界成为一条"死狗"后,反而在具有经验主义传统的英国思想界迎来了复兴,在资本主义发展的时代变迁中接棒穆勒、斯宾塞的实证主义思想,成为英国思想界

---

① 参见[德]霍克海默《社会哲学的现状与社会研究所的任务》,王凤才译,《马克思主义与现实》2011 年第 5 期。
② 参见[美]马丁·杰伊《法兰克福学派史(1923—1950)》,单世联译,广东人民出版社1996 年版,第 58—59 页。

的主流。F. H. 布拉德雷是英国新黑格尔主义的思想领袖，一方面宣扬国家是人格化的精神实体，认为国家高于个人，个人应无条件服从国家，另一方面提倡神秘的本能与直觉，鼓吹理性服从信仰、科学服从宗教。他的这种哲学思想适应了垄断资本主义发展的需要，保守的黑格尔得以复活在经验的土地上。但是到了世纪之交，自然科学的发展一如实证主义初兴的时刻，再次戳破了唯心主义逻辑的虚张声势。莫尔顿·怀特就曾感叹："几乎二十世纪的每一种重要的哲学运动都是以攻击那位思想庞杂而声名赫赫的十九世纪的德国教授的观点开始的"①，在欧洲大陆上是以马赫为代表的经验批判主义，在英国则是伯特兰·罗素和 G. E. 摩尔联手对于新黑格尔主义的毁灭性攻击。人们不再讨论形而上学正确与否，而是从日常语言和科学语言入手分析其是否有意义。维特根斯坦接续了罗素与摩尔对于形而上学的批评，在《逻辑哲学论》中甚至宣称，能够被思想之物必定能够被言说，不能言说之物则必须保持沉默，因而我们语言的界限即我们世界的界限，由此将对形而上学的科学语言分析引入欧洲思想界。具体来说，就是实证主义的新代表——维也纳学派。

维也纳孕育出实证主义的新发展阶段有其历史的必然性。具体来看，马赫自 1895 年以来就一直在维也纳大学占据着一个归纳科学的哲学教席，接替这一教席的玻尔兹曼和阿道夫·施特尔也延续了经验主义哲学的传统，直到 1922 年石里克接任。石里克并非传统意义上的哲学家，而是从物理学路径进入了哲学，其博士论文是在普朗克的指导下第一次对相对论进行了哲学阐释。不过，相较而言，马赫、玻尔兹曼等人的物理科学成就明显高于他们的哲学成就，而石里克则是在哲学层面更胜一筹。自 1922 年起，以石里克为核心

---

① ［美］M. 怀特：《分析的时代——二十世纪的哲学家》，杜任之译，商务印书馆 1981年版，第 7 页。

形成了一个讨论马赫思想的哲学家、物理学家与数学家的小组,致力于以严密精确的逻辑抛弃形而上学,达成小组一致认可的科学世界观。维特根斯坦虽然没有亲自参与过小组的讨论活动,但是通过与石里克和魏斯曼的交流,以间接的形式影响了维也纳学派的思想发展。1929年,卡尔纳普、汉恩和纽拉特联手撰写了《科学的世界观:维也纳小组》,以此作为题献给石里克的礼物,这本小册子简述了维也纳学派的历史、成员、理念与研究领域,并以此为契机向公众昭示了维也纳学派的诞生。作为实证主义新发展阶段的逻辑实证主义就此登上了20世纪欧洲思想界的理论舞台。[①]

逻辑实证主义何以代表了实证主义的新发展阶段呢?这就要从逻辑实证主义的理论诉求说起了。[②]

第一,逻辑实证主义强调一种科学的世界观,始终秉持反对形而上学的立场。孔德在《论实证精神》中所希冀的"各种不同学说做到均衡而且趋向一致"的科学系统化,在维也纳学派的理论主张中被较大程度地继承了下来。维也纳学派在其宣言中大力倡导科学的世界观,要求抛弃形而上学以及神学,在社会科学和自然科学中提倡论证严密的研究,进而向科学的世界观靠拢。这种科学的世界观力图达成"科学的统一","即努力去联合和协调各个研究者在他们各自的科学领域中所取得的成就"。[③] 为了实现这个目标,就要从面向主体敞开的经验网络出发,充分发挥作为万物尺度的人的作

---

① 从逻辑实证主义的发展上看,除维也纳学派之外,还有以莱辛巴赫为代表的柏林学派和以塔尔斯基为代表的华沙学派,三者在欧洲思想界携手推动实证主义进入了新的发展阶段。不过,由于维也纳学派在逻辑实证主义中影响最大,与法兰克福学派的理论争锋较多,因而在此以维也纳学派的形成作为逻辑实证主义的理论出场。

② 逻辑实证主义虽然构成多样、具体成员的观点多有差异,但是基本理论诉求是具有一定的共识的,这一点尤其表现为维也纳学派的科学化主张、经验主义立场和追求证实的方法论原则。

③ 参见[奥]O. 纽拉特《科学的世界观:维也纳小组——献给石里克》,王玉北译,《哲学译丛》1994年第1期。

用;就要拒斥形而上学语言中的"模糊的距离感和不可测的深度",追求简洁与清晰;就要否认存在不能解答的谜题,进而将形而上学的未知之谜视作"伪问题"。在维也纳学派看来,科学世界观具有两个本质特征:"它是经验主义的和实证主义的——存在着只来自于经验的知识,它以直接的给予为基础;这就确立了合法的科学内容的限度","它以应用某一种方法为标志,就是逻辑分析"①。这充分说明了逻辑实证主义与前代实证主义思想的紧密联系。

第二,逻辑实证主义坚持从经验主义出发。"一切实证主义,无论是纯粹科学的,抑或主要为逻辑的实证主义,它们的共同立场就是它们的出发点具有共同基础,那就是觉知说。"②这里的觉知说就是经验主义的感觉学说。孔德实证主义的核心就是强调以经验观察为基础的科学知识的实证性,将人的知识限定在直接或间接的观察范围之内。维也纳学派认为,经验是一切科学知识的基础,一切科学命题在归根结底的意义上只能由经验来证实。从拒斥形而上学的立场出发,维也纳学派将经验视为中立之物,即人们直接接触到的经验材料,这种经验的获得被石里克称为"给予"(given)。人们所理解的全部语词都建立在"给予"的基础之上,因而意义必须可以被还原为"给予"。质言之,全部概念的意义都必须在经验材料的基础上加以构造。可以看到,维也纳学派一方面坚持了孔德以降的经验主义立场,另一方面又沿着贝克莱的哲学进路将经验主义推向了"彻底化",重新陷入形而上学的窠臼。

第三,逻辑实证主义坚持方法论上的证实原则。于孔德而言,实证主义就内蕴着精确性和确定性,维也纳学派更进一步以数理逻辑分析的形式将其演化了出来。石里克提议"将证实当作关于事实

---

① [奥]O. 纽拉特:《科学的世界观:维也纳小组——献给石里克》,王玉北译,《哲学译丛》1994 年第 1 期。
② [法]昂慈勒·克勒默-马里埃蒂:《实证主义》,管震湖译,商务印书馆 2001 年版,第121 页。

的命题的真理性的唯一标准"①。在石里克看来,证实指的就是两个判断的同一性。在自然科学中,证实的手段就是实验,只要知觉到的实验结果与假设达成一致,就可以认为假设得到了证实,获得了科学的肯定。在此基础上,维也纳学派进一步要求知识必须能够被经验证实或者证伪,如此才能具有意义,否则就是空洞无意义的,由此就呼应了其反形而上学和经验主义的理论立场。维也纳学派从"科学的统一"要求出发,抛弃了传统的亚里士多德逻辑,认为只有现代符号逻辑才能够满足概念定义和陈述的精确性,并将日常思维推进以直观的方式呈现出来。但是,无论维也纳学派所诉诸的现代符号逻辑多么精致准确,都无法解决一个问题,那就是主观经验内容的可错性,哪怕后期从"经验内容的证实"转向"经验语言的证实"也无法弥补其理论漏洞。究其原因,问题在于逻辑实证主义夸大了感性经验在认识中的作用,忽视了理性认识与实践的重要性,最终迎来了流派的分崩离析和理论的倾覆。这一点也正是实证主义始终无法克服的固有顽疾,因而作为一种哲学理论的实证主义在逻辑实证主义之后就日渐式微,再无有影响力的理论流派了。

在20世纪30年代,维也纳学派持续努力,不仅出版了一批专著与期刊,而且和自然科学家一道就科学的统一、科学的语言等主题召开了五次国际科学哲学大会,将逻辑实证主义推广为国际性的哲学运动。此外,纳粹的兴起使得维也纳学派的成员纷纷流落到英美等国家的高校任教,更是助推了逻辑实证主义的散播。与科学结盟的逻辑实证主义打着反对形而上学的旗号,试图为哲学打上"无意义"的标签,并从对精准性、确切性和证实性的推崇出发反对意义的笼统与含糊,其实也就是对于思辨和辩证的轻视与反对。在证实逻辑的影响下,哲学在很多人心目中丧失了作出科学断言(赋予实验

①[奥]鲁道夫·哈勒:《新实证主义》,韩林合译,商务印书馆1998年版,第131页。

196

或演绎科学以认识论或本体论意义)的资格,进而丧失了对科学、技术、经验知识的解释权,只有对人类的实际活动有帮助或可能有帮助的那些断言才被视为科学的。由此,技术有效性被推上了文化价值的高点,并转化为现实政治与生活中的"技术统治"(technocratic),即"打着反意识形态的、科学的世界观的神秘幌子,实质上却是清除价值判断的走向技术统治的意识形态"①。20世纪30年代末,出于对辩证精神的捍卫和对技术统治的反对,同样流亡美国的法兰克福学派与维也纳学派的主要成员在悉尼·胡克的主持下,先后两次围绕辩证法与科学方法展开激烈论争。这一争论的实质就是马克思主义辩证法与实证主义的再一次理论争锋。

二、宣战传统理论:法兰克福学派的批判理论与辩证立场

法兰克福学派在20世纪的思想史上书写了浓墨重彩的一笔,亦是20世纪马克思主义的一篇绚烂的辩证华章。福柯曾经高度评价了法兰克福学派在推动马克思主义理论发展方面作出的突出贡献,甚至直言:"我本应更早了解和研究法兰克福学派。……如果我能够在青年时期就接触法兰克福学派,我应该会被诱惑到除了评论他们之外什么都不做的地步。"②法兰克福学派为什么会成为福柯魂牵梦萦的理论对象呢? 一个重要的原因就在于作为法兰克福学派研究纲领的批判理论。

"法兰克福学派"这一名称是在批判理论声名鹊起之后,由局外人命名并获得阿多诺首肯的,构成这一学派的"一个研究机构、一名

---

① Leszek Kolakowski, *The Alienation of Reason : A History of Positivist Thought*, trans. Borbert Guterman, New York: Doubleday & Company, Inc. , 1968, p. 196.

② Michel Foucault, *Remarks on Marx : Conversations with Duccio Trombadori*, trans. R. James Goldstein & James Cascaito, New York: Semiotext(e), 1991, pp. 119 - 120.

思想领导者、一份宣言、一种范式和一个出版刊物"则是逐步汇聚起来的。① 1924 年 6 月 22 日,在韦尔父子的大力支持下,以研究社会主义和工人运动史为目标的社会研究所宣告成立,奥地利马克思主义者格律恩堡被任命为首任所长,马克思主义以一种曲折的方式进入资产阶级的学院体制之中。但是,在格律恩堡的领导下,社会研究所只专注于"社会主义和工人运动史、经济史和政治经济学史及其批判",出版的《社会主义和工人运动史文库》也集中于非辩证的、机械的历史材料的经验性研究。换句话说,就是非批判的社会科学实证研究。

如果社会研究所坚持这一研究路线,那么享誉后世的法兰克福学派也就不再可能诞生了。转折点在于霍克海默从中风不能视事的格律恩堡手中接任了所长一职。作为思想上的超凡人物,第二任所长霍克海默延续了格律恩堡以来的所长负责制,强有力地领导着社会研究所复归马克思主义的批判之路,扭转了格律恩堡任上的实证社会科学研究路线,后世所熟悉的法兰克福学派得以驶入发展的快车道。在此之后,法兰克福学派的意旨就是以理论的批判对抗当代资本主义社会的现实统治,从这一意旨出发,批判理论这一研究范式或许可以被更恰当地称为"批判的社会理论"。② 质言之,马克思恩格斯对 19 世纪资本主义的历史与逻辑展开辩证批判,而法兰克

---

① 参见 Rolf Wiggershaus, *The Frankfurt School：Its History，Theories，and Political Significance*, Cambridge：The MIT Press，1995，p. 2。

② "批判"的理论具有深厚的德国哲学传统,比如康德的纯粹理性批判、实践理性批判和判断力批判,康德认为批判的方法论体现了近代科学思维的形式理性特征。在逻辑实证主义者看来,批判是为精确科学奠基的理论活动,能够在形式上克服一门科学内在的经验与逻辑矛盾。但是,霍克海默所提出的批判理论是直接反对逻辑实证主义者的,他认为这种"批判"打着科学的旗号却忽视了主体,忽视了社会的变化。霍克海默的批判继承的是马克思政治经济学的批判逻辑,因为政治经济学批判一方面介入了现实社会的历史进程,另一方面又摆脱了"批判"的思辨形式。参见张一兵、胡大平《西方马克思主义哲学的历史逻辑》,南京大学出版社 2003 年版,第 318—319 页。

福学派则是沿着马克思恩格斯开辟的理论道路，对历史的、发展了的 20 世纪资本主义进行理论宣战，其理论对手正是为资本主义保驾护航的传统理论。

何谓传统理论呢？在霍克海默的思想语境中，传统理论指的就是资本主义时代产生的资产阶级哲学，亦即从笛卡尔以来的西方二元论哲学传统，在霍克海默的时代则突出表现为新康德主义和其典型形式逻辑实证主义，霍克海默将其统称为"实证主义"。在霍克海默的视野中，传统理论主要凸显了三种核心的理论特征。

第一，传统理论力求建立一个普遍有效和高度统一的形而上学体系。传统形而上学家们相信，通过对存在之谜的破解，可以为个人的生活确立一个坚实的基础，这个基础在神学中表现为上帝，在从柏拉图到黑格尔的形而上学传统中则表现为理念、绝对精神。这一绝对的存在为人类历史赋予了超脱历史变化的永恒外衣，使得人类社会以符合理性的形式建构起来，因而"合情合理"地宣称绝对规律、秩序的存在，进而推演出理念对于个人的绝对要求，即声称个人的行动离不开其对于自然规则的认识。但吊诡的是，这一规则和有关这一规则的知识却并不依赖于个人的活动。

第二，传统理论在科学进步的时代中表现为实证主义思想。近代科学的进展使得形而上学转而"皈依"科学的门下，以此维系其形而上学的理论目的，实证主义由此粉墨登场。实证主义自出场的那刻起就宣扬"自然规则的不变教条"，并被历代实证主义流派坚持。但霍克海默一针见血地指出："不管实证主义如何秉持科学进步的信念，但它都必然以一种非历史的方式来理解科学本身"[1]。也就是说，客观存在的科学规则通过实证主义的编码被顺理成章地挪用，以论证当前资本主义社会存在形态的永恒性。结果就是，真实的历

[1] Max Horkheimer, *Critical Theory: Selected Essays*, New York: The Continuum Publishing Company, 2002, p. 36.

史消隐在了实证主义的迷雾中。

第三,传统理论所表现出的形而上学与实证主义是一体两面的关系。在霍克海默看来,实证主义精心炮制术语,区分科学研究的现象和无法把握的本质,以此实现对辩证理论思维的拒斥,从而回归直观的形而上学,毕竟在实证主义看来,一切可能的知识都不过是外在现象的集合。但是,霍克海默指出:"事实上,实证主义和形而上学只不过是同一种哲学的两个不同方面,这种哲学贬低自然知识并将抽象的概念结构实体化。"①也就是说,霍克海默通过仔细考察实证主义的理论实质,发现实证主义其实只不过是其所号称反对的形而上学的反面,两者是一体两面的存在。

在就任社会研究所所长一职时,霍克海默发表了题为《社会哲学的目前形势和社会研究所的任务》的演讲,明确提出:"正如我们所见,当代社会哲学的主要对手就是实证主义。后者仅仅关注特殊,在社会领域则仅仅关注个体以及个体间的关系;对于实证主义来说,一切的根源是纯事实。"②囿于德国当时的政治环境与社会现实,霍克海默以"社会哲学"代指马克思主义哲学,尤其是其所肯认的历史唯物主义,将实证主义视为马克思主义哲学发挥理论效能的核心阻碍。在接任社会研究所所长后,霍克海默充分发挥自己的思想领导作用,力图通过对实证主义的批判推进马克思主义哲学在20世纪的理论赓续与创新。具体来说,霍克海默在《科学与危机札记》(1932)、《唯物主义和形而上学》(1933)、《对形而上学的最新攻击》(1937)等一系列文章中对实证主义进行了系统而严密的"破旧",而理论武器就是霍克海默在纪念《资本论》问世70周年时所撰写的《传

---

① Max Horkheimer, *Critical Theory: Selected Essays*, New York: The Continuum Publishing Company, 2002, p. 40.

② Max Horkheimer, *Between Philosophy and Social Science: Selected Early Writings Studies in Contemporary German Social Thought*, Cambridge: The MIT Press, 1993, p. 7.

统理论与批判理论》(1937)中所正式"立新"的批判理论。①

　　批判理论是如何对传统理论展开批判的呢? 具体来说有三个维度。

　　第一,从哲学维度展开的批判。传统理论沉迷于个体的感觉经验,从主观主义出发,为了自身体系的科学性与完备性,放弃了与具体历史内容的联系,从而保持了自身抽象的意识形态特征,失去了现实的物质基础。霍克海默明确指出,当前广泛流行的逻辑实证主义的本质就是经验主义与现代数理逻辑的结合。因而,在归根结底的意义上,逻辑实证主义坚持所有关于对象的知识都来源于感官经验的事实,认为"理论的真正有效性取决于所推导出的命题是否符合经验事实情况"②。但是不同之处在于,逻辑实证主义不是将经验的标准归结为个人的感官印象,而是表述感官印象的语言判断,因此科学的任务就是建立一个逻辑自洽的命题系统,由此走向了彻底的主观主义和抽象直观的形而上学。

　　霍克海默立足马克思主义哲学的立场,感慨实证主义对于知识对象的哲学认识立场日益丰观化,将一切超越了经验存在和重复发生的知识对象都排除出科学范畴,深刻反映了"资产阶级思想日益浅薄,对非人类事物的人类基底愈发嫌恶"③。批判理论始终坚守唯物主义的立场,并且和实证主义一样承认"实在的东西是在感觉经验中被给予的",只不过批判理论并不认为感觉经验"不随着历史过程发生改变,也不将感觉经验视作现实世界的固定基石"④,因而坚决反对实证主义的经验主义原则。从最新的心理学研究成果出发,

―――――――――――――

① 参见张亮《霍克海默与法兰克福学派的理论创新道路》,《学术月刊》2016 年第 5 期。

② Max Horkheimer, *Critical Theory : Selected Essays* , New York: The Continuum Publishing Company, 2002, p. 188.

③ Max Horkheimer, *Critical Theory : Selected Essays* , New York: The Continuum Publishing Company, 2002, p. 143.

④ Max Horkheimer, *Critical Theory : Selected Essays* , New York: The Continuum Publishing Company, 2002, p. 42.

霍克海默指出,感觉经验不过是派生物,是通过复杂的抽象过程产生出来的,受到具体现实的制约并具有可变性,因而诉诸个体经验的实证主义是无法真正掌握知识的,而只能求助于从具体客观中抽象出来的科学理论。这一科学理论指的就是马克思在《资本论》中所开拓的政治经济学批判理论。实证主义拒斥"物质"概念,将之视作形而上学的、抽象的空洞理念,但是实证主义者却恰恰忽视了"物质"概念的真正现实性与丰富性。在霍克海默看来,马克思主义的历史唯物主义并非要以和唯心主义实证主义的对立,而是要通过丰富具体的内容——社会的经济理论来表现,因为"社会与历史的经济理论并非仅仅出于纯粹的理论动机,而是出于理解当代社会的需要"①。阿多诺在与索恩-雷特尔的谈话笔记中也曾明确指出:"范畴的建构,即交换抽象的哲学反映,要求撇开(遗忘)它们的社会起源,撇开一般的起源。而历史唯物主义是对起源的回忆。"②也即是说,这里作为起源的"抽象"是现实的生产关系,也是社会研究的真正起点,实证主义拒斥"抽象"也即拒斥回到现实的起点处。正因如此,较之于实证主义追求纯粹客观却陷入唯科学主义,从而取消理想精神和价值判断,从社会现实出发的历史唯物主义不仅不缺乏理想精神与价值判断,反而以现实的社会需要支撑起理想和价值,进而以这种理想与价值推动社会历史滚滚向前。

第二,从意识形态维度展开的批判。马克思主义哲学超越形而上学之处即在于,"不再从事思辨的理论建构,而是转向'真正的实证科学',以政治经济学批判的形式来把握自己时代精神的精华"③。

---

① Max Horkheimer,*Critical Theory:Selected Essays*,New York:The Continuum Publishing Company,2002,p.45.
② [德]阿尔弗雷德·索恩-雷特尔:《脑力劳动与体力劳动:西方历史的认识论》,谢永康、侯振武译,南京大学出版社 2015 年版,第 176 页。
③ 张亮:《哲学和社会科学的联盟:马克思在政治经济学批判中所开辟的道路》,《江海学刊》2009 年第 2 期。

于马克思恩格斯而言,那就是以新历史观为指引、以政治经济学批判为"解剖刀",洞察资本主义历史、现状与未来之谜,进而探索共产主义运动的理论可能与现实道路。霍克海默及其创立的批判理论正是继承了这一"批判的社会理论",始终围绕批判资本主义社会这一核心命题展开,具体方式则是批判资本主义的意识形态。传统理论的目的是建立"一门普遍的系统的科学",所以其理论逻辑超出了特殊的主题,覆盖了一切可能的客体,学科分类间的界限被打破了,自然科学以数学构造理论的形式大体上实现了传统理论的构想。实证主义就是"事关人与社会的科学追随取得空前成功的自然科学的尝试"①,在此基础上摇身一变成了资本主义社会的意识形态。这一转变又是如何发生的呢? 实证主义者宣称其理论工作较之于社会生活是中立的、超社会的;他们的实验工作使得事实与人们接受的理论实现契合,从而以"科学的方式"确证事实;由此,通过"将事实纳入现有的概念体系和通过简化或消除矛盾来修正事实"②,事实被"收编"进概念体系之中,实证主义学者也由于对事实的广泛掌握而摇身一变成为概念体系的代言人。换句话说,实证主义从肯定事实的维度出发走向了唯科学主义,将社会生活与生产中的当下状况视为永恒的和自然的,宣扬对资本主义制度的肯定、迷信与顺从。

霍克海默呼吁对这个资本主义社会的可感知世界进行彻底的重新思考。实证主义从个人经验出发,高度肯定现存世界的客观与真实。但是霍克海默指出,从总体性视角出发,现存世界不外是作为整体的社会活动的产物,一切可感的客体都充满了人类劳动的痕迹,哪怕是实证主义视为经验基础的个人感官也是由社会在两个方

---

① Max Horkheimer, *Critical Theory : Selected Essays* , New York: The Continuum Publishing Company,2002, p. 190.

② Max Horkheimer, *Critical Theory : Selected Essays* , New York: The Continuum Publishing Company,2002, p. 204.

面预先决定的,即"被感知对象的历史特性以及感觉器官的历史特性"①,并且实证主义是和资本主义社会的组成方式密切相关的。既然作为整体的世界及对其的经验感知是历史生成的,那么批判理论就不会像实证主义那样求助于抽象的概念体系,而是依靠"确定的人"。这个"确定的人"具有与其他个人和群体的真实关系,也会与特定阶级产生冲突,并且置身在他与社会整体和自然的关系网中。因而,实证主义意识形态体系中的"不变的本质"神话就在具体的历史过程中破灭了,那种既适合于自然界也适用于资本主义社会的二元论实证主义也就在历史的辩证逻辑面前充分暴露了其空洞性,资本主义社会的永恒性就此面临着"确定的人"发起的持续不断的阶级斗争挑战。在这个意义上,批判理论挑明了"这一实证主义运动的思维方式缺陷及其与资产阶级历史的联系"②。

第三,从实践维度展开的批判。在传统理论的逻辑下,主体在追求纯粹客观的过程中丧失了主体的自我意识。由于自然科学确认了自然规律的不可更改性,那么,类自然的资本主义社会也就为其社会结构求得了不可改变的神圣符咒。在实证主义者看来,"必然性不是指人们为实现自身目的而把握的事件,而仅仅指的是他预见其有可能发生的那些事件"③。因而,主体沦为资本主义社会历史过程中的袖手旁观者与被动参与者,与此同时,自然科学成为社会暴政的帮凶。

在霍克海默看来,自然科学仅仅承认生物学概念上的人,而不重视人性的价值,仅仅因为在自然科学看来,人性缺少存在的实际

---

① Max Horkheimer, *Critical Theory : Selected Essays*, New York: The Continuum Publishing Company, 2002, p. 200.
② Max Horkheimer, *Critical Theory : Selected Essays*, New York: The Continuum Publishing Company, 2002, p. 141.
③ Max Horkheimer, *Critical Theory : Selected Essays*, New York: The Continuum Publishing Company, 2002, p. 231.

证明;继而,自然科学被视为安排与重新安排事实的体系,拒斥来自外部的对自然科学的批判,因而成为僵死的知识结构;更进一步,自然科学沦为极权国家的统治工具,因为这种"政府知道如何利用科学的细致分类、整理和协调,作为其全面控制机制的工具"①,霍克海默的批判对象明确指向了攫取魏玛德国政权的法西斯政府。批判理论对于必然性的理解是不同于实证主义的,"批判理论中的必然性概念本身就是一个批判的概念;它以自由为前提,即使自由尚未存在"②。尽管实证主义与批判理论都是从基本的普遍概念中推导出有关真实关系的论断,但是批判理论并没有止步于逻辑必然性,而是进一步强调了现实必然性。在从资本主义社会向未来社会形态过渡的过程中,批判理论力图唤醒主体的自我意识,引导主体自觉自愿投身到决定自身生活方式的历史革命过程中,因为"问题不仅仅是解放的理论,而是解放的实践"③。自然科学是与具体的社会密切相关的,因此自然科学的问题不是出在科学自身,而是科学赖以产生与发挥作用的社会具体条件,即科学的应用性问题。因此,这就需要"通过哲学理论与具体科学实践的辩证渗透与发展思想予以克服"④。这一点由霍克海默和阿多诺在美国期间对工具理性的批判加以深化。由此,批判理论在资本主义走向全面垄断阶段的背景下延续了马克思主义观照现实、走向实践的理论道路。

---

① Max Horkheimer,*Critical Theory:Selected Essays*,New York:The Continuum Publishing Company,2002,p. 160.
② Max Horkheimer,*Critical Theory:Selected Essays*,New York:The Continuum Publishing Company,2002,p. 230.
③ Max Horkheimer,*Critical Theory:Selected Essays*,New York:The Continuum Publishing Company,2002,p. 233.
④ Max Horkheimer, *Between Philosophy and Social Science:Selected Early Writings Studies in Contemporary German Social Thought*,Cambridge:The MIT Press,1993,p. 9.

三、辩证精神:赓续马克思主义辩证法的批判理论

作为马克思主义在社会哲学的主要对手,传统理论或者说实证主义在 20 世纪的欧洲思想界愈发显露出"一统江湖"之势。逻辑实证主义裹挟着自然科学之威,在思想领域不断挤压着哲学的理论空间,马克思主义哲学尤其是辩证法遭到严厉批评,几乎被剥夺了理论的合法性。石里克就认为,思辨方法只是一种骗人的东西,走的是一条死胡同,对于自然哲学来说,其"任务就是解释自然科学命题的意义",由此,哲学日益丧失作为科学的地位,沦为一种"致力于考察自然律的意义的活动"。[①] 逻辑实证主义的理论影响很快越出欧洲,在实用主义盛行的美国获得了广泛的欢迎,并被美国学者用作抨击马克思主义辩证法的理论武器,悉尼·胡克就打着科学的旗号反对辩证法,尤其是批判恩格斯的自然辩证法思想。在胡克看来,马克思主义辩证法充斥着含糊与不一致,"辩证法"一词在恩格斯处甚至具有七种不同的含义,而科学的命题较之于辩证法的命题,在可证实性、简洁性、系统性和正确性上都实现了胜出,我们甚至不能"指出单单一个由辩证的方法所发现的或可以用辩证的方法来加以解释的,而不能为科学方法的规则所更加简明地加以证明的认识问题"[②],辩证法只是一种认识的神话!

面对实证主义对辩证法展开的疯狂攻击,批判理论沿着马克思主义辩证法所开拓的批判道路,从方法、意识形态和实践三个维度对实证主义进行了坚决的理论还击,为法兰克福学派提供了观察资本主义最新发展阶段的理论透镜。马丁·杰就认为:"顾名思义,批判理论是通过对其他思想家和哲学传统的一系列批判来表达的。

---

① 参见[德]莫里茨·石里克《自然哲学》,陈维杭译,商务印书馆 2011 年版,第 7 页。
② [美]悉尼·胡克:《理性、社会神话和民主》,金克、徐崇温译,上海人民出版社 1965 年版,第 220 页。

因此,它的发展是对话式的,起源是辩证的,而这也正是它声称要应用于社会现象的方法。"①批判理论之所以能够在审视资本主义发展状况的过程中取得丰硕的理论成果,就仰赖于其赓续了马克思主义辩证法的辩证精神与批判态度。具体来说有三点。

第一,批判理论延续了马克思主义政治经济学批判的理论基底。政治经济学批判是对资本主义世界图景的科学剖析与坚决拒斥,以马克思的话来说就是"必须推翻那些使人成为被侮辱、被奴役、被遗弃和被蔑视的东西的一切关系"②,即资本主义生产关系。第二国际的部分理论家试图将马克思主义引向实证主义的方向,以实现建立实证科学的理论梦想,在此过程中,作为哲学方法的政治经济学批判被有意无意地忽视了。霍克海默指出,法兰克福学派的研究对象是人类的全部物质与精神文化,核心是社会经济、个人心理与文化领域,质言之,就是资本主义生产关系及其社会表现。政治经济学批判就是对资本主义现实生产关系与交换关系范畴最有力的把握,由此,政治经济学批判凸显了自身的理论基础作用。只有从政治经济学批判出发,才能对产生于资本主义社会发展过程中的实证主义进行鞭辟入里的分析,进而在批判理论的建构过程中自觉与实证主义划清理论界限。因此,霍克海默在《传统理论与批判理论》的跋中明确指认了,批判理论就"是以马克思的政治经济学批判为基础"的!③

第二,批判理论以历史唯物主义坚守了哲学的理论阵地。实证主义尤其是逻辑实证主义始终高举着反对形而上学的大旗,将哲学

① Martin Jay, *The Dialectical Imagination: A History of the Frankfurt School and the Institute of Social Research*, *1923-1950*, Berkeley: University of California Press, 1996, p.41.

②《马克思恩格斯全集》第 3 卷,人民出版社 1998 年版,第 207—208 页。

③ 参见 Max Horkheimer, *Critical Theory: Selected Essays*, New York: The Continuum Publishing Company, 2002, p.244。

视为科学的婢女,只能服务于解释科学命题意义的简单工作。马克思主义同样是反对形而上学的,并且已经以新历史观终结了全部形而上学,以哲学革命的形式为哲学探索了新的存在方式,进而赋予了哲学以新的历史使命。马克思恩格斯所开辟的哲学新途在卢卡奇、柯尔施的手上重新焕发了生机,并且通过 1923 年在格拉贝尔格举办的第一届"马克思主义研究周",以讨论柯尔施的《马克思主义和哲学》手稿和卢卡奇的《历史与阶级意识》的形式影响了正在参与筹建社会研究所的青年成员,包括波洛克、魏特夫、左尔格等人。① 柯尔施指出,马克思主义与哲学的关系问题其实就是理论与实践的关系问题,马克思主义哲学的本质要求其走向实践,"不在现实中实现哲学,就不能消灭哲学"②。法兰克福学派的早期成员无疑就是沿着这条道路前进的。也正是因此,霍克海默才会在就职演讲中将以历史唯物主义为核心的社会哲学确定为社会研究所的研究方向,并指出社会哲学与具体科学的区别就在于:"如果社会哲学涉及个人与社会的关系、文化的意义、共同体形成的基础、社会生活的整体结构,简言之,就是社会科学问题库中遗留下来的重大而根本的问题,可以这么说,如果剔除了那些可以被具体研究解决的问题后,社会哲学就可以很好地发挥社会功能。"③霍克海默积极发挥社会哲学的社会批判功能,领导法兰克福学派积极介入对现代资本主义社会的理论探索,推进了马克思主义的历史唯物主义在 20 世纪的理论转型与发展。

第三,批判理论赓续了马克思主义辩证法的批判精神。实证主

---

① 参见 Rolf Wiggershaus, *The Frankfurt School: Its History, Theories, and Political Significance*, Cambridge: The MIT Press, 1995, pp. 15 - 16。

② [德]卡尔·柯尔施:《马克思主义和哲学》,王南湜、荣新海译,重庆出版社 1989 年版,第 54 页。

③ Max Horkheimer, *Between Philosophy and Social Science: Selected Early Writings Studies in Contemporary German Social Thought*, Cambridge: The MIT Press, 1993, p. 8。

义将科学狭隘地定位为我们认识世界的唯一手段,由此就将人们的认知能力局限在科学的认知范围内,除去科学的客观认识,其他认知方式都丧失了存在与发挥作用的合法性,进而使得唯科学主义成为唯一的归宿。韦伯提出,这种唯理性主义的认识方式就在于工具理性和目的理性的分离,进而使得工具理性成为唯一的价值标尺,现代资本主义的社会形式就是工具理性在社会生活各领域全面覆盖的结果,相应地,价值理性则全面萎缩。卢卡奇在《历史与阶级意识》中就提出,实证主义的认识方式将会逐渐模糊资本主义社会的历史"真像",并逐步抽掉辩证法的理论合法性基石,最终形成资本主义社会整体的物化意识,而能够实现理论破局的关键就在于主客体同一的无产阶级对于物化意识和资产阶级二律背反思想的实践超越。批判理论沿袭卢卡奇的辩证批判精神,反对实证主义将科学视为认识的唯一形式、将客观性视为认识的唯一追求、将主体从认识过程中剔除出去的做法,强调依靠确定的人及其实践,即通过主体投身历史革命实践,掌握批判性的马克思主义辩证法,在历史辩证逻辑中识破资本主义永恒性的假象,最终"朝向改变历史和在人类中建立正义而奋斗"[1]。

第二节　辩证方法 VS 实证方法:法兰克福学派批判实证主义的方法维度

　　当霍克海默在 1937 年最终完成了对实证主义的"破旧",公开阐发了批判理论这一法兰克福学派的全新研究纲领时,社会研究所已经被迫流亡数年之久,并最终在资本主义世界新的中心纽约暂时停下了脚步。以霍克海默为中心,马尔库塞、阿多诺、弗洛姆、洛文塔

---

[1] Max Horkheimer, *Critical Theory: Selected Essays*, New York: The Continuum Publishing Company, 2002, p. 243.

尔和波洛克等核心研究员再次聚拢起来,继续沿着批判理论所开辟的研究之路探索资本主义的危机、自由主义的崩溃等问题。在戴维·麦克莱伦看来,法兰克福学派的批判理论主要针对的就是实证主义,其"已变成物化的一个根源和对现状的一种消极认可力量"①,只不过,法兰克福学派在欧洲所面对的主要理论对手是实证主义的哲学传统,而在美国则是在崇尚自然科学的社会氛围中落地生根的实证主义方法论。

一、方法之争:法兰克福学派与维也纳学派、哥伦比亚学派的争论

实证主义诞生于欧洲,不过在漂洋过海到美国后不仅没有水土不服,反而受到美国学者的热烈欢迎并日益普及,更在主流社会科学研究中受到极力推崇。德国法西斯的上台深刻改变了欧洲思想界,尤其是德语思想界的理论地形。1936 年,维也纳学派的核心领袖石里克因为公开批判德国法西斯的言论被枪击身亡,加之 1938 年德国强行吞并奥地利,和法兰克福学派一样,维也纳学派也因为部分成员的犹太人血统而遭到打压。群龙无首加上社会环境的恶化,维也纳学派的成员纷纷出走英美等国,卡尔纳普、费格尔等人随后在美国学院体制内扎下脚跟,并在美国感受到了一种同"维也纳学派的立场完全一致的时代精神(zeitgeist)",而最明显的理论结果是"逻辑实证主义至少有 20 年成为在美国哲学界讨论、争论和交谈的主体之一"。②

为什么逻辑实证主义会在美国知识界广受好评呢?原因可能有二。第一,皮尔士、詹姆斯和杜威开创的古典实用主义传统将经

---

① [英]戴维·麦克莱伦:《马克思以后的马克思主义》(第 3 版),李智译,中国人民大学出版社 2008 年版,第 272 页。

② 参见[奥]克拉夫特《维也纳学派——新实证主义的起源》,李步楼、陈维杭译,商务印书馆 1999 年版,第 185—187 页。

验作为他们的核心关切，因而同样强调奠基于经验的严格、精确与科学的逻辑实证主义必然受到美国学者的追捧。① 霍克海默就曾经在致洛文塔尔的信中写道，实用主义和实证主义都是"哲学和科学主义的统一"。第二，逻辑实证主义契合了作为发达资本主义国家的美国崇尚科学的社会氛围，并且与抛弃价值判断的技术统治的意识形态互为表里，迎合了资本主义社会的意识形态统治需要。也就是说，在实用主义哲学传统和最发达的资本主义社会的联合催化下，实证主义哲学与方法论在美国知识界获得了最大程度的认可与推广。在此背景下，法兰克福学派与维也纳学派、哥伦比亚学派就方法论问题展开了激烈论争，而争论的焦点就在于辩证方法在当代科学研究中的适用性问题。

第一，围绕辩证法问题，法兰克福学派与维也纳学派进行了两次争论。虽然"同是天涯沦落人"，不过法兰克福学派所秉持的辩证立场明显不如维也纳学派的实证主义立场在美国受欢迎。悉尼·胡克在发表了《自然与辩证法》一文后，遭到霍克海默对他错误对待辩证法原则的批判。因此，胡克就邀请了维也纳学派的纽拉特等人与霍克海默、波洛克、马尔库塞和洛文塔尔等人围绕辩证法问题展开讨论。在两次讨论会中，从逻辑实证主义的原则出发，纽拉特等人要求法兰克福学派成员就辩证法的意义进行清晰、简短的说明，并强调辩证法并不能驳倒科学的真理性，因为法兰克福学派的成员并不能"举出一个在科学上为真理而在辩证法上为谬误的陈述"，也举不出"一个在辩证法上为谬误而在科学上为真理的陈述"。②

霍克海默作为法兰克福学派的主要代表进行了应战。虽然胡克并没有充分记录霍克海默的反驳与论证，但是我们从 1937 年发表

① 参见陈亚军《古典实用主义的分野及其当代效应》，《中国社会科学》2014 年第 5 期；陈亚军《重新认识实用主义》，《开放时代》1999 年第 5 期。
② 参见［美］S. 胡克《忆与霍克海默尔等人的两次座谈》，段小光译，《哲学译丛》1983 年第 1 期。

的《对形而上学的最新攻击》一文中大致可以把握霍克海默的论战思路。霍克海默指出,逻辑实证主义在认识过程中排除主体的作用,将个体间的差别视为纯粹的事实,因而走向了非历史的和非批判的知识概念,即出于精确性、普遍性和可计算的要求,将科学抽象为完全脱离主体感觉的语言判断和命题系统,并必然将自然科学研究的特殊方法普遍化,即将这种物理学化的方法运用于对自然与社会的研究。这种哲学倾向不能将现实与一定的历史活动联系起来,而只能将现实理解为直接呈现的状态,因而就丧失了对现存的社会制度的怀疑能力,只能形成一种直线的、有限的、自我封闭的世界观。因此,霍克海默的结论是,面对逻辑实证主义的理论缺陷,唯一的出路就在于"必须学会辩证地思考"①。

第二,围绕着广播项目研究中采用辩证方法还是经验方法,法兰克福学派与哥伦比亚学派产生了方法论之争。拉扎斯菲尔德本人曾在维也纳大学获得数学博士学位,并热衷于将社会科学与数学联系起来考察和解读。他早年在维也纳开办了经济心理学研究中心,并曾参与法兰克福学派《权威与家庭研究》中奥地利部分的实证资料搜集工作。拉扎斯菲尔德 1934 年因为犹太人身份被迫流亡美国,1937 年在普林斯顿大学创办广播研究所,1939 年迁往哥伦比亚大学,改名应用社会研究所,这个研究所很快成为一个颇有影响力的传播研究组织,并在随后发展成为享誉美国社会学和传播学领域的哥伦比亚学派。德国法西斯借助广播的力量成功攫取魏玛共和国政权的案例使得传播研究成为美国社会关注的焦点问题,洛克菲勒基金会拿出重金赞助拉扎斯菲尔德从事"广播对于所有类型的听众的基本价值"研究项目,试图将广播的力量运用于商业活动之中。作为一名经验主义研究者,拉扎斯菲尔德着力探讨传播领域中的传

---

① Max Horkheimer, *Critical Theory : Selected Essays*, New York : The Continuum Publishing Company, 2002, p. 181.

播效果问题,并为此设计了经验研究的专业仪器和访谈量表。[1]

1937 年,在霍克海默的牵线搭桥之下,阿多诺参与到拉扎斯菲尔德的广播项目研究中去,担任音乐部分研究的负责人。出于对阿多诺的尊重,拉扎斯菲尔德在致信阿多诺的时候提到,希望阿多诺不受经验研究的影响,通过广泛的、初步的理论思考以极大改善对事实的研究。而阿多诺则热情洋溢地回信说明,自己的"理论态度并不厌恶经验研究。……在理论和经验研究之间有一种相互关系,我们称之为辩证方法"[2]。只不过,一旦进入到具体的研究过程之中,阿多诺坚持法兰克福学派的批判理论及辩证方法,以此出发展开对音乐问题的讨论,拉扎斯菲尔德则希望阿多诺运用顺应美国实证主义思潮的经验方法,两人因方法论的冲突而频繁产生论争。两人争论的焦点在于,拉扎斯菲尔德希望关于广播音乐的研究能够刻画听众的画像,进而运用问卷评估不同类型的听众数量,以服务最终的商业目的;阿多诺则从"广播的辩证理论"和"广播的社会理论"出发,批判广播音乐的现有形式对于社会进步趋势的抑制作用,因而阿多诺的最终研究成果就落到了对美国广播和美国社会体系的批判上。[3]"道不同,不相为谋",1940 年夏天,阿多诺与拉扎斯菲尔德在广播项目上的合作宣告终止。

可以看到,即使被迫离开批判理论的诞生地而流亡到实证主义的新的大本营,法兰克福学派也并没有放弃辩证方法和对社会的批判态度,在理论活动中始终坚守辩证精神。不过,这并非说法兰克福学派对经验的实证方法始终抱持抵制的态度。必须看到,法兰克

---

[1] 关于拉扎斯菲尔德与经验研究方法,参见[美]E. M. 罗杰斯《传播学史:一种传记式的方法》,殷晓容译,上海译文出版社 2012 年版,第 249—286 页。
[2] Rolf Wiggershaus, *The Frankfurt School: Its History, Theories, and Political Significance*, Cambridge: The MIT Press, 1995, pp. 237 - 239.
[3] 参见 Rolf Wiggershaus, *The Frankfurt School: Its History, Theories, and Political Significance*, Cambridge: The MIT Press, 1995, pp. 242 - 245。

福学派所反对的只是实证主义和其衍生出的实证主义方法论,而不是在社会研究中使用的经验的实证方法,因为这一点正是霍克海默在就职演讲中所提倡的"哲学与社会科学的联盟"的内在要求。在霍克海默看来,只有将批判理论运用到具体的跨学科研究之中,才能真正彰显批判理论的辩证方法的价值,即对"不仅仅作为个人,而是作为共同体的人类命运的变迁进行哲学阐释"①。这种对于人类整体命运的反思性思考恰恰是实证主义方法论所不能胜任的。

二、从经验研究到理性批判:法兰克福学派的方法探索

马丁·杰评价批判理论的理论特质是"开放性、探索性与未完成性",而且理论的内核是"对封闭的哲学体系的厌恶"。② 马丁·杰的判断为我们指出了理解法兰克福学派及其批判理论纲领的一个方向,即:法兰克福学派虽然因为批判理论而声名大噪,但并非沉迷于纯粹理论研究,而是始终对从经验研究中汲取理论研究资源抱有开放的态度;批判理论也不是故步自封于体系化的哲学理论建构,而是始终面向具体的、经验性的资本主义社会以运用、发展理论。由此,我们需要回到法兰克福学派具体理论研究的历史中去,在学派展开的一系列研究项目中认真思考其体现出的辩证方法及其与实证方法的互动和交融,进而充分理解学派始终坚守辩证方法的逻辑必然与现实需要。

第一,法兰克福学派存在研究重心从单纯强调经验研究向"理论建构与经验方法融通"转移的过程。在格律恩堡主政社会研究所

---

① Max Horkheimer, *Between Philosophy and Social Science: Selected Early Writings Studies in Contemporary German Social Thought*, Cambridge: The MIT Press, 1993, p. 1.
② 参见 Martin Jay, *The Dialectical Imagination: A History of the Frankfurt School and the Institute of Social Research, 1923–1950*, Berkeley: University of California Press, 1996, p. 41。

时期,经验研究是研究所最主要的研究手段。格律恩堡本人对理论并不感兴趣,因此在他的就职演讲中着重强调了归纳的认识方法,并将社会研究所的研究主题引向社会主义和工人运动史。因而我们看到,在格律恩堡主持编辑的《社会主义和工人运动史文库》中主要刊载了历史性的、经验性的研究成果,而理论研究成果则寥寥无几。① 格律恩堡主持的"社会研究所丛书"中收录的格罗斯曼的《资本主义体系的积累规律及其崩溃》(1929)和魏特夫的《中国的经济与社会》(1931)等作品都是经验研究成果的体现。

接任所长后,霍克海默试图调整格律恩堡时期的研究"音调"。霍克海默虽未直接参与到"马克思主义研究周"的活动中,没有亲自与卢卡奇、柯尔施进行交流,但是深切领会了他们两人所重新发现的马克思主义的哲学本质——以辩证法的形式表现的科学的批判的方法论。阿多诺曾在致洛文塔尔的信中提及,早在1924年夏天,他就和霍克海默、波洛克"对唯物史观进行了长时间的、热烈的探讨"②。这充分说明,霍克海默此时已经以唯物史观为理论支援背景,对资本主义社会及其哲学进行了批判的审视,在此过程中,霍克海默无疑会意识到:"等待被超越的资产阶级思想的二律背反是历史唯物主义进入资产阶级学院或者说被当代社会广泛接受的最主要障碍,其主要对手是实证主义及其辩证的对立面形而上学。"③对此,霍克海默提出的应对之策在他就任社会研究所所长的就职演讲中得以充分表达,即"与同事一道,建立一个计划工作的专政制度,

① 参见 Martin Jay, *The Dialectical Imagination: A History of the Frankfurt School and the Institute of Social Research, 1923-1950*, Berkeley: University of California Press, 1996, pp. 12-13.
② Rolf Wiggershaus, *The Frankfurt School: Its History, Theories, and Political Significance*, Cambridge: The MIT Press, 1995, p. 46.
③ 张亮:《霍克海默与法兰克福学派的理论创新道路》,《学术月刊》2016年第5期。

以取代社会调查中哲学建构和经验研究的简单并列"①,而且他指出,只有以思辨的方式,人们才有可能把握到隐藏在整体性背后的理性与意义。在所长负责制的背书下,霍克海默得以调整社会研究所的工作重心,使之从社会史研究向社会理论研究转移,进而"将卢卡奇和柯尔施对马克思主义哲学元素的恢复与舍勒在哲学中引入大量经验知识的结合工作联系了起来"②。以此为指导,法兰克福学派除了孕育批判理论这一传世经典,也初步探索了"理论建构与经验方法融通"的研究路径。甫一就任,霍克海默就领导了对魏玛共和国工人阶级的心理状态做的经验研究,以回答传统马克思主义无法解释的无产阶级没有发挥其激进革命作用的原因,其最终的研究报告是把批判理论运用到具体的、经验的问题上的第一次真正尝试,即使最终并未公开出版。③

第二,法兰克福学派在主要成员流亡到美国后,虽然始终坚持对实证主义的批判立场,但是也同样注重经验项目的研究,试图在经验研究中验证、丰富批判理论。1935年年中,法兰克福学派完成了第一部集体研究著作——《权威与家庭研究》,霍克海默在前言中展望说,学派未来的研究将会把精力集中在尽可能全面地收集和分析经验材料上面,以此在跨学科的"哲学与社会科学的联盟"中达成持续的科学认识。在此之后,法兰克福学派启动了大众文化研究这一跨学科的集体研究项目,除了由本雅明在欧洲推动的"拱廊街计划",阿多诺在美国参与的广播研究项目更是将跨学科研究和"理论

---

① Max Horkheimer, *Between Philosophy and Social Science: Selected Early Writings Studies in Contemporary German Social Thought*, Cambridge: The MIT Press,1993, p. 11.

② Rolf Wiggershaus, *The Frankfurt School: Its History, Theories, and Political Significance*, Cambridge: The MIT Press, 1995, p. 40.

③ 参见 Martin Jay, *The Dialectical Imagination: A History of the Frankfurt School and the Institute of Social Research, 1923-1950*, Berkeley: University of California Press, 1996, pp. 116-118。

建构与经验方法融通"表现得淋漓尽致。正是在霍克海默的安排下,阿多诺抵达美国,与拉扎斯菲尔德开展合作。如前所述,虽然这次合作因为洛克菲勒基金会的介入而以失败告终,但是我们要看到的是,阿多诺只是没有拿出洛克菲勒基金会希望获得的可以用于指导商业活动的成果,他拿出的是以批判理论为指导的资本主义社会批判的成果,这包括了《广播音乐的社会批判》《论流行音乐》等杰出著作。

通过大众文化研究,法兰克福学派将大众文化看作肯定性文化来加以批判,只不过,否定肯定性的大众文化不是为了强调精英文化,因为这里的大众文化不是服务于大众的文化,而是资本主义国家强加给人民的、服务于资本主义统治的文化。这里的逻辑转换在于,法兰克福学派意识到,资本主义通过工业化的方式"机械复制"艺术,将本来是个性化的艺术作品转化为标准化的消费产品,在打磨掉艺术作品灵韵的同时使之"飞入寻常百姓家"。这种大众文化不过是一场大众骗局,背后起作用的正是资本主义的文化工业。这种文化工业的发展反映了"科技的发展促使技术的统治进一步取代了政治的统治,用发展生产来掩饰统治支配",进而"借助意识形态使统治合理性的内容渗透到人们的私人生活及心理本性之中,以达到思维统治的统一化"①。这种意识形态统治就是实证主义逻辑转化成的现实政治与生活中的技术统治。也就是说,资本主义社会在面对统治危机的情况下,除了像德国法西斯那样采取极端政治举措以压制工人群众的革命运动,还可以充分运用大众文化的意识形态功效以消弭工人群众的反抗。作为资本主义最高发展阶段代表的美国,就以一种全新的方式展现了资本主义的社会整合力量:不再诉诸公开的暴力手段,而是运用文化工业的力量,以大众文化的形

---

① 冯潇、张亮:《法兰克福学派的大众文化研究》,《学术界》2018 年第 9 期。

式将人民群众的意识消融在社会现状的平庸之中。由此,实证主义就在文化的再生产过程中充分发挥了自身的社会整合作用。通过批判理论与经验研究的结合,法兰克福学派最终走到了文化工业的面前,在艺术的表象背后遭遇了资本主义的统治现实,那么是时候以辩证的理论武器对资本主义进行彻底的理论清算了。

第三,法兰克福学派在辩证法项目中展开了对资本主义的系统批判与深入反思,这是采用辩证方法论必然走向的批判终点站。马丁·杰在系统梳理了法兰克福学派在美国20世纪40年代的经验性工作后,指出:"尽管学会使用了美国的经验方法和统计技术,但法兰克福学派并没有真正放弃批判理论的方法论,总的来说,它仍然忠实于《传统理论与批判理论》中概述的方法论原则。"①马丁·杰的判断为我们揭示了,法兰克福学派始终坚守着辩证方法论,对于经验方法的掌握与使用更应该被视为法兰克福学派的方法论实验。质言之,在法兰克福学派的理论实践过程中,辩证方法为"体",经验方法为"用",通过体用结合服务于法兰克福学派对于资本主义的批判研究。

在大众文化研究之后,霍克海默和阿多诺联手投入辩证法项目的研究工作,意识到是时候从对艺术的研究转为直接面向资本主义本身了。在《启蒙辩证法》中,霍克海默和阿多诺对作为资本主义代名词的启蒙做出了诊断,提出"启蒙变成了实证论,变成了事实的神话",而且借助于对传媒等大众文化的经验研究指出,"在传媒中,启蒙主要表现为对制作和传播的效果和技术的计算"。② 那么,何谓启

---

① Martin Jay, *The Dialectical Imagination: A History of the Frankfurt School and the Institute of Social Research*, *1923 - 1950*, Berkeley: University of California Press, 1996, p. 240.

② 参见 Max Horkheimer & Theodor W. Adorno, *Dialectic of Enlightenment: Philosophical Fragments*, trans. Edmund Jephcott, Stanford: Stanford University Press, 2002, p. xii & p. xviii。

蒙辩证法呢? 在霍克海默和阿多诺看来,本来表征自由与进步的启蒙精神翻转为奴役与物化,更确切地说,就是在资本主义的当下,启蒙彻底成为统治的意识形态,"科学作为一种工具却失去了自知之明,而启蒙摇身一变成为将真理与科学体系等同起来的哲学"①。作为科学主义的哲学表现形式的实证主义实际上正是人的理性被推演到极致的体现,霍克海默哀叹其是"理性之蚀",也即现代性危机。伴随着启蒙在现实资本主义社会中不断展开的过程,实证主义借助扭曲科学技术为技术统治的意识形态,与资本主义实现了深度融合,成为资本主义社会中的一种客观的意识形态力量。霍克海默和阿多诺认为,实证主义成为意识形态的内在逻辑是,主体借助科学技术,以劳动为中介实现了对自然的控制,但是这种控制的背后却是主体完整性的丧失,取而代之的是实证主义对世界的逻辑认知被偷梁换柱为资本主义统治世界的逻辑,资本主义由此真正实现了对主体和自然的全面统治。②

　　马尔库塞进一步发挥了霍克海默和阿多诺的批判逻辑,指出科学技术为统治活动提供了概念和工具。在马尔库塞看来,人们运用科学方法制造控制自然的技术设备,但是这些设备却将人们牢牢束缚在劳动过程之中,使得人们成为技术设备的附属物,成为流水线上的一个个原子式存在,沦为"单向度的人"。法兰克福学派从科学技术批判切入对资本主义社会的批判性研究,明确把握到,唯科学主义的世界观俘获了社会大众,并凭借其工具性和奴役性的特征,在与资本主义相结合的过程中成为科学技术意识形态,成为颠倒和掩盖资本主义现实统治的帮凶,在资本主义社会中发挥着统治与奴

---

① Max Horkheimer & Theodor W. Adorno, *Dialectic of Enlightenment: Philosophical Fragments*, trans. Edmund Jephcott, Stanford: Stanford University Press, 2002, p. 66.

② 参见张亮《关于阿多诺哲学贡献的当代中国思考》,《北京师范大学学报(社会科学版)》2022 年第 3 期。

役的社会功能。马尔库塞因此高呼"科学技术是意识形态",哈贝马斯则指认了这种"实证主义的狭隘的科学观念是卢卡奇所批判的一般物化趋势的一种特殊表现形式"①。面对资本主义依靠实证主义"化身"的科学技术意识形态实现的对社会现实的支配与统治,单纯凭借经验研究的方法已然无法穿透资本主义社会统治的迷雾了,而只能求助于辩证方法来"破局"。霍克海默和阿多诺因此沿着卢卡奇的物化批判路线,对现代主体的物化意识展开深刻反思,提出了启蒙辩证法,以此戳穿了启蒙与资本主义的同构神话。从启蒙辩证法出发,法兰克福学派坚持了对实证主义的批判立场,并首开了对作为意识形态的科学技术的批判先河。

三、方法突围:走向"哲学与社会科学的联盟"

魏格豪斯在评价《权威与家庭研究》时认为,正如法兰克福学派后来的研究项目所显示的那样,批判理论与经验研究相结合的跨学科工作的高潮实际上已经在《权威与家庭研究》后过去了,虽然经验研究项目仍在开展和推进,但即使是像《权威与家庭研究》这样的松散的集体工作也没有再重现过了,学派对于"经验研究只是任其自然发展,而没有进一步尝试'理论建构与经验方法相融通'"②。魏格豪斯显然是对霍克海默的"哲学和社会科学的联盟"的方法论构想持消极态度。但是,如果我们细致观察权威研究、纳粹研究和大众文化研究等项目就会发现,法兰克福学派在被迫流亡美国的现实条件下,始终坚持马克思主义的批判特性,在跨学科的研究中将哲学理论引向社会现实,批判的锋芒始终指向资本主义的历史、当下与

---

① [德]尤尔根·哈贝马斯:《交往行为理论》第 1 卷,曹卫东译,上海人民出版社 2018 年版,第 457 页。
② Rolf Wiggershaus, *The Frankfurt School: Its History, Theories, and Political Significance*, Cambridge: The MIT Press, 1995, p. 156.

未来,在 20 世纪的马克思主义发展史上走出了一条被历史验证了理论效力的理论创新道路,实现了实证主义泛滥背景下的辩证方法论突围。《启蒙辩证法》的理论穿透力和影响力就有力证明了"哲学与社会科学的联盟"这一研究方法是科学且富有成效的。因此,在探索 21 世纪中国马克思主义理论创新道路的征途中,我们应该回过头去认真思索"哲学与社会科学的联盟"的方法论意义,为探索回应中国实践、中国道路、中国时代的当代马克思主义汲取思想史的经验。

第一,实证方法成为当代自然科学与社会科学的主流方法,在自然与社会研究中凸显了其实用的实践效能与科学价值,在理论研究中应充分借鉴与吸收。自然科学与社会科学门类繁杂,每门学科都有其独到的研究方法论,但是无一例外都要求运用可证实的方法以客观、系统地观察和解释自然界与人类社会不停流变的现象,因此实证方法无疑是纵贯诸多学科的核心方法。马克思恩格斯充分肯定了经验研究对于理论研究的必要性,在他们从青年到老年的理论著作中都能看到经验研究的踪迹,而且他们始终关注自然科学的最新进展,为科学技术的进步欢欣鼓舞。通过与自然科学、经验研究的理论互动,马克思恩格斯最终创设了"真正的实证科学",为实证主义威胁下的哲学发展开辟了政治经济学批判这一理论创新道路,使得理论研究真正与经验研究结合了起来。

沿着马克思恩格斯开辟的理论创新道路,霍克海默在就职演讲中明确提出,真正的研究者需要"在最精确的科学方法的基础上追求更大的哲学问题,在实质性工作中修正和完善他们的问题,并在不忽视更大背景的情况下开发新的方法"①。在霍克海默看来,这就要求哲学家、历史学家、社会学家、经济学家等人文与社会领域的研

---

① Max Horkheimer, *Between Philosophy and Social Science: Selected Early Writings Studies in Contemporary German Social Thought*, Cambridge: The MIT Press,1993, pp. 9 - 10.

究者在追求这一"更大的哲学问题"的过程中集合为一个团队,以携手攻关这一问题,法兰克福学派就是在这一思想的指导下开展集体合作项目的,并取得了丰硕的理论成果。运用可证实的科学方法观察和思考社会也为中国马克思主义者所肯定。毛泽东就曾指出:"没有调查,没有发言权。"①习近平总书记所提出的,从当代中国的社会变革与实践创新中"给理论创造、学术繁荣提供强大动力和广阔空间"②,实质上也正是要求理论工作者深入鲜活的社会,在社会现实中为理论创新汲取源源不绝的思想资源,将理论研究的脚步踏在坚实的经验研究基础之上。唯其如此,我们才能做出真正符合时代需要、回应时代精神的理论成果。

第二,我们需要高度警惕与反思实证主义方法论背后潜藏的意识形态陷阱与非批判的实证思维。自然科学与社会科学研究运用的实证方法作为人类认识自然界、解释人类社会的研究方法,本身是价值中立的,但是我们并不能将这一逻辑推论为,实证主义方法论本身也是价值中立的。实证方法一直标榜自身立足于事实的客观性,因而在研究中能够保持价值中立,但是理论研究并不是悬浮于社会的真空中的,即使是科学技术也会在具体的社会情境中发挥超越技术本质的功能。马尔库塞通过对于科学技术的分析就发现,在资本主义社会里,"技术,是一种生产方式,是代表机器时代的工具、设备与发明物的总体,因此,它同时也是一种组织和维持(或改变)社会关系的方式,一种流行的思维和行为模式的表现形式,一种控制与支配的工具"③。马尔库塞的指认清晰地展示了,在资本主义的生产关系中,思想与技术都会被打上资本逻辑的深刻烙印,非批判的理解使得思想与技术沦为资本逻辑无思想的传声筒。

---

① 《毛泽东选集》第 1 卷,人民出版社 1991 年版,第 109 页。
② 习近平:《在哲学社会科学工作座谈会上的讲话》,《人民日报》2016 年 5 月 19 日。
③ 《马尔库塞文集　第一卷:技术、战争与法西斯主义》,高海清、冯波译,人民出版社2019 年版,第 50 页。

　　此外，实证主义并不是人类哲学思考的终极模板，根本无法承担哲学之于人类的理想价值引领与批判思维锤炼的使命。如果人类顺从地依照实证主义的逻辑进行思考，那么在思维上导致的直接后果就是会抗拒批判思维乃至丧失批判思维，人类自身的价值判断和理性思维都将被不加分类地丢弃进形而上学的"垃圾桶"。进而，在实证主义的逻辑下，主体与客体的关系就被建构成一种僵化的二元对立结构，社会现实也就变成于主体而言异己的存在物，主体不能真正理解、认识和把握，而只能消极直观、适应与服从。作为客体的存在就此获得了类似自然规律的永恒性辩护，资本主义也就顺理成章地超脱出历史运动的规律。因而，实证主义必然反对历史唯物主义，反对辩证法。相应地，马克思主义也必须持续不断地与实证主义作斗争，坚持驳斥实证主义的意识形态性与非批判性，坚持唯物的、历史的与革命的辩证法！

　　第三，霍克海默所提出的"哲学与社会科学的联盟"延续了马克思恩格斯所开辟的理论创新道路，为21世纪中国马克思主义的理论创新指明了方向。我们看到，当霍克海默遭遇20世纪二三十年代的资本主义学院派哲学时，他清楚地看到了对于历史哲学的抽象普遍性和关于社会与人的具体科学的个别性之间的二律背反，因而提出了"哲学和社会科学的联盟"之路，即寻求哲学家与各部门科学家之间的彼此合作，"一方面哲学家要放弃建立思辨体系的奢望，另一方面部门学科专家要放弃对'坏的'个别性、人的行为和人们之间相互关系的现实性的素朴的信赖"①。在"哲学与社会科学的联盟"的方法论引领下，法兰克福学派形成了作为纲领的批判理论，完成了权威研究、纳粹研究、大众文化研究、辩证法研究等诸多集体攻关项目，留下了《启蒙辩证法》《理性之蚀》《理性与革命》等传世之作，并

---

① ［苏］苏联科学院社会学研究所：《现代资产阶级理论社会学批判》，郑杭生、贾春增、张进京等译，中国人民大学出版社1981年版，第198页。

始终坚守着基本贯穿了法兰克福学派整个发展史的对于实证主义及其方法论的批判，直至哈贝马斯以交往行动理论扭转了批判理论的理论逻辑。法兰克福学派的研究实践与理论成果向我们昭示了，实证方法与辩证方法之间并非简单的二元对立关系，而是能够在具体的理论创新过程中实现辩证融合。

第三节　否定社会 VS 肯定社会：法兰克福学派批判实证主义的社会维度

法兰克福学派从理论与方法的维度对实证主义进行了坚决批判，但是学派的关注重心始终是落在资本主义社会之上的。因此，批判理论的诉求在于从历史唯物主义视域出发批判资本主义社会的永恒性假象，"哲学与社会科学的联盟"方法则力图破除实证主义方法论逻辑下的技术统治与永恒的资本主义意识形态幻象，二者的理论目的殊途同归，都指向了法兰克福学派历史性遭遇的资本主义社会。无论是法西斯横行的纳粹德国，还是文化工业繁荣的美国，在法兰克福学派看来都不过是资本主义社会的不同表现形式罢了，在本质上都是资本主义发展到新阶段的产物。在资本主义的新阶段，资本主义社会牢牢抓住实证主义的肯定性与同一性逻辑，以此作为自身的理论护身符。面对两者的结合，法兰克福学派对资本主义社会展开了彻底的理论审查，在否定的批判旋律中揭穿了资本主义社会肯定与同一的假象。但是，法兰克福学派的批判之思为什么没能最终通向解放之途？通过审视法兰克福学派与实证主义关于社会理论的争论，我们或许能够一窥些许答案。

一、"实证主义争论"：法兰克福学派与实证主义社会理论的争论公案

第二次世界大战结束后，洛文塔尔告知霍克海默，德国的所有

大学都想获得学派的刊物《社会研究学刊》,法兰克福学派是时候重返故土了。霍克海默在审慎思考之后,选择带领阿多诺和波洛克返回法兰克福,着手整合、重建社会研究所。历史地看,法兰克福学派流亡在美国的时期无疑是其最具创造力的时期,但返回德国后却是学派最具理论影响力的时期。原因可能是两个方面的。第一,法兰克福学派在美国期间始终坚持用德文写作,终于等到了批判理论在德国发酵的时刻,甚至德国社会科学中最保守的历史学也受到了批判理论的影响,"1950 年以后,法兰克福学派作为一个组织在其成员的思想和整个社会之间起到了积极的中介作用。它为批判理论在新的语境下的发展提供了一个传播的平台"①。第二,霍克海默和阿多诺接连担任了法兰克福大学哲学和社会学的教席,并带领重建的社会研究所进入德国社会学和哲学的主流。不同于法兰克福学派,法兰克福大学以及德国众多战前知名的教授都未选择回归德国。在德国社会贫瘠的思想背景下,法兰克福学派的思想滋养了新一代的德国学生,拉尔夫·达伦多夫、尤尔根·哈贝马斯、路德维希·冯·弗里德贝格等战后成长起来的德国知名学者都与社会研究所产生了学术关联。不过,在社会研究所成为德国社会学研究与教学的中心的辉煌时刻,接替霍克海默担任社会研究所所长的阿多诺却与卡尔·波普尔发生了德国社会学史上的一桩知名公案——"实证主义争论"。那么,这场争论为什么会发生? 又为何被称为"实证主义争论"? 争论双方又是如何展开论战的呢?

首先,对于这场争论发生的原因,我们需要回到战后重建的德国社会学语境中去寻找答案。在战后的德国,为了全面清除纳粹德国的影响,美国主导了对于西德的战后社会改造。对于负责美国对

---

① Martin Jay, *The Dialectical Imagination: A History of the Frankfurt School and the Institute of Social Research*, *1923 - 1950*, Berkeley: University of California Press, 1996, p. 292.

德政策的官员来说,他们将美国公民所熟悉的那种强调经验研究的社会学视为走向美式民主政治的重要因素,因而极力将其引入西德,以期从理论走向社会建设的实践。例如,美国驻德高级特派员办事处在达姆施塔特建立了社会—科学研究所,洛克菲勒基金会则资助建立了多特蒙德社会学研究所,德国理论社会学的传统遭遇美国实证社会学的全面进攻与颠覆。① 面对社会学的美国化、实证化侵袭,拉尔夫·达伦多夫于1958年出版《社会人》一书,批评当时的德国社会学家在面对美国化时的过分消极态度,引发了德国社会学界的激烈争论。② 也正是在德国社会学关于美国化、实证化争论的大背景下,以阿多诺与卡尔·波普尔为核心的"实证主义争论"爆发了。

其次,要想回答这场争论被称为"实证主义争论"的原因,我们需要厘清波普尔与实证主义的理论关系。法兰克福学派在美国的理论对手,无论是维也纳学派还是莱辛巴赫的柏林小组中,都没有一位流亡的实证主义哲学家选择回归德语思想界。原因不难猜到,逻辑实证主义在美国哲学界大受欢迎,并且崇尚科学的社会环境对于逻辑实证主义的发展很友好,因此留在美国就是一个很容易作出的决定了。那么,是不是说在"实证主义争论"中就没有一位真正的实证主义者参与呢? 实际上,从波普尔的理论生涯来看,他早年与维也纳学派交往甚密,与石里克、卡尔纳普有着较为密切的学术交流。但是众所周知的是,波普尔自称批判理性主义者,而且向来为自己早在1934年就"扼杀"了逻辑实证主义而自豪。在《科学发现的

---

① 参见 Rolf Wiggershaus,*The Frankfurt School: Its History,Theories,and Political Significance*,Cambridge:The MIT Press,1995,p. 434。
② 德国社会学界处境极为尴尬,一方面本土社会学家受到"纳粹帮凶"的指责,本土的理论传统无以发扬,另一方面从美国输入的经验研究方法其实并不是什么新鲜事物,纳粹德国推行优生政策就是其所强调的定量实证研究得出的结论。参见郑作彧《"社会学本土化"的德国经验:"角色之争"及其去美国化效应》,《学术月刊》2021年第5期。

逻辑》第一版序言中,波普尔指出,哲学家"不能诉诸一个公认的问题情境;因为人们所公认的事实也许并不存在这样一个问题情境"①,因而提出证伪原则以取代实证主义所坚持的证实原则。不过从逻辑上看,证实与证伪实质上只是一枚硬币的正反面。我们看到,证实原则认为,一切在认识论上有意义的命题,要么可以被经验实证,要么在逻辑上是重言的(永真的);证伪原则认为,只要可以给全称命题找到一个反例,就可以否定这一命题。但是,证伪原则并非要以排除法将被否定的命题清除出去,而是要寻求科学命题的证实性。在证伪原则看来,"只有能够被证伪的命题才是真的和有意义的,才是科学的命题,才能够推进科学的进步;而那些声称'放之四海而皆准'但无法发现反例的命题则是非科学的,应当加以抛弃"②。从这个意义上讲,可证伪性所追求的实质上依然是证实性。因此,从哲学立场上讲,波普尔依然站在实证主义的阵营之中。

从实证主义的哲学立场出发,波普尔在社会学上坚持实证主义和反马克思主义的立场。在纳粹德国的反犹浪潮下,波普尔流亡新西兰任教,在第二次世界大战的尾声连续发表、出版了《历史决定论的贫困》(1944)和《开放社会及其敌人》(1945)。在《历史决定论的贫困》中,波普尔以逻辑实证主义的方法批判了历史决定论,认为即使是自然科学的方法也无法准确预测人类知识的增长,因而以历史主义把握社会历史规律就更是天方夜谭了,由此否认了人类预测历史未来进程的可能性。③ 而在《开放社会及其敌人》中,波普尔则认为,"马克思主义是一种纯粹的历史理论,一种旨在预言经济和政治的发展的未来进程,尤其是预测革命的未来进程的理论",因此"要对

---

① Karl Popper, *The Logic of Scientific Discovery*, New York: Routledge, 2005, p. xvi.

② 江怡:《实证主义在我国当代哲学中的命运》,《哲学动态》1999年第9期。

③ 参见[英]卡尔·波普《历史决定论的贫困》,杜汝楫、邱仁宗译,华夏出版社1987年版。

历史主义的思想方法的破坏性影响负责"。① 凭借这两部著作,波普尔在资产阶级学界赢得了世界性赞誉,也站稳了其在社会学中的实证主义和反马克思主义的立场。

最后,这场"实证主义争论"的整体过程是什么样的呢? 面对德国社会学的美国化、实证化趋势以及以波普尔为代表的实证主义社会学在德语思想界的传播,自 1953 年以来担起社会研究所领导责任的阿多诺从经验研究中抽身出来,针对实证主义社会学发出批判之声,捍卫了法兰克福学派的理论立场。② 阿多诺与波普尔的"实证主义争论"从整体过程来看,大致可以分为三个阶段。

第一阶段,在 20 世纪 50 年代,阿多诺率先对实证主义社会学展开批判。阿多诺极为反感技术统治和工具理性,因而沿着启蒙辩证法的路向在社会学中着力批判晚期资本主义社会。1957 年,阿多诺发表《社会学与经验研究》一文,强调经验研究与社会批判理论间的方法鸿沟,认为经验研究无法揭示社会总体的意义,因为哪怕是虚假的总体也只有通过社会批判理论才能触及。 由此,阿多诺批判经验研究方法成为资本主义社会现实的意识形态帮凶,"当人们把研究方法所掌握和表达的科学的内在理性的状态具体化,而不是把科学作为思考的对象的时候,那么人们就是在有意或无意地使状态永

---

① 参见[英]卡尔·波普尔《开放社会及其敌人》第 2 卷,郑一明等译,中国社会科学出版社 1999 年版,第 146 页。
② 有趣的是,当德国社会学在美国的影响下日益实证化的时候,美国社会学却开始重新审视社会学的方法论基础。"在美国,人们对辩证法的兴趣开始提高了。……法兰克福学派的'批判的社会学'思想对美国的社会学有着特殊的影响。六十年代,'新左翼'运动成了这种思想广为传播的社会基础。……在美国的社会学思想中发挥了日益巨大的作用。"实证主义在社会学领域遭遇的"辩证法反击"从侧面反映了实证主义所存在的方法论局限,以及实证主义在直面现实社会历史领域时的"手足无措"。参见[苏]苏联科学院社会学研究所《现代资产阶级理论社会学批判》,郑杭生、贾春增、张进京等译,中国人民大学出版社 1981 年版,第 310—314 页。

恒化"①。

第二阶段，1961 年，"实证主义争论"于德国社会学协会在图宾根举办的一场内部研讨会正式爆发。阿多诺与波普尔并未直接进行理论的"短兵相接"，而只是阐明了各自的理论立场。在阿多诺的视野中，其与波普尔的"实证主义争论"实质上"只是 20 世纪 30 年代开始的维也纳学派和霍克海默圈子之间争端的延续"，只不过争论从理论与方法领域转移到了社会学领域。② 阿多诺和波普尔围绕"社会科学的逻辑"这一主题分别做了报告。波普尔认为，社会学可以做客观理解以独立于所有主观或心理观念而发展，原因正在于经济学方法的独特作用，"对经济学逻辑的研究最终可以得出一个应用于社会学的结果。这一结果表明，在社会学中存在一种纯粹客观的理解方法"③。在此，波普尔重申了运用实证主义方法论研究社会学的立场。阿多诺对此予以了回应，认为在社会学中运用实证主义方法论是建立在研究对象与方法论脱节的基础之上的，社会并不是简单、中立的逻辑范畴体系的集合，而是一个"对抗性的总体"，存在着普遍与个别的根本对立，要理解社会中的个体就必须理解作为总体的社会，而要理解这个总体的社会就必须运用辩证的、批判的方法。如果只是运用实证主义的方法论，那么就会导致对现实的顺从主义，而无法在逻辑方法程序中把握作为总体的社会。因此，阿多诺批评指出："如果社会学希望致力于深入理解事实和数据以便为统治者服务的话，那么，这种在非自由条件下取得的进展将会越来

① Theodor W. Adorno，"Sociology and Empirical Research"，in *The Positivist Dispute in German Sociology*，trans. Glyn Adey & David Frisby，London：Heinemann Educational Books Ltd，1977，p. 74.

② 参见 Rolf Wiggershaus，*The Frankfurt School：Its History，Theories，and Political Significance*，Cambridge：The MIT Press，1995，p. 566。

③ Karl R. Popper，"The Logic of the Social Science"，in *The Positivist Dispute in German Sociology*，trans. Glyn Adey & David Frisby，London：Heinemann Educational Books Ltd，1977，p. 102.

越偏离于社会学自以为胜过了批判理论的详细洞见,并使自身彻底失去意义。"①

第三阶段,哈贝马斯和阿尔伯特代表法兰克福学派与批判理性主义学派继续展开激烈争论。虽然阿多诺与波普尔在会场上并未直接进行激烈的争执,但是他们的学生哈贝马斯与阿尔伯特等人连续撰文进行了笔战,将"实证主义争论"的战火越烧越旺。哈贝马斯发表了《科学和辩证法的分析理论》《实证主义的双重理性主义》等文章,而阿尔伯特则以《总体理性的神话》《在实证主义背后?》等文章进行回应。1969 年,阿多诺将相关文章集合成册,以《德国社会学中的实证主义争论》为题出版,并为此书写了长篇导论。在导论中,阿多诺总结提出,这场"实证主义争论"暴露了双方的根本性对立,也说明了两者之间无法达成真正的共识。但是,社会学无论是要像孔德以降的传统那样成为维护社会的科学(实证),还是要超越社会经验的结果而努力改变社会的基本结构(批判),"辩证法在这场争论中都不会妥协,因为它认为它将超越实证主义止步的地方,也即在科学建制不容置疑的权威面前继续反思"②。阿多诺是如此说的,也是如此做的。

阿多诺坚决批判实证主义的社会学并不令人意外。重返德国后,霍克海默由于谨慎的考量和繁杂的行政工作,显著减弱了在推进批判理论方面的努力。阿多诺作为霍克海默选定的接棒者,承担起继续推进批判理论的重任。与此同时,在热战刚熄、冷战又起的大背景下,德国思想界的主导话语牢牢掌握在现象学和实证主义的

① Theodor W. Adorno, "On the Logic of the Social Science", in *The Positivist Dispute in German Sociology*, trans. Glyn Adey & David Frisby, London: Heinemann Educational Books Ltd, 1977, p. 121.

② Theodor W. Adorno, "Introduction", in *The Positivist Dispute in German Sociology*, trans. Glyn Adey & David Frisby, London: Heinemann Educational Books Ltd, 1977, p. 67.

社会学手上,并深刻形塑了战后德国的思想地图。面对理论与现实同时发出的挑战,阿多诺欣然迎战,沿着《启蒙辩证法》开辟的实证主义批判路径,继续探索批判资本主义社会的辩证理论,最终在《否定的辩证法》中完成了对实证主义与资本主义社会内在关系的彻底批判。

二、否思肯定与同一的社会:法兰克福学派的辩证批判与理论分化

作为继承了马克思主义辩证批判精神的批判理论,对于资本主义社会展开批判性的考察是题中应有之义。虽然格律恩堡时期的社会研究所集中于非批判的社会科学实证研究,但是格罗斯曼和波洛克等研究员关于“资本主义必然崩溃问题”的政治经济学研究奠定了法兰克福学派批判研究当代资本主义社会的理论基础,因为“在运用历史唯物主义分析研究变化了的现实的过程中,政治经济学具有无可取代的基础性地位”[①]。自此以后,法兰克福学派就始终秉持批判资本主义社会的理论立场。霍克海默领导筹划的批判理论和开辟的“哲学与社会科学的联盟”方法都建基于他对政治经济学批判的理解与运用。因此,霍克海默在《独裁主义国家》一文中肯定性地宣称:“有关资产阶级社会命运的历史预言已经得到了证实”,当代的独裁主义国家本质上只是国家资本主义,而“联合起来的无产阶级将摧毁这最后的剥削形式,即国家资本主义的奴隶制度”[②]。于法兰克福学派而言,为实现这一愿景,探明实证主义与资本主义社会的内在关系就成为理论研究的当务之急,学派选择运用的理论武器就是否定的辩证法。

[①] 张亮:《法兰克福学派的批判理论与政治经济学》,《天津社会科学》2009 年第 4 期。
[②] 参见上海社会科学院哲学研究所外国哲学研究室编《法兰克福学派论著选辑》,商务印书馆 1998 年版,第 90—91 页。

第一,马尔库塞以辩证法的否定性解析了实证主义与资本主义社会的内在同构关系,以乐观主义态度走向对资本主义社会的激进"文化大拒绝"。同霍克海默、阿多诺等人一样,马尔库塞出身中上层犹太家庭,青年时期参与激进政治活动,并先后师从胡塞尔和海德格尔,因而在其理论生涯中,马克思主义的理论底色与现象学、存在主义等哲学思想始终存在着复杂的交织关系。1933 年,马尔库塞加入社会研究所,深深认同霍克海默开创的社会批判理论,认为哲学的功能在于对现实社会的批判,进而着力以关于当代资本主义具体的社会批判来激活被第二国际部分理论家放弃的马克思主义辩证法理论,将马克思主义哲学解释为实现人的解放的激进行动理论。

面对法西斯的猖獗,马尔库塞从马克思主义的基本立场出发,指出:"法西斯主义国家就是法西斯主义社会,极权主义的暴力和极权主义的原因都来源于现存社会结构"①。质言之,法西斯主义就是资本主义社会的现实产物,而批判法西斯主义就是批判资本主义社会。在一篇题为《唯心主义与实证主义》的演讲稿中,马尔库塞认为,孔德以降的实证主义本质上就是一种社会哲学,在工业与科学技术进步的影响下,实证主义涉足社会领域的问题,并与资本主义社会的再生产和扩张紧密联系了起来,人类命运就此被束缚于事实的狭隘范围之内,而走出这一困境的途径只能仰赖于辩证方法的否定态度。在马尔库塞看来,之所以只能仰赖发挥辩证法的否定功效,"是因为它拒绝承认把经验的证实当作最高的裁决,是因为它坚持理性的公理,反对占主导地位的事实"②。对于辩证法否定精神的肯定使得马尔库塞识破了实证主义与资本主义社会的内在同构关

---

① Herbert Marcuse, "Foreword", *Negations*, London: MPG Books Group, 2009, p. xvii.
②《马尔库塞文集 第五卷:哲学、精神分析与解放》,黄晓伟、高海清译,人民出版社 2019 年版,第 129—134 页。

系。对于英美思想界广为传播的黑格尔哲学是法西斯国家的哲学基础的论调,马尔库塞予以坚决批判。在《理性和革命》中,马尔库塞直接从黑格尔的《逻辑学》中读出了否定性这一理性的核心,由此强调:黑格尔哲学的理性主义与法西斯国家的非理性主义是根本对立的,实证主义才是法西斯主义的真正哲学基础,因为"理性原则的毁灭,以自然解释社会,思想服从特定的不可改变的动力"①正是实证主义的理论特征。留在美国的马尔库塞持续理论的高产,先后出版《爱欲与文明》《单向度的人》等著作,在变化的历史情境下持续推进批判理论对资本主义社会的考察,提出了在压迫性社会中产生非压迫性社会秩序的可能性,即通过对现实社会存在的"文化大拒绝"以走向"幸福和自由"的乌托邦。

　　第二,阿多诺坚决拒斥资本主义社会的同一性逻辑,在从《启蒙辩证法》到《否定的辩证法》的深化批判过程中,始终以悲观主义姿态审视现实的资本主义社会。在卢卡奇的影响下,阿多诺获得了一种思考历史的哲学方式,即辩证的否定方法,阿多诺将之运用到授课资格答辩论文上,"以一种破坏性的批判态度尝试保存那些叫以被拯救的东西"②,并借此成为社会研究所的编外讲师。在不成功的广播研究项目后,阿多诺受霍克海默之邀加入辩证法项目的研究。在霍克海默看来,阿多诺不应止步于在"新音乐哲学"中表达的对文化现象的批判性描述,阿多诺予以热切回应,赞成将关注重心转向社会问题。在 20 世纪三四十年代,虽然资本主义社会遭遇经济和政治的双重危机,但是革命力量却更为式微,不仅资本主义社会看起来距离"自毁"之日遥遥无期,而且实证主义更是将之塑造成了一个均质统一的"被管控的世界"。霍克海默和阿多诺尝试探寻孕育出

---

① 〔美〕赫伯特·马尔库塞:《理性和革命:黑格尔和社会理论的兴起》,程志民等译,上海人民出版社 2007 年版,第 349 页。

② Rolf Wiggershaus, *The Frankfurt School: Its History, Theories, and Political Significance*, Cambridge: The MIT Press, 1995, p. 92.

法西斯主义这一灾难性后果的资本主义形式的历史哲学根源。在《启蒙辩证法》的札记中,他们指出,对于世界历史的哲学解释需要说明"理性如何取得对于自然的系统掌控"以及"理性如何将人类的所有特征统合为一体"的。[①] 阿多诺在探索启蒙辩证法的过程中意识到资本抽象统治(市场经济的交换原则)导致的同一性逻辑,并予以坚决批判。但是,阿多诺和霍克海默并未提出任何改变这一贯彻着同一性逻辑的资本主义社会的切实可行的方法,贯穿全书的基调是悲观的。

回到德国之后,阿多诺逐渐掌握了法兰克福学派的理论领导权,在对资本主义社会的批判认识中引领批判理论转型为否定的辩证法,走向了彻底的否定性。[②] 在"实证主义争论"中,阿多诺认为,实证主义社会学关注社会的个别现象,试图在对经验现象的把握中得出社会发展的科学规律,并在此基础上超脱具体的理论与社会,实现对于社会的技术统治。实证主义的所谓"中立性"意识形态恰恰迎合了资本主义的增殖需要。从资本逻辑出发,一切事物都被视为无灵性的事物,被纳入商品生产序列,与之相应地就是,哲学也通过实证主义的形式变成中立的所谓客观精神,资本主义社会中的一切都被资本逻辑统辖。从这种同一性逻辑出发,我们就只能看到一个被安排得井然有序的无矛盾的社会总体,资本主义社会的秩序因而披上了理论的合法性外衣。阿多诺反对这一同一性逻辑,强调社会总体是矛盾的统一体,其中充斥着总体与个体的对抗和冲突,因而社会既表现为塑造、控制个体的现实总体,又暴露出其不过是具体的个人之间的关系整合而成的虚假总体。资本主义社会正是这

---

① 参见 Max Horkheimer & Theodor W. Adorno, *Dialectic of Enlightenment: Philosophical Fragments*, trans. Edmund Jephcott, Stanford: Stanford University Press, 2002, p. 185。
② 参见张亮《"崩溃的逻辑"的历史建构:阿多诺早中期哲学思想的文本学解读》,江苏人民出版社 2014 年版,第 32—32 页。

个矛盾总体的现实表征，其在真实生活中迫使主体无奈选择顺从，从而剥夺了主体的自主性与革命的可能性。在阿多诺看来，奥斯威辛集中营就是这种同一性逻辑主导下的资本主义社会的必然产物，同样地，"奥斯威辛集中营确证了纯粹同一性即是死亡这一哲学理念"①。由此，阿多诺指出，面对作为矛盾总体的资本主义社会，我们需要借助一种能够洞察社会同一性的方法，即否定的辩证法。在阿多诺看来，否定的辩证法既不是主体的自我预设，亦不是客体的存在规律，而是在流动的、历史的与生成的基础上产生的非同一性的否定行动，即通过重建主客体之间的平等的星丛关系以打破同一性的强制，由此，"一切线性的奴役性的强制、所有的理论体系和'主义'都被消除了，一切以人为中心的功利性意向都消解了"②。阿多诺将否定的辩证法运用到对资本主义社会的总体批判上，使之成为对抗资本主义社会的锐利理论武器。

第三，哈贝马斯收敛了批判理论的锋芒，扭转了法兰克福学派对资本主义社会的否定考察，转而投身交往行动理论。20 世纪 70 年代，哈贝马斯对包括实证主义在内的主流社会学思潮进行了某种综合，使得法兰克福学派的批判锋芒就此钝化。在阿多诺逝世后，哈贝马斯扛起了批判资本主义社会的理论重任。只不过，哈贝马斯既不认同马尔库塞超越资本主义社会的乌托邦理想，也不认同阿多诺对于资本主义社会的彻底否定态度。原因在于，哈贝马斯的理论成长、思考期正是第二次世界大战后资本主义发展的黄金年代，因而他对于资本主义社会的认识并没有第一代法兰克福学派的核心成员那样绝望，更强调对于资本主义社会的建设与整合而非批判，关注的焦点集中于社会的道德与法律问题。此外，由于对马克思主

---

① Theodor W. Adorno, *Negative Dialectics*, trans. E. B. Ashton, London: Taylor & Francis Group, 2004, p. 362.

② 张一兵：《无调式的辩证想象：阿多诺〈否定的辩证法〉的文本学解读》（第二版），江苏人民出版社 2016 年版，第 64 页。

义及其政治经济学基础的认识不足,哈贝马斯因而"失去了对传统与现代、哲学与政治经济学综合的真正批判性优势"①,进而在对社会理论的认识方面存在难以克服的内在痼疾。因此,哈贝马斯的理论目标就降格为建构一个完善的理论体系,并以此为出发点为资本主义社会现实进行辩护,由此就在有意无意间失落了批判理论与实际社会生活的结合,并最终只是搭建了一个以普遍交往的语用学为框架的道德乌托邦。但是,正是这个洋洋大观的理论体系表明,哈贝马斯已经和霍克海默、阿多诺所开创的社会批判理论分道扬镳了。

三、路在何方:批判理论的实践受挫与逻辑终结

法兰克福学派批判理论的基底与主调毫无疑问是马克思主义的,代表了20世纪马克思主义在作为其理论诞生地的欧洲的理论突围与创新。从整体来看,批判理论作为关于社会历史发展的批判的、唯物主义的理论,直面实证主义在理论、方法与社会层面的三重"围剿",以辩证精神、辩证方法和辩证否定穿透了实证主义的意识形态迷雾,为批判审视20世纪资本主义社会提供了有新意、合时宜的理论坐标系。批判理论的理论影响力在此已无须多言,不过我们看到,阿多诺将批判理论导向彻底的否定性,希冀借此消除资本主义社会的存在合法性,但是,被彻底否定的实证主义及其影响下的资本主义社会不仅没有烟消云散,反而在激进运动的冲击下绵延至今。我们必须追问与反思,批判理论为何没有取得革命的胜利成果,正确的理论出路又在何方?

批判理论是沿着卢卡奇所开辟的批判实证主义的路向继续前

---

① George E. McCarthy, *Marx' Critique of Science and Positivism: The Methodological Foundations of Political Economy*, Dordrecht: Kluwer Academic Publishers, 1988, p. 181.

进的。整体上看,批判理论对于实证主义的肯定性、同一性、经验性与技术统治等论题的批判都延续了卢卡奇所阐明的实证主义的历史与辩证法的缺席。由此,一方面,在霍克海默的带领下,法兰克福学派就以批判理论与以实证主义为代表的传统理论进行了激烈论争,并走向了"哲学与社会科学的联盟"的理论创新之途;另一方面,面对实证主义这一意识形态与资本主义社会的深度结合,批判理论以启蒙的辩证法和否定的辩证法对其所主张的"技术统治"和塑造的"被管控的世界"进行了入木三分的批判。只不过,在理论核心旗手霍克海默和阿多诺看来,批判理论只着重于批判而非发挥正面的建设作用。因此,从启蒙的辩证法到否定的辩证法,他们"都采取了对抗的姿态,并且在理论上把这种姿态发挥成对思想的完整性(体系性)的颠覆"①。无疑,批判理论大大超出了两人的预期,在资本主义社会的现实生活中扮演了更为重要的角色。

在第二次世界大战结束后,批判理论在欧美国家产生了巨大的社会反响。其后,在资本主义黄金年代的尾声,欧美国家更是出人意料地爆发了青年学生的激进与反抗运动。这场波澜壮阔的反抗运动发生在资本主义经济扩张与繁荣的黄金年代,因而可知:引发反抗的原因并非传统马克思主义所强调的经济危机,而是压迫性的社会与文化因素;争论的主战场发生在大学校园,社会学及其理论则成为青年学生求助的核心资源。阿多诺与波普尔的"实证主义争论"无疑极大地吸引了青年学生对批判理论的兴趣,因为"根据对历史规律和预测社会发展进程的否定,波普尔明确反对社会革命的理论,主张对社会进行逐步改良的'渐进社会工程学'"②,而阿多诺所代表的批判理论则"支持知识分子对现代工业和科学技术所创造的

---

① 张一兵、胡大平:《西方马克思主义哲学的历史逻辑》,南京大学出版社 2003 年版,第 391 页。
② 韩震:《波普尔历史观批判》,《北京师范大学学报(社会科学版)》1992 年第 2 期。

世界的拒绝"①。霍克海默在重回德国后,出于对冷战这一社会环境的担忧,并不愿意将战前的批判理论成果再次出版,但是欧美青年的广泛阅读需求迫使霍克海默不得不做出让步,将批判理论的成果再版发行。此外,马尔库塞的乐观主义态度和"文化大拒绝"的解放观在 20 世纪 60 年代的欧美国家中收获了一大批拥趸,点燃了青年学生对资本主义社会及其文化的反抗火焰,马尔库塞本人也被称为"青年造反之父",并与马克思、毛泽东并列合称为"三 M"。

批判理论之所以产生如此巨大的社会效应,在于其回应了资本主义社会黄金年代的思想危机,其对于"技术统治"和"被管控的世界"的思想批判直接契合了青年学生反抗社会与文化的诉求,因而成为 20 世纪 60 年代西方社会青年激进运动的指导纲领。不过,虽然批判理论揭示了实证主义及其资本主义社会基础的压迫性、同一性与非理性的本质,可是随着批判理论逻辑的推演,霍克海默和阿多诺的悲观主义日益显著,进而使得启蒙辩证法逐渐走向对卢卡奇所开创的基于社会历程本身的、强调总体性的历史辩证法的逻辑拒绝,因而逐渐远离了当代资本主义社会的现实与实践,这一点在阿多诺晚年出版的《否定的辩证法》中得到了最为彻底的体现。正因如此,在社会激进运动参与者日益尊重、崇拜批判理论的理论家与理论作品的时刻,阿多诺却以《否定的辩证法》表达了对革命的悲观主义态度与失败主义立场,与马尔库塞的乐观主义态度和"文化大拒绝"立场划清了界限。我们看到,当阿多诺彻底拒绝同一性与总体性的哲学信条,并将作为人类解放和进步基础的生产力的发展视为实证主义及其资本主义社会基础的内在同谋时,"建立在总体性辩证法基础上的西方马克思主义哲学就此走向了终结"②。体现在

---

① George Lichtheim, *Marxism: An Historical and Critical Study*, London: Routledge & Kegan Paul Ltd. , 1964, pp. 393 - 394.

② 张一兵主编:《当代国外马克思主义哲学思潮》中卷,江苏人民出版社 2012 年版,第 382 页。

实践中，则是欧美国家的社会激进运动如划破夜空的流星般一闪而逝，加之象征性弑父阴影笼罩下的阿多诺遽然辞世。

批判理论在当代资本主义的历史进程中获得了验证理论效力的实践良机，不仅能够以"批判的武器"刺穿实证主义的意识形态谎言，更有机会以"武器的批判"打碎资本主义的社会统治锁链。可是，批判理论与社会群众的部分结合最终并未产生革命性的物质力量，彻底的否定的辩证法看起来说服了知识群体从而进行"由父母出资的大学生革命"，但是革命的帷幕又很快落下，一切重新回到了革命的起点处，再次坠入资本主义社会经济运行规律的同一性统治之中。原因何在？我们看到，从卢卡奇以来的西方马克思主义虽然发力批判资本主义社会及其上层建筑，系统揭露、合理批判了实证主义的哲学、方法与意识形态幻象，但是资本主义及其实证主义"护身符"已经在历史发展中融为一体、密不可分了，仅仅依赖历史辩证法的理论实践是无济于事的。这样的理论只能掌握极小部分群众，而且不管对于资本主义社会的弊端和实证主义的缺陷揭示得多么彻底，一旦遭遇资本主义的国家暴力机器很快就会败下阵来。因此，当阿多诺以否定的辩证法拒斥总体性辩证法，对西方马克思主义开辟的传统革命路线进行理论反思时，他已然意识到要将对资本主义和实证主义的批判从主体向度推进到客体向度之中了。从这个角度来看，阿多诺批评马尔库塞的"文化大拒绝"也就可以理解了。只不过，马克思通过政治经济学批判发现了生产这一社会地、历史地组织起来的客体向度，而阿多诺却陷入了循环不断的交换之维，因为看不到历史的前进方向而最终走向了彻底的悲观主义。①

法兰克福学派对于实证主义社会理论的批判固然取得了丰硕的理论成果，但是依然没有打破资本主义的统治与实证主义意识形

———————

① 参见张亮《"崩溃的逻辑"的历史建构：阿多诺早中期哲学思想的文本学解读》，江苏人民出版社 2014 年版，第 70—75 页。

态的辖制,而且连带着西方马克思主义的逻辑一起走向了"崩溃"的逻辑。通过回溯法兰克福学派与实证主义关于社会理论的争论,我们得以深度领会马克思的告诫,"所谓彻底,就是抓住事物的根本。而人的根本就是人本身"①。那么,什么是马克思主义抓住的批判资本主义社会的"根本"呢?那就是历史唯物主义揭橥的生产力与生产关系的矛盾运动,即现实的人无时无刻不在参与的社会历史活动,也正是在历史性的生成中,革命的主体与意识得以孕育、成长和参与实践,随之资本主义与实证主义的统治壁垒则会一道被打破!恩格斯所指出的,铲除资本主义生产方式,需要经济发展状况真正成熟起来,使得资本主义统治秩序的内在矛盾激烈展现出来并最终走向爆发。这并非简单指望机械的"客观规律",而是要在历史规律的客体向度的基础上充分激活革命阶级的主体能动性,唯其如此,革命才能由"星星之火"转化为"燎原烈焰",走向共产主义运动的成功。从巴黎公社到俄国十月革命的胜利再到第二次世界大战后的世界革命高潮,其世界历史大背景是资本主义统治秩序的动荡与崩坏。因此,马克思主义的真理已经在真实的历史过程中向我们清晰昭示了,"批判的武器"必须和"武器的批判"结合起来,革命的主体要把握住历史的大势!唯其如此,肯定与同一相结合的资本主义社会才终会进入结语的篇章。

---

① 《马克思恩格斯选集》第 1 卷,人民出版社 2012 年版,第 10 页。

第五章　实证、科学与分析：西方马克思主义的"科学主义转向"及其反思

回望马克思主义的发展史，我们可以看到，第二国际部分理论家曾经尝试以实证主义"修正""补充"马克思主义，以所谓"科学"的名义否定辩证法的理论效力，实质上开启了马克思主义的第一轮"科学主义转向"，只不过其在理论和实践的双重维度上都遭遇了失败。具体来说，第二国际马克思主义在理论层面拥抱科学主义与实证主义，在实践层面导致国际工人运动的官僚化与保守化。作为对第二国际马克思主义的理论反动，西方马克思主义通过反思政治和文化等与上层建筑密切相关的因素的革命作用，着力恢复马克思主义中的辩证思维与革命实践之间的张力。西方马克思主义学者通过理论剖析科学规律（客体向度）与人类解放（主体向度）的内在关系，强调意识、政治和文化因素在革命实践中的作用，以期恢复马克思主义的辩证要素，扭转实证主义导致的政治"钝化"和实践"失锐"。卢卡奇和法兰克福学派等都作出了重要的理论贡献，留下了丰富的理论遗产。

只不过，正如佩里·安德森所指出的，第二次世界大战后，马克思主义的发展中心在地理区域上产生了显著变化。国际社会主义力量版图重新形塑，意大利、法国等西欧国家开始出现强大的共产

241

党力量,由此,西方马克思主义的理论重心也发生了偏移。但是,"在逐步放弃经济或政治结构作为理论的核心关切的同时,西方马克思主义的整个重心从根本上转向了哲学。从卢卡奇到阿尔都塞,从柯尔施到科莱蒂,整个传统中最引人注目的一个事实是,专业哲学家在其中占据了压倒性的优势"①。由此,西方马克思主义学者进一步远离了理论与实践的统一,转而诉诸理论的科学性和概念的严谨性,以此来强调所谓理论的科学形态。在此背景下,马克思主义迎来了新一轮的"科学主义转向"。"科学主义转向"的代表性学者或学派有意大利的新实证主义马克思主义、法国的以阿尔都塞为代表的结构主义马克思主义和英美国家的分析的马克思主义,其共同的理论口号是"马克思主义是科学"。② 西方马克思主义学者所开启的"科学主义转向"是对于"什么是科学的马克思主义"的进一步思考。不过问题在于,这种对于马克思主义科学性的理论沉思是否真正把握了马克思主义的科学本质? 这一"科学主义转向"是否误入了实证主义陷阱? 回答这些问题,需要我们回到西方马克思主义"科学主义转向"的历史语境中进行详加审视和深入思考。

第一节 新实证主义马克思主义:"嫁接"实证主义的新尝试

意大利共产党理论家德拉-沃尔佩一手开创了新实证主义马克思主义的理论传统,但是,一般认为"所谓的德拉-沃尔佩学派——实际上仅仅是几个注重和发展德拉-沃尔佩思想的个人,而不是一

---

① Perry Anderson, *Considerations on Western Marxism*, London: Verso, 1989, p. 49.
② 西方马克思主义转向科学主义思潮的关键就在于以实证的方法重新诠释马克思主义的经典文献,从而走出了一条不同于西方马克思主义早期人本主义的道路。参见张一兵主编《当代国外马克思主义哲学思潮》中卷,江苏人民出版社 2012 年版。

个有组织的集团"①。例如,翁贝托·切罗尼、拉涅多·潘齐耶里、马
里奥·罗西、罗科·穆索利诺等学者只是分别从法哲学、工人自治、
哲学史、美学等角度阐发了德拉-沃尔佩的思想。因而,从理论逻辑
来看,只有卢西奥·科莱蒂才算是承袭了德拉-沃尔佩的衣钵,沿着
其哲学和方法论路径进一步发扬光大了新实证主义马克思主义的
理论,推进了其实证主义的嫁接工作。在此,本节将围绕德拉-沃尔
佩和卢西奥·科莱蒂两人的思想展开重点论述,揭示实证主义与马
克思主义哲学相结合的历史与逻辑,并对这一方法论僭越进行批判
反思。

一、辩证的"危机":关于唯物辩证法的理论沉思与"取代"探索

　　第二次世界大战后,随踵而至的冷战深刻影响了 20 世纪的世界
历史,两个超级大国领导下的阵营势如水火,在一切领域展开了最
为激烈的对抗,意识形态领域更是争锋的重要阵地。只不过,在社
会主义阵营一方,作为"带头大哥"的苏联在 1956 年召开的苏共二十
大上非辩证地批判了斯大林及其一手缔造的体制,进而引发了欧洲
共产主义阵营的理论危机。作为对这一危机的反应,西方马克思主
义应时而生了科学主义思潮,试图从学理上重新证明马克思主义是
科学的理论。在意大利,以德拉-沃尔佩和卢西奥·科莱蒂为核心
的共产党知识分子将逻辑实证主义作为科学理论的规范性模板,力
图将实证主义的方法论嫁接入马克思主义哲学,新实证主义马克思
主义由此走上了理论舞台。

　　意大利共产党诞生于 1921 年,安东尼奥·葛兰西和帕尔米洛·
陶里亚蒂是其主要缔造者。在反对意、德法西斯的斗争中,意大利
共产党积蓄了强大的组织力量,在第二次世界大战结束后,党员人

---

① [美]罗伯特·戈尔曼编:《"新马克思主义"传记辞典》,赵培杰等译,重庆出版社
　1990 年版,第 220 页。

数一度达到170多万,成为意大利左翼最为强大的政党。虽然葛兰西的思想深刻影响了意大利共产党,但是在陶里亚蒂领导下的意大利共产党始终相信资本主义危机的必然性和共产主义胜利的必然性,因而"在群众中培育关于苏联的神话,说那是一个已经实现新的和优良的社会秩序的国家,是效法的典范"①。1956年,赫鲁晓夫在苏共二十大上的秘密报告和匈牙利十月事件使得意大利共产党人大为震惊,在思想与政治上极大动摇了意大利共产党的组织基础。意大利共产党迫切需要从理论上对马克思主义进行科学的再阐释,以重新凝聚组织力量,捍卫意识形态阵地。德拉-沃尔佩和科莱蒂响应了意大利共产党对于"科学的"马克思主义的呼唤,开出了将逻辑实证主义嫁接到马克思主义的理论"药方"。

德拉-沃尔佩和科莱蒂为什么会选择新实证主义作为代替唯物辩证法的科学方法论呢? 首先,这要归结于苏联马克思主义将唯物辩证法树立为马克思主义哲学的正统,以僵硬的形式抽离了辩证法的历史性与批判性。《联共(布)党史简明教程》中明确指出:"辩证唯物主义是马克思列宁主义党的世界观",而其辩证之处则表现为"它对自然界现象的看法,它研究自然界现象的方法、它认识这些现象的方法"。② 由此,马克思主义哲学被化约为辩证唯物主义,并成为不容置喙的正统思想。在1956年的思想与政治危机爆发后,将马克思主义哲学从危机中拯救出来被置换为从辩证唯物主义的模式中拯救出来,被进一步转换为抛弃马克思主义的辩证法,并以新的科学方法论进行替换,德拉-沃尔佩和科莱蒂将目光瞄向了逻辑实证主义。为什么是逻辑实证主义呢? 依据前面章节的叙述,我们可以看到,逻辑实证主义作为实证主义的新发展阶段,打着"科学世界

---

① [意]萨尔瓦多里:《意大利共产党往何处去?》,伏天译,《现代外国哲学社会科学文摘》1991年第1期。
② 参见联共(布)中央特设委员会编《联共(布)党史简明教程》,中共中央马恩列斯著作编译局译,人民出版社1975年版,第115—116页。

观"的旗号,以经验主义的立场反对形而上学的立场,要求以逻辑分析的方法实现命题的简洁与清晰,进而实现"科学的统一",批判的矛头则直指理性主义传统的辩证法。逻辑实证主义对于马克思主义辩证法的拒斥恰好满足了此时欧洲部分共产党理论家的需求,因而成为他们纷纷选择求助的理论资源。

其次,逻辑实证主义在 20 世纪 50 年代产生了巨大的学术影响,即便是苏联知识分子也受到了广泛影响,因而意大利共产党的知识分子选择拥抱逻辑实证主义也就不足为奇了。虽然作为逻辑实证主义主要推动者的维也纳学派在 1938 年就已分崩离析,但是学派的主要成员在美国引发了巨大的理论声浪,20 世纪 50 年代正是逻辑实证主义发挥理论影响力的最后辉煌时期,逻辑学、数学、物理学、社会学和语言学等诸多学科都深受其影响,甚至逻辑实证主义的思想已经渗透到苏联学者中。苏联学者奥伊则尔曼就曾指出,逻辑实证主义在这一时期引起了苏联学者的广泛兴趣,"与现代非马克思主义哲学的其他流派不同,新实证主义可以说在我国很走运",而且苏联研究者"忽视甚至歪曲新实证主义者的社会政治立场",却没有清醒意识到"资产阶级哲学概念应该是适用于新实证主义的"。[①] 作为马克思主义理论高地的苏联学界都未能在这一时期准确判断逻辑实证主义的资本主义意识形态本质,因而当意大利的党内知识分子转而求助逻辑实证主义时,也就不必惊诧了。

最后,德拉-沃尔佩和科莱蒂的理论背景也影响了两人对于马克思主义哲学的理解,进而顺理成章地做出了以逻辑实证主义的"科学辩证法"取代唯物辩证法的理论选择。德拉-沃尔佩于 1895 年出生于意大利的伊莫拉小城,1938 年以哲学史研究获得了墨西拿大学的教授职位,休谟、卢梭、黑格尔和克罗齐等人的思想是其主要研

[①] 参见[苏]Т. И. 奥伊则尔曼《马克思主义和 20 世纪的非马克思主义哲学》,徐小英译,《中共中央党校学报》1992 年第 2 期。

究对象。德拉-沃尔佩在其早期对黑格尔著作的研究中就已经显露出对黑格尔唯心主义的反对,而休谟的思想则成为他的理论支援背景。在 1944 年加入意大利共产党之后,德拉-沃尔佩着手翻译了《黑格尔法哲学批判》和《1844 年经济学哲学手稿》,由此走向了对马克思主义哲学的研究。由于反对黑格尔的唯心主义形而上学,德拉-沃尔佩并不认同葛兰西、卢卡奇等人所开创的黑格尔与马克思的理论关系传统,而是力图从经验主义传统出发去探索马克思的哲学遗产,这一思想集中体现在其 1950 年出版的《作为实证科学的逻辑学》一书中。面对 1956 年的唯物辩证法危机,德拉-沃尔佩对《作为实证科学的逻辑学》进行了大刀阔斧的修订,明确要求以逻辑实证主义"改写"唯物辩证法,提出了"科学辩证法"(the scientific dialectic),因为"我们不是通过'纯粹的思想理论'来认识唯物辩证法,而是通过一种逻辑,这种逻辑本身就是一种积极的科学;这意味着,再一次,只有一种逻辑"。[1]

科莱蒂 1924 年出生于罗马,师从德拉-沃尔佩,从事克罗齐的逻辑学研究。不过,科莱蒂本人并不认同克罗齐的新黑格尔主义的唯心主义哲学,而是将康德的"真正对立"理论视为唯物主义认识论的基本原则,由此出发反对坚持思维与存在的同质性的黑格尔辩证法。1950 年,科莱蒂加入意大利共产党。1956 年的危机使得意大利共产党强调"要把有关马克思本人著作的知识和研究摆在优先的地位"[2],德拉-沃尔佩立足马克思文本进行的研究受到了党内的重视,并连带着科莱蒂一起得以加入意大利共产党机关报《社会》的编辑委员会。在德拉-沃尔佩和科莱蒂的持续努力下,强调"科学辩证法"的新实证主义马克思主义在 1956 年后的意大利共产党中逐渐占

---

① 参见 Galvano Della Volpe, *Logic as a Positive Science*, trans. Jon Rothschild, London: NLB,1980,p. 217。

② [意]科莱蒂:《一篇政治和哲学的访谈录》,载新左派评论编《西方马克思主义批判文选》,徐平译,远流出版事业股份有限公司 1994 年版,第 411 页。

据了理论主导地位,而唯物辩证法则失去了原有的理论空间。

二、辩证的"科学":逻辑实证主义与马克思主义哲学的"结合"

"科学辩证法"是德拉-沃尔佩和科莱蒂捏合逻辑实证主义与马克思主义哲学的理论产物。何谓"科学辩证法"呢?在德拉-沃尔佩看来,"科学辩证法"就是马克思的哲学革命所实现的方法论变革,表现为具体—抽象—具体的方法论循环,表现为与黑格尔的思辨辩证法、先验辩证法、形而上学辩证法的彻底对立,其科学性则奠基于伽利略所开创的实验科学方法。科莱蒂沿袭了德拉-沃尔佩的哲学与方法论思路,坚决拒斥黑格尔的"物质辩证法",只不过科莱蒂将科学性定位于康德的思维与存在的异质性,反对黑格尔传统的思维与存在的同质性。可以看到,德拉-沃尔佩与科莱蒂都力图将马克思主义哲学从黑格尔哲学的传统中"拯救"出来,以新的理论资源重新塑造马克思主义哲学的"科学形象",理论锋芒都同样指向了苏联马克思主义的唯物辩证法。在此,我们将勾勒出"科学辩证法"反对唯物辩证法的整体理论图景。具体来看,"科学辩证法"从哲学变调、方法易辙和革命空想三个维度对唯物辩证法展开了"批判"。

第一,在哲学传统上,德拉-沃尔佩反对西方马克思主义传统对马克思哲学思想的黑格尔主义阐释,将马克思的哲学思想溯源为亚里士多德和伽利略传统。德拉-沃尔佩指出,从历史与理论上来看,从柏拉图主义以降的形而上学思想可以被总结为假设与事实、演绎与归纳的循环圈。这一形而上学的哲学传统强调先验与抽象,而黑格尔正是这一传统的集大成者,他沿着柏拉图的理念论在《逻辑学》中创设了绝对精神的王国,所运用的方法则是其"从未超越的纯粹思想辩证法"①。德拉-沃尔佩认为,这种形而上学的哲学传统是与

---

① Galvano Della Volpe, *Logic as a Positive Science*, trans. Jon Rothschild, London: NLB, 1980, p. 108.

马克思的思想完全异质的，而且马克思早在《黑格尔法哲学批判》中就已经非常正确地指出了黑格尔思想中的缺陷。德拉-沃尔佩提出，通过对于国家主权的讨论，马克思业已批判了黑格尔所提出的"国家的性质"，原因在于，从黑格尔绝对精神的哲学出发"对真实的事物进行了形而上学的理想化，不仅不能绝对地超越它们，反而是不加批判地服从于它们，因而最终将一种原始的、难以容忍的经验主义视为理想的和规范的"①。由此，德拉-沃尔佩得出结论：作为科学理论的马克思的哲学是和黑格尔的哲学体系彻底决裂的，马克思的思想谱系不可能来源于黑格尔的形而上学传统。

以科学性为对象，德拉-沃尔佩为马克思哲学寻到的理论之根是亚里士多德和伽利略。从哲学史上看，亚里士多德作为柏拉图的学生，并不认同柏拉图将永恒的理念与实际的经验世界阻隔开，并贬低经验世界为纯粹现象的理论，提出感观世界或现象界不单纯是理念世界的模本，而就是实在世界，其实现了形式与物质的合一，成为科学研究的真正对象。也因此，在德拉-沃尔佩看来，马克思只有沿着亚里士多德所开辟的哲学路径前进，才能以经验主义颠覆形而上学传统的神秘主义先验存在，实现哲学革命。要想说明马克思哲学的变革，仅仅阐明马克思与黑格尔的彻底断裂是不充分的，还必须说明他的哲学基础是和实证科学内在同质的。德拉-沃尔佩因此将目光投向了近代实证科学的先驱伽利略身上。德拉-沃尔佩指出，自笛卡尔以来，近代西方哲学就试图以函数的数学概念来替代传统形而上学的本质概念，这种做法虽然可以以数量关系的公式消解因果关系，但是面临着同一结果的不同原因（原因的多元性）这一根本困难，面对这一困境，伽利略在实验中运用模型来验证假设的真实性。这种验证模型的方法在事实的基础上提供了对其他对立

---

① Galvano Della Volpe, *Rousseau and Marx*, trans. John Fraser, London: Lawrence & Wishart Ltd, 1978, p. 76.

事实的反证或者排除,因而使得"理性真正克服了这一根本困难;换句话说,它避免了肯定结果的谬误:如果假设确实是真的,仅仅是因为这些事件(假设的前因后果)确实发生了"①。因此,伽利略的实验方法说明了,理性要么是功能性的,要么不是理性——换句话说,它不能产生真理——因而是形而上学的。

在德拉-沃尔佩的视野中,马克思哲学的变革基础就在于通过实践发扬了理性的功能性。由此,德拉-沃尔佩将马克思的实践概念与伽利略的实验概念等同了起来,将马克思的历史实践还原为自然科学的实验模式,将实证主义的实证精神贯穿于马克思哲学的逻辑之中,进而实现了对于马克思主义哲学的实证主义"改造"。虽然德拉-沃尔佩试图将伽利略的实验方法与孔德的实证主义进行区分,认为自己"改造"后的马克思主义哲学"不仅与唯心主义及其伪命题不同,而且也与实证主义不同,后者崇拜'事实'而厌恶'假设'(更不用说孔德的典型的形而上学主张,即哲学的任务是'综合'科学的'结果')"②。但是,理论的真相并不是像德拉-沃尔佩所自我辩称的那样。德拉-沃尔佩对于马克思主义哲学的伽利略主义"改造",实际上只是将马克思主义哲学的实践概念简单还原为自然科学的实验模型,完全曲解了物质生产实践、政治社会实践和科学文化实践相统一的实践概念的丰富性、历史性与思辨性,在哲学上正是实证主义的完全体现,因而是对马克思主义哲学的"非法改造"。

第二,在方法论维度上,德拉-沃尔佩和科莱蒂以"科学辩证法"反对唯物辩证法,将逻辑实证主义的方法论贯穿于对马克思主义辩证法的解读过程之中。在拒斥形而上学传统唯心主义哲学的基础上,德拉-沃尔佩和科莱蒂需要进一步说明马克思哲学的科学性,那

---

① Galvano Della Volpe, *Logic as a Positive Science*, trans. Jon Rothschild, London: NLB, 1980, p. 165.
② Galvano Della Volpe, *Logic as a Positive Science*, trans. Jon Rothschild, London: NLB, 1980, pp. 198-199.

就"必须要证明他的方法论与实证科学的方法论是内在同质的"①，也即必须证明"科学辩证法"是符合实证科学的方法，而不是形而上学的方法。在德拉-沃尔佩看来，辩证法就应该是具体的辩证法，而不是黑格尔处的纯粹的、自足的、抽象的辩证法，因此，"我们所寻求的辩证法必须摆脱所有非中介的、未被消化的、特殊的或经验的因素（这些因素是先入为主的同义反复的结果），但也并非完全不受抽象于特殊的或经验的因素的影响（尽管在本质上与它不同）"②。德拉-沃尔佩承认这种辩证法并不是黑格尔意义上的完全自由的辩证法，但是他坚持认为，只有通过这种辩证法才能摆脱柏拉图主义和黑格尔主义的影响。

在德拉-沃尔佩看来，马克思早在《黑格尔法哲学批判》中就已经形成了"科学辩证法"的雏形，在《哲学的贫困》中完成了"科学辩证法"的创立，到了《〈政治经济学批判〉导言》中彻底实现了方法论革命，"这在经济学中意味着革命性的转变，即从形而上学的辩证法、神秘的辩证法向'科学的'或分析的辩证法的转变，换言之，也就是从本质到假设、从先验断言到实验预测的过渡"③。由此，马克思告别了黑格尔的思辨哲学的抽象、先验辩证法，在历史—哲学的基础上拥抱了以经验实证研究为基底的"科学辩证法"。这一"科学辩证法"的方法论基础就是伽利略的实验科学方法，只不过马克思将之运用到历史、社会领域的研究之中，以实验科学方法为中介将经验与理念有机结合了起来，以严格的唯物主义的形式超越了纯粹先验与纯粹经验的弊端，"正确的方法可以被描述为一个从具体到抽

---

① 张一兵主编：《当代国外马克思主义哲学思潮》中卷，江苏人民出版社 2012 年版，第 25 页。

② Galvano Della Volpe, *Logic as a Positive Science*, trans. Jon Rothschild, London: NLB, 1980, p. 151.

③ Galvano Della Volpe, *Rousseau and Marx*, trans. John Fraser, London: Lawrence & Wishart Ltd, 1978, p. 184.

象,再从抽象回到具体的循环运动,这是一个牢不可破的、连续的、抽象的历史演变"①。德拉-沃尔佩将之归结为等同于归纳与演绎相结合的具体—抽象—具体的方法论循环,从而背离了马克思建基于历史唯物主义的科学方法——从抽象上升到具体。

科莱蒂进一步推进了德拉-沃尔佩的方法论思路,将唯物辩证法视为黑格尔哲学的"复制体",予以坚决反对。在科莱蒂看来,黑格尔的辩证法是"物质辩证法"(the dialectic of matter),即"有限的成为无限的,真实的成为合乎理性的"②。如何理解"物质辩证法"呢? 科莱蒂进行了辩证分析:一方面,真实的对象转化为理念的存在;另一方面,理念的存在摇身一变成为真实对象,在对立统一的逻辑中,真实对象作为事物消散了,但又以思想的形式获得了重生。科莱蒂提出,唯物辩证法实质上只不过是黑格尔"物质辩证法"的逻辑延续,"'辩证唯物主义'的物质辩证法与我们在黑格尔作品中看到的是同一个辩证法;而且,从量变到质变的'飞跃'被视为一种自然法则……这是黑格尔'发现'的自然法则,正如伽利略和牛顿发现了他们的自然规律"③。科莱蒂认为,马克思无疑是反对这种对立统一的逻辑法则的,在此,科莱蒂援引了马克思在《哲学的贫困》中的原话,形而上学者"把任何一种事物都归结为逻辑范畴,任何一个运动、任何一种生产方式都归结为方法"④,结果就是,他们在进行分析的时候,自以为越来越接近、深入物质,殊不知却是越来越远离物质。因此,科莱蒂认为,要捍卫马克思主义哲学的科学性,就要拒斥"物质辩证法"这种形而上学的把戏,抛弃"物质辩证法"赖以维系的思维与存在的同质性这一认识论原则,转向康德哲学的思维与存在

---

① Galvano Della Volpe, *Logic as a Positive Science*, trans. Jon Rothschild, London: NLB, 1980, p. 188.

② Lucio Colletti, *Marxism and Hegel*, London: NLB, 1973, p. 20.

③ Lucio Colletti, *Marxism and Hegel*, London: NLB, 1973, pp. 50 - 51.

④《马克思恩格斯文集》第 1 卷,人民出版社 2009 年版,第 600 页。

的异质性原则。因为在科莱蒂的视野中,思维与存在的同质性只会导致黑格尔的绝对理念,而只有思维与存在的异质性才能走向唯物主义的怀抱,因而才能在认识论中实现科学认知。在这里,科莱蒂最终暴露了其思想的实证主义特征,这种对于思维与存在的异质性的强调不过就是实证主义"观察胜于想象"的翻版,在方法论上实际上已经远离了马克思主义的辩证法。

第三,在革命维度上,德拉-沃尔佩和科莱蒂沿着实证主义的哲学与逻辑,对于革命问题进行了不切实际的理论空想。德拉-沃尔佩认为,马克思的政治哲学思想可以追溯到卢梭,而《黑格尔法哲学批判》正是一部始终彰显着卢梭的人民主权思想的著作,既往的研究由于过于关注马克思与黑格尔的思想渊源,忽视了卢梭在平等思想方面对马克思产生的影响。从卢梭的《论人类不平等的起源和基础》出发,德拉-沃尔佩指出,卢梭反对形式主义的拉平式平等,认为真正的平等奠基于尊重个体的差异,判定的标准则是公民依托自身的才能和力量对社会产生的实际贡献,从而在社会产品的分配过程中要依据具体情况进行差异化分配。德拉-沃尔佩认为,卢梭为建立一个新的民主的社会提供了全新的解决方案,其不仅超越了专制主义下的特权社会,而且超越了以资产所有者的权利为基础的资本主义社会。通过对于马克思主义经典作家政治思想的回溯,德拉-沃尔佩以肯定性的话语指出:"马克思列宁主义对(共产主义)社会从经济方面对个人的不平等或差异及其能力和需要问题的细致关注,在新的历史层面上表达了对卢梭反拉平式平等思想的延续和发展。"①因此,德拉-沃尔佩得出结论,科学社会主义就在于运用唯物主义的方法解决卢梭在道德上提出的平等问题,进而以卢梭的反拉平式平等原理为历史和思想前提消灭阶级,建立自由平等的共产主

---

① Galvano Della Volpe, *Rousseau and Marx*, trans. John Fraser, London: Lawrence & Wishart Ltd, 1978, p. 142.

义社会。毕竟在德拉-沃尔佩看来,马克思的社会主义革命思想不过是以"资本家"这个特定的唯物主义概念取代了卢梭的道德主义"富人"概念罢了。我们可以看到,德拉-沃尔佩的革命思想实质上只是其实证主义思想的必然延续,其理论关切对象不是作为整体的无产阶级,而是非抽象的经验个人;理论方法不是历史唯物主义的,而是实证社会学意义上的唯物主义;实现手段也就自然不是革命的激烈手段,而只是分配领域的改良设想。

　　科莱蒂相较于其老师,进步之处在于意识到政治经济学批判的重要性,强调了社会生产关系理论对于革命理论的重要意义。只不过科莱蒂视野中的社会生产关系不是马克思所阐释的特定历史条件下的生产关系,而是人与自然的关系以及人与人的关系的结合,"生产是主体间的交流,是一种社会关系"①。科莱蒂的抽象人性论解读无疑是理解不了马克思对于资本主义生产的历史性揭示的,这表明其"根本没有理解马克思生产关系的真实内涵,因而根本无法从中生发出一条内在矛盾的线索,而只能止步于对现实的一种实证分析"②,从而在对资本主义现实无批判的经验性研究中消磨掉马克思主义哲学的革命锐度。因此,科莱蒂会认为,马克思主义作为一门科学在于其发现了资本主义运行的规律,刻画了从内部破坏资本主义运行系统的可能性,并预示了资本主义的历史命运。他紧接着就指出,这种科学"不允许这种分析沾染上'价值判断'或主观选择的污名,而是只作出'事实判断'、客观判断和普遍有效的推论"③。这实际上意味着,科莱蒂对马克思主义的认识始终立足于实证主义

---

① Lucio Colletti, *Marxism and Hegel*, London: NLB, 1973, p. 227.
② 张一兵主编:《当代国外马克思主义哲学思潮》中卷,江苏人民出版社 2012 年版,第51 页。
③ Lucio Colletti, *From Rousseau to Lenin: Studies in Ideology and Society*, trans. John Merrington & Judith White, New York: Monthly Review Press, 1974, p. 229.

方法论的基础之上。因此,当其强调马克思是科学家和革命家的统一时,他不过是认为马克思对于资本主义社会的现实进行了科学的观察与解释,革命性地看穿了资本主义社会的颠倒的现实。科莱蒂的这种理解使得他不能把握到马克思主义革命理论的真谛,反而抱有改良主义的信念,因此,他"得出结论,无论苏联政权或者西欧共产党甚至都没有机会缓缓变革走向更新的社会主义民主,意大利共产党的党员对我失掉任何意义时,我悄悄地脱离了党"①。从科莱蒂的理论思考来看,他最终脱离意大利共产党实属必然。

三、方法的"僭越":逻辑实证主义能够"改造"马克思主义哲学吗?

新实证主义马克思主义作为将逻辑实证主义引入马克思主义哲学的一种理论尝试,在哲学传统、方法论和革命问题上都进行了一定程度的"翻新"。具体来看,新实证主义马克思主义的核心主张是:在哲学上,反对以黑格尔主义为代表的传统形而上学,这是对实证主义反形而上学主张的继承,不过,德拉-沃尔佩和科莱蒂并未直接采纳实证主义的哲学传统,而是引入了亚里士多德、伽利略和康德作为自己的理论支援背景;在方法论上,反对黑格尔的辩证法和"物质辩证法",代之以"科学辩证法",并将其归纳为具体—抽象—具体的方法论循环,但这一方法论循环只是对伽利略实验模型的抽象罢了;在革命问题上,放弃了革命实践的主导立场,将建立新社会的希望寄托于科学知识和分配领域的改良方案,重蹈了既往社会主义者的空想主义覆辙。系统总结新实证主义马克思主义的理论观点,我们需要把握,新实证主义马克思主义在西方马克思主义的发展史上具有何种意义?其理论缺陷是什么?我们为什么要坚决反

---

① [意]科莱蒂:《一篇政治和哲学的访谈录》,载新左派评论编《西方马克思主义批判文选》,徐平译,远流出版事业股份有限公司 1994 年版,第 414 页。

对将实证主义"嫁接"入马克思主义哲学?

第一,新实证主义马克思主义是第二次世界大战后意大利共产党理论家应对苏联马克思主义的辩证唯物主义模式的危机而形成的理论产物。从马克思主义哲学发展的谱系来看,以德拉-沃尔佩和科莱蒂为代表的新实证主义马克思主义者坚持从马克思主义经典作家的原著出发,试图对黑格尔-马克思的西方马克思主义解读传统进行理论审查,进而尝试重新发掘出马克思主义哲学的科学之基。从这一理论目的出发,德拉-沃尔佩和科莱蒂"从哲学史上寻找到一系列的参照系:逻辑实证主义、亚里士多德、伽利略、康德"[①],希望以此摆脱唯物辩证法的"理论弊端",重新发扬马克思主义哲学的科学性,并顺势提出了奠基于伽利略实验模型的"科学辩证法"。整体来看,新实证主义马克思主义是西方马克思主义从强调总体辩证法的思路中另外开辟出的一条强调"科学辩证法"的新路径。在资本主义社会体制日益稳固、工人阶级革命意志逐渐消退的时代背景下,新实证主义马克思主义以对科学性的强调为身处理论危机中的马克思主义打了一剂"强心针",向西方思想界展示了马克思主义的科学之维,并率先开启了西方马克思主义的"科学主义转向"。

第二,新实证主义马克思主义虽然有着一定程度上的理论开创意义,但是我们必须充分意识到这种理论开创背后对马克思主义的理论伤害。强调马克思主义的科学性固然值得肯定,但是如果是以背离马克思主义的理论真意换来的,那就得不偿失了。德拉-沃尔佩和科莱蒂所提出的取代唯物辩证法的"科学辩证法",其方法论实质已经偏离了马克思主义辩证法,而是以逻辑实证主义进行的"偷梁换柱"。作为"科学辩证法"方法论的具体—抽象—具体被德

---

① 孙乐强:《新实证主义马克思主义的兴起、问题域及其历史定位》,《理论视野》2010年第12期。

拉-沃尔佩视为科学认识的普遍方法,他甚至宣称"只有一种科学,只有一种方法,一种逻辑:即现代伽利略的实验科学的唯物主义逻辑,其清除了隐含的或多或少的数学化的柏拉图主义,而柏拉图主义构成了从伽利略到爱因斯坦的所有资产阶级科学家的哲学背景"①。马克思主义的科学方法论真的只是伽利略的实验科学方法吗?答案自然是否定的。德拉-沃尔佩在此只是以伽利略的实验科学方法偷偷替换了马克思在历史唯物主义的基础上得出的从抽象上升到具体的科学方法。德拉-沃尔佩根本没有理解历史唯物主义的实质内涵,而只是将之视为立足于实验理性的一般唯物主义,只将从抽象上升到具体的科学方法视为经验主义基础上的归纳与演绎的结合,因而将具体—抽象—具体视作不容置喙的科学真理,最终落入逻辑实证主义的思想陷阱中而不能自拔,"作为马克思主义'正统'的辩证法在'新实证主义的马克思主义'这里,也就自然而然、顺理成章地成了'实证的逻辑'"②。

第三,新实证主义马克思主义以"科学辩证法"取代唯物辩证法的理论企图实质上是逻辑实证主义对于马克思主义辩证法的方法"僭越",必然走向理论的"死胡同"。究其原因,实证主义实际上是在西方科学革命后兴起的一个经验主义、科学主义的哲学流派,本质上依然是西方哲学传统的一支,其和马克思主义在哲学世界观、方法论上是完全异质的。因此,简单地将逻辑实证主义"嫁接"入马克思主义哲学,不过是收获了一个"四不像"的拼接理论,并在哲学立场上彻底远离了马克思主义哲学。因此,德拉-沃尔佩和科莱蒂沿着"科学辩证法"走向的理论归宿必然不是马克思主义哲学,而是实证主义的唯心主义乌托邦,这一点在德拉-沃尔佩和科莱蒂对于

① Galvano Della Volpe, *Logic as a Positive Science*, trans. Jon Rothschild, London: NLB, 1980, p.197.
② 白刚、吴友军:《"新实证主义的马克思主义"的两个教条——评德拉-沃尔佩对马克思辩证法的解释及困境》,《长白学刊》2010年第4期。

革命问题的认识上得到了充分的体现。

俗语有云：秀才造反，十年不成。德拉-沃尔佩和科莱蒂充分印证了这一点。他们两人在风云变幻的政治环境中获得了意大利共产党的大力支持，得以对马克思主义哲学进行充分的理论再诠释。这本是意大利共产党对斯大林模式的思想路线进行"拨乱反正"的良好契机，但是德拉-沃尔佩和科莱蒂却拥抱了逻辑实证主义这一"理论歧途"，将马克思主义哲学引向了主观主义和改良主义，从理论上严重影响了意大利共产党的路线选择。虽然 1964 年科莱蒂的脱党和 1968 年德拉-沃尔佩的逝世使得新实证主义马克思主义很快就走到了理论的终点站，并失去了在意大利共产党内的理论指导地位，但是新实证主义马克思主义对于意大利共产党造成的理论影响已经无可挽回了。1962 年，意大利共产党加入意大利政府，并"提出党的目标是'战斗的党和政府党'"①，由此远离了葛兰西创设意大利共产党的初心与使命。这向我们充分昭示了以实证主义"改造"马克思主义所带来的严重的实践恶果，警醒我们必须时刻保持高度的理论自觉，坚决反对将实证主义"嫁接"入马克思主义的理论图谋！

第二节　结构主义马克思主义：保卫"科学的"马克思主义

结构主义马克思主义是西方马克思主义"科学主义转向"孕育出的又一理论产物，其创始人是法国著名的马克思主义思想家路易·阿尔都塞，并由阿尔都塞的弟子们，如普兰查斯、巴里巴尔、德里达和朗西埃等人进行了拓展与传播，在西方马克思主义的理论画卷上留下了浓墨重彩的一笔。阿尔都塞是结构主义马克思主义的

---

① 李凯旋：《意大利共产党百年社会主义探索：历史嬗变与现实挑战》，《马克思主义与现实》2021 年第 6 期。

灵魂人物,奠定了这一流派的整体理论地形。我们看到,虽然阿尔都塞具有极为复杂的理论形象,其思想发展历程与运用的方法论逻辑也无法简单地以结构主义马克思主义来大而化之地描摹,但是使其声名大噪的毫无疑问就是在《保卫马克思》一书中问世的"认识论断裂"。通过强调马克思思想发展过程中科学与意识形态的断裂,阿尔都塞重新建构了马克思主义的思想史图景,力图重新对马克思所创立的科学与哲学进行认识论上的探讨,进而以此迈向"科学的"马克思主义。但是,我们同样看到,佩里·安德森虽然肯定了阿尔都塞的研究在专业哲学水准之上,却又认为阿尔都塞提出的是实证性的理论。① 亚瑟·希尔施则认为阿尔都塞对马克思主义的认识论理解有偏差,"由于把认识局限于非常狭隘的、只建立在自然科学之上的实证主义科学概念,他预先就排除了认识作为以自我为根据的主体的人的任何可能性"②。国内学者也指出,阿尔都塞"非批判地接受了实证主义思潮那种所谓'只求描写经验和现象,不问事物的本质',因而'拒斥一切形而上学'的科学观"③。国内外学者为什么纷纷批判阿尔都塞保卫"科学的"马克思主义的理论重建工作是实证主义的呢? 要想回答这个问题,我们需要重新回到阿尔都塞提出"认识论断裂"的思想史语境中,回到阿尔都塞对意识形态、哲学与科学三者之间的理论关系的考察中去。

一、断裂与重建:向"科学的"马克思主义迈进

1965 年,奠定阿尔都塞理论地位的《保卫马克思》和《读〈资本

---

① 参见 Perry Anderson, *Considerations on Western Marxism*, London: Verso, 1989, p. 51。

② [美]亚瑟·希尔施:《阿尔都塞和结构主义马克思主义的兴起》,龙溪译,载《马克思主义研究资料》第 36 卷,中央编译出版社 2015 年版,第 399 页。

③ 徐崇温:《阿尔都塞的反经验主义认识论和马克思主义》,《中国社会科学》1997 年第 3 期。

论〉》接连出版。正如这两本著作的标题所显示的那样,其代表了阿尔都塞通过重新阐释马克思的文本,以恢复马克思主义科学的本真形态的理论尝试。阿尔都塞认为,其理论目标在于为马克思主义哲学提供坚实的存在理由与理论依据,因而就等同于探讨马克思哲学的特殊差异性,"认识论断裂"就此出场,"以研究由于新科学的创立而引起的理论总问题的变化"①。

　　那么,阿尔都塞为什么会提出"认识论断裂"以重建"科学的"马克思主义呢？这有着极为复杂的社会历史与理论背景。在整个 20 世纪的马克思主义发展史中,苏联马克思主义都是绕不过去的理论路标,其一举一动都牵连着马克思主义的发展方向,对于西方马克思主义来说尤其如此。从历史上看,虽然法国拥有悠久的革命传统,但 20 世纪初前后呈现出来的社会主义运动却是组织混乱、思想分散的形式,蒲鲁东主义、乌托邦社会主义、实证主义等思潮是你方唱罢我登场,唯独马克思主义没有得到较好发展。第二次世界大战极大增强了国际共产主义的力量,"在 1943—1946 年间,苏维埃的声望达到顶点。计划化和集体化,共产党的领导和斯大林的指导,已经显示了苏维埃体制的优越性"②。法国共产党积极向苏联学习,获得了极大发展,成为西欧国家最强大的马克思主义政党,得到了法国人民的广泛支持,阿尔都塞正是在 1948 年加入法国共产党的。在冷战的背景下,意识形态问题成为两大阵营争夺的主战场,由是,对于马克思主义的讨论不再仅仅是理论问题,更是成为实践路线问题。在这一关键时刻,苏共二十大批判了曾被视为权威的斯大林主义,国际共产主义运动也遭遇巨大波澜,整个西方左派知识界都遭遇了思想混乱的危机。在此背景下,部分西方左派知识分子将斯大林主

①　[法]路易·阿尔都塞:《保卫马克思》,顾良译,商务印书馆 2010 年版,第 15 页。
②　[英]唐纳德·萨松:《欧洲社会主义百年史——二十世纪的西欧左翼》上册,姜辉、于海青、庞晓明译,社会科学文献出版社 2017 年版,第 153 页。

义远离人性的教条主义视为国际共产主义运动曲折发展的症结,掀起了一股鼓吹"马克思主义是人道主义"的理论热潮。作为高度学院化的党内理论家,阿尔都塞既不认同对马克思主义的教条主义解读,也不认同对马克思主义的人道主义解读。他指出:"历史把我们推到了理论的死胡同中去,而为了从中脱身,我们就必须去探索马克思的哲学思想。"①阿尔都塞因此向"科学的"马克思主义迈进。

1967 年,阿尔都塞为《保卫马克思》英文版写作了"致英文读者"的序言。阿尔都塞指出,《保卫马克思》是他在 1960 年至 1964 年间写作的系列论文的汇编,其主要目的是探讨马克思所创立的科学和哲学原则的具体性质,进而在马克思主义理论和意识形态倾向之间划出一条分界线。为此,阿尔都塞既强调马克思和黑格尔的对抗,又强调马克思早期著作与《资本论》的对抗,由此揭示了科学与意识形态的分离,也即新科学理论与前科学理论的意识形态对立。② 为了阐明科学与意识形态的对立,阿尔都塞借助了其挚友雅克·马丁的"总问题"概念和其老师加斯东·巴什拉的"认识论断裂"概念,以此说明马克思主义哲学与传统哲学的"断裂"。③ 也是由于雅克·马丁的中介,阿尔都塞发现了卡瓦耶斯和康吉莱姆,得以吸收法国认识论的划界理论,其更是鼓舞了阿尔都塞把哲学"看作关于各门科学的实践的理论,这几乎就是把哲学当作'科学的科学'来看待的实证主义观念了"④,实证主义的影响就此浮出水面。因此,我们需要

---

① [法]路易·阿尔都塞:《保卫马克思》,顾良译,商务印书馆 2010 年版,第 2 页。
② 参见 Louis Althusser, *For Marx*, trans. Ben Brewster, London: Verso, 2005, pp. 9 - 12。
③ 虽然阿尔都塞的思想深受战后法国结构主义解释模型的影响,在《保卫马克思》中也使用了结构主义的方法展开其思想,比如"多元决定"(overdetermined)的出场。但是,本书在此重点讨论受"认识论断裂"影响形成的"科学认识论",而非"断裂"本身所表征的方法论意义。
④ [法]路易·阿尔都塞:《来日方长:阿尔都塞自传》,蔡鸿滨译,上海人民出版社 2013 年版,第 196 页。

深入到法国认识论的传统中去把握"认识论断裂"的理论意涵,以探究其是如何使得阿尔都塞产生科学与哲学对立的实证主义观念的。

在法国认识论的传统中,孔德及其之后的实证主义思想与法国科学哲学之间有着极为密切的理论联系。巴什拉、卡瓦耶斯和康吉莱姆从孔德的实证主义出发研究科学进步的具体发生机制,"强调日常经验与科学事实之间的差异,并拒绝科学发展的不同阶段之间的连续性"[①]。巴什拉以此建构了对于科学进步的"认识论断裂",一方面指出科学是与原初经验或常识的断裂,另一方面指出科学理论的发展更替也是断裂的,新的科学与旧的科学之间是异质的关系。此外,巴什拉否认终极性知识的存在,认为思想与实在的切合是"认识论怪物";理性随着科学的进步而不断调整,因此,哲学就是随着科学的发展而"亦步亦趋"地前行。整体来看,巴什拉关于科学进步、科学与哲学的关系等问题的认识具有浓厚的实证主义色彩。康吉莱姆则对马克思的"意识形态"概念进行了发挥,将其运用到科学之中,提出"科学意识形态"概念,认为其具有真实性和虚假性的双重含义,对巴什拉的"认识论断裂"进行了修正与调整,以更切合现实科学的发展历程。[②] 我们在考察阿尔都塞的理论后可以发现,阿尔都塞不仅借用了巴什拉的"认识论断裂"思想,而且吸收了其关于科学与哲学关系的思想,更化用了康吉莱姆的"科学意识形态"概念,因而奠定了其关于意识形态、哲学与科学的基础理解。也正因如此,阿尔都塞在法国认识论的中介下,不可避免地受到了实证主义思想的理论侵染。这在阿尔都塞借助"认识论断裂"重建马克思主义哲学中得到了最显著的体现。

沿着巴什拉、康吉莱姆等人的思想前进,阿尔都塞将认识论方

[①] 刘鹏、蔡仲:《法国科学哲学中的进步性问题》,《哲学研究》2017 年第 7 期。

[②] 参见 Georges Canguilhem, *Idoelogy and Rationality in the History of the Life Science*, trans. Arthur Goldhammer, London: The MIT Press, 1988, pp. 27-41。

法作为衡量科学与否的根本标准,区分了科学的真实性、哲学的跟随性与意识形态的虚假性。阿尔都塞提出,如果我们想要面对"科学的"马克思主义,那么首要的就是"具备一种说明认识论历史的理论";又因为马克思主义哲学自身就是"科学的",因此这一认识论方法就是马克思主义哲学;由此,我们才能够摆脱教条主义和人道主义的根据"假象"阅读马克思著作的方法,真正读懂马克思的著作,从而重建"科学的"马克思主义。① 通过将马克思主义的方法应用于研读马克思的思想与著作,阿尔都塞紧接着从"总问题"概念出发,区分出不同的理论形态间的特殊差异性,在此基础上把握到由于新科学的建立而引起的理论"总问题"变化导致的新旧两种科学间的"断裂","认识论断裂"由此出场。在这种认识论的指导下,阿尔都塞提出,马克思的思想在 1845 年的《关于费尔巴哈的提纲》与《德意志意识形态》中猝然断裂为"意识形态"和"科学"两个阶段,并造就了作为科学的历史理论(历史唯物主义)以及与意识形态哲学信仰决裂的新哲学(辩证唯物主义)。"科学的"马克思主义以历史唯物主义的面目来到了我们面前,这是一个具有严谨性和精确性的科学。因为在阿尔都塞看来,"理论如果不具有其对象所要求的严谨性,就不成其为理论"②,这就要求我们"要对马克思主义的概念及其含义和论争具有准确的认识,对马克思主义概念的特点,以及对这些概念与它们的幻影的区别,进行精细的研究并得出精确的认识"③。也就是说,作为"科学的"马克思主义要以严谨的态度,精确厘清哲学与意识形态的差别,从而将"科学的"马克思主义奠定在坚实的概念基础之上。

虽然阿尔都塞对于马克思主义的严谨性和精确性的强调有着

---

① 参见[法]路易·阿尔都塞《保卫马克思》,顾良译,商务印书馆 2010 年版,第 22—23 页。
② [法]路易·阿尔都塞:《保卫马克思》,顾良译,商务印书馆 2010 年版,第 155 页。
③ [法]路易·阿尔都塞:《保卫马克思》,顾良译,商务印书馆 2010 年版,第 106 页。

必要性与重要性,但是马克思主义的科学性并不仅仅在于概念的严谨与精确,而是依托于马克思主义整体理论体系和辩证方法的科学。阿尔都塞将对马克思主义科学性的辩护转换为对意识形态、哲学与科学的界划,这不得不说正是实证主义思维方式在发生影响。

二、实证主义倾向:关于意识形态、哲学与科学的考察

在重建了"科学的"马克思主义后,阿尔都塞立马抛出了两个问题:第一,历史理论科学的创立为什么必定会在哲学中引发理论革命? 第二,如何避免新哲学与新科学的混同? 在阿尔都塞看来,正确回答这两个问题是避免马克思主义发展过程中所遭遇的挫折的关键。回答这两个问题,就需要我们充分考察阿尔都塞关于意识形态、哲学与科学的见解,进而认清阿尔都塞究竟是真正恢复了马克思主义的科学原貌,抑或只是在实证主义的影响下搭建了一个唯科学主义的马克思主义的巴比伦空中花园。

我们考察阿尔都塞关于意识形态、哲学与科学的见解,首先需要回到阿尔都塞的文本之中。在《保卫马克思》中,阿尔都塞赋予了传统术语以新的含义,以服务于"认识论断裂"这一核心主张。具体来说,阿尔都塞将哲学从科学的阵营中调整出去,哪怕是与意识形态决裂的马克思主义哲学,由此确立了意识形态、哲学与科学三者断裂的垂直概念体系,而科学无疑占据了这个概念体系的最高点。在阿尔都塞处,科学是对现实的认识,进而确定属于自己的对象,在回答新问题的过程中最终成型;哲学是科学用来批判意识形态的工具,在形式与内容上都只是科学的简单颠倒,是纯粹的、批判的科学意识,其借用科学的实证本质击退意识形态的进犯,一旦胜利,就会"重新找回自己的意识形态幻想"①;意识形态则是"具有独特逻辑和

———————————————

① [法]路易·阿尔都塞:《保卫马克思》,顾良译,商务印书馆 2010 年版,第 11 页。

独特结构的表象(形象、神话、观念或概念)体系,它在特定的社会中历史地存在,并作为历史而起作用"①。

在梳理了阿尔都塞关于意识形态、哲学与科学的重新界定后,我们依稀可以看到实证主义在两个方面产生的思想影响。第一,意识形态、哲学与科学的垂直概念体系和孔德的神学、形而上学与科学的人类理性发展体系颇有类似之处,两者都表征了人类理智发展具有从低到高的不同思想等级。第二,处于概念体系中间位置的哲学虽然是科学对抗意识形态的工具,但是最终的理论定位还是"意识形态幻想",与康吉莱姆的"科学意识形态"概念可以说是异曲同工了。当我们更深入地考察意识形态、哲学与科学之间的关系,我们能够更明显地观察到实证主义倾向对于阿尔都塞的理论产生的结构性影响。

从"认识论断裂"出发,阿尔都塞着重强调了科学与意识形态的对立关系。阿尔都塞指出,马克思在《德意志意识形态》中与自己原有的哲学意识形态相决裂,放弃了原有的人道主义哲学信仰,创立了新的哲学(辩证唯物主义)和历史理论(历史唯物主义),由此产生的"断裂"把马克思的思想分成了"意识形态"和"科学"两个阶段。继而,阿尔都塞从著作层面将马克思与黑格尔、费尔巴哈进行了界划,青年马克思著作中包含的黑格尔、费尔巴哈等人的理论基质被直接指认为是"意识形态"的,而在 1845 年之后马克思所创立的"新理论"则是"科学"的理论。经由"认识论断裂","科学同它过去的意识形态相脱离,揭露科学的过去是意识形态,从而创建科学"②,科学由此得以在理论空间层面迈向新的"总问题",进而以全新的开放性提升自身的理论生命力与冲击力,而意识形态则随着原有的"总问

---

① 〔法〕路易·阿尔都塞:《保卫马克思》,顾良译,商务印书馆 2010 年版,第 227—228 页。
② 〔法〕路易·阿尔都塞:《保卫马克思》,顾良译,商务印书馆 2010 年版,第 159 页。

题"被根本否定和抛弃。为什么科学要以如此决绝的态度对待意识形态呢?这要从阿尔都塞"保卫马克思"的立场出发去寻找答案。"意识形态正不断威胁着'对实证事物的理解',包围着科学,并把科学搞得面目全非。"①阿尔都塞之所以要非辩证地将科学与意识形态彻底对立起来,就是要从理论上表达对以教条主义方式和人道主义方式理解马克思主义哲学的彻底否定。虽然我们把握到阿尔都塞将科学与意识形态彻底对立的理论初衷,但这并不意味着阿尔都塞的做法就是符合马克思主义的科学性的,哪怕阿尔都塞打着重建"科学的"马克思主义的理论旗号。我们如果细加考察就会发现,这里的意识形态在某种意义上就是实证主义所批判的神学与形而上学,它们代表着与科学完全异质的"总问题",沿着实证主义拒斥一切形而上学的思路前进,阿尔都塞必然以科学拒斥一切意识形态,也即"科学反对哲学"。也是在将科学与意识形态彻底区分开的基础上,阿尔都塞运用"实证科学的方法重新解读马克思主义哲学的经典文献,从而导引出一条异质于将马克思主义人本化的主导逻辑的新思路"②。说到底,阿尔都塞还是汲汲于重建"科学的"马克思主义,只不过方法的扭曲最终难以抵达理想的彼岸。

在《保卫马克思》的垂直概念体系中,哲学处于中间位置,并扮演了批判意识形态的工具角色。但是,在《保卫马克思》出版后,阿尔都塞一方面受到了热烈追捧,另一方面也遭到了党内的理论批评,后者认为阿尔都塞忽视了在他所谓的"认识论断裂"后,哲学范畴在事实上依然存在着。阿尔都塞于 1967 年的"自我批评"中说自己在哲学定义上犯了理论主义的错误,将"'认识论(＝科学的)断

---

① 〔法〕路易·阿尔都塞:《保卫马克思》,顾良译,商务印书馆 2010 年版,第 11 页。
② 张一兵主编:《当代国外马克思主义哲学思潮》中卷,江苏人民出版社 2012 年版,第 107 页。

裂'与马克思的哲学革命等同起来了"①,以此对科学与哲学的关系进行了更为清晰的说明。从整体来看,阿尔都塞主要从两个方面进行了再阐释。

第一,哲学不是科学。阿尔都塞认为,哲学不是一门科学,因为科学具有自身的对象,而哲学没有对象。在这里,实证主义的思维方式再次发挥了作用。因为阿尔都塞所谓的对象,不外是说科学具有能够经验观察到的事实,而哲学只能在观念里打转转。因此,哲学在阿尔都塞的视野中只能是一种以理论形式进行政治干预的实践,因而只能在阶级斗争影响的政治领域和科学实践影响的理论领域中发挥意识形态的功用。阿尔都塞因此宣称:"哲学只是代表了理论领域的阶级斗争。"②这无疑极大贬低了哲学的理论价值,将哲学与一般意识形态混同起来,而没有区分不同时代、不同阶级的哲学,实证主义式地将哲学"一棒子打死"。

第二,哲学相较于科学具有落后性、跟随性,因而要在科学的指导下才能成为科学的认识。阿尔都塞力图从科学发展的历史中阐明哲学的从属地位,以证明是伟大的科学发现带动了哲学中的伟大变革。阿尔都塞在哲学史中找了三个例子来证明这一点:一是数学使得柏拉图哲学得以诞生,二是物理学使得笛卡尔对哲学进行了深刻变革,三是马克思的历史学使得哲学革命在《关于费尔巴哈的提纲》中问世,传统形而上学被终结。但是,阿尔都塞所举的例证是以非历史的方式颠倒了哲学与科学的真实关系,以削足适履的方式强调了马克思历史理论的科学性。他将辩证唯物主义划入到哲学的阵营中,人为割裂了马克思主义哲学的内在统一性,造成了马克思的哲学方法论与新历史观的僵硬对立、马克思主义的理论与实践的

---

① [法]阿图塞:《自我批评论文集》,杜章智、沈起予译,远流出版事业股份有限公司1990年版,第79页。
② Louis Althusser, *Lenin and Philosophy and Other Essays*, trans. Ben Brewster, New York: Monthly Review Press, 1971, p. 18.

僵硬对立。这充分显示了实证主义对于阿尔都塞的理论构造所产生的影响。一方面是，阿尔都塞对自然科学重要性的过分强调，甚至不惜篡改真实历史以改写哲学与科学的关系，原因在于，"阿尔都塞探索一种孔德式的无时间理性的往事叙述者，（对于他来说，马克思本人就没有时限），也就包含了对于历史和哲学的放逐"①。另一方面则是，阿尔都塞误解了哲学，因而完全无法理解马克思哲学革命的真正内涵。"由于阿尔都塞对于哲学的理解仍然是旧形而上学式的，他仍然戴着拒斥本体论的有色眼镜，所以无法洞察真实发生的历史，特别是马克思所开辟的颠覆形而上学之后的哲学之思"②。这一判断无疑点明了阿尔都塞的理论缺陷。

　　通过对于阿尔都塞理论中的意识形态、哲学与科学概念的文本考察，我们可以发现，阿尔都塞理论构架中难以遮掩的实证主义倾向，以及实证主义对于阿尔都塞思想的深刻影响。也因此，我们发现，阿尔都塞并未能够真正实现廓清马克思主义科学"真像"的理论意图，而是陷入了唯科学主义的理论幻象，他精心构造出的"科学"理论体系在现实实践面前就像阳光下的泡沫，虽然绚烂多彩却一戳即破。阿尔都塞学派恰好印证了"其兴也勃焉，其亡也忽焉"这句古话。在法国"五月风暴"中，曾经热切拥护阿尔都塞理论的激进大学生群体与阿尔都塞分道扬镳，名噪一时的阿尔都塞学派很快也在20世纪70年代中期走向解体。

三、历史省思：如何站稳马克思主义的科学立场？

　　"风流总被雨打风吹去"。曾经众声喧哗的理论纷争与孕育出

---

① ［英］D. 麦克莱伦：《历史与现在：马克思和马克思主义》，陈亚军译，《世界哲学》2005年第1期。
② 张一兵：《问题式、症候阅读与意识形态——关于阿尔都塞的一种文本学解读》（第二版），北京师范大学出版社2021年版，第326页。

它们的时代土壤逐渐拉开了时空的距离,这固然为我们准确把握这些理论的真意带来了不小的困扰,但也在客观上为我们提供了一个重新审视理论的良机。

结构主义马克思主义因阿尔都塞而兴起,凭借"科学方法论"重建了"科学的"马克思主义,与强调人道主义的西方马克思主义流派针锋相对,打出了"马克思主义是科学"的理论旗帜,为西方马克思主义的"科学主义转向"注入了强劲的理论动力。但是,阿尔都塞的理论主张从一开始就被广泛批评与质疑是理论主义的。霍布斯鲍姆曾批评阿尔都塞所代表的结构主义马克思主义将马克思的《资本论》视作认识论著作,因而以哲学理论取代了现实实践,导致"对现实世界的研究和分析退却到对现实世界结构和机制的一般化思考背后,甚至退却到对如何理解现实世界的更一般探究背后"[①]。此外,E. P. 汤普森也严厉批评了阿尔都塞及其理论追随者,认为阿尔都塞的结构主义马克思主义是唯心主义的理论构造模型,在阿尔都塞处,"观念性的结构成了高居社会存在之上的宰制者"[②],而这一观念性的结构就是实证主义影响下的唯科学主义的垂直概念体系。在阿尔都塞和结构主义马克思主义已经凝固为思想史中的路标的时刻,我们得以进行历史性的反思,而评说理论功过的关键点就在于阿尔都塞始终追求的"科学的"马克思主义。于我们而言,就是如何在新时代真正站稳马克思主义的科学立场。

第一,要始终坚持马克思主义的科学性。马克思主义自诞生以来就始终面临着资产阶级卫道士的持续进攻,从马克思主义经典作家到西方马克思主义者都为捍卫马克思主义的科学性作出了巨大的理论贡献,也正是在这一过程中,马克思主义得以不断丰富与发

---

① [英]埃里克·霍布斯鲍姆:《如何改变世界:马克思和马克思主义的传奇》,吕增奎译,中央编译出版社 2017 年版,第 372 页。
② [英]E. P. 汤普森:《论阿尔都塞的结构主义马克思主义》,张亮译,《马克思主义美学研究》2008 年第 11 期。

展。例如,从马克思、恩格斯、列宁对于实证主义者和实证主义思想的批判,到卢卡奇与法兰克福学派对于实证主义理论和方法的批判,马克思主义在这一理论争锋的过程中不断彰显自身的科学性,反复锤炼自身的理论锐度,实现了理论深度与广度的双重拓展。当历史来到 20 世纪 60 年代,阿尔都塞自觉地意识到自己所面临的理论困局,进而主动介入到理论斗争的旋涡之中,承担起一位共产党理论家的理论使命,"以一个共产党员的名义……研究过去,正是为了说明现在和认识将来"①。

　　阿尔都塞在教条主义与人道主义的双重夹击之下,以实证科学的认识论重新诠释马克思主义的经典,以所谓"科学"的方法论试图再次激活马克思主义的生机与活力,使之适应新的历史条件下的理论形式,进而将马克思主义重新树立为一门科学。总体来看,阿尔都塞赞同新实证主义马克思主义对于马克思与黑格尔的理论区别,从哲学上切断了"马克思主义是人道主义"的理论之根。进而,他通过"认识论断裂"将科学与意识形态对立了起来,搭建了意识形态、哲学与科学的垂直概念体系,将马克思主义确立为最高的历史科学,从而以理论的独断之姿与资本主义意识形态进行了坚决切割,在 20 世纪 60 年代愈发躁动的资本主义世界中凸显了科学光辉,引发了巨大的理论反响与社会效应。正因如此,阿尔都塞及结构主义马克思主义在马克思主义的发展史中牢牢占据了一席之地。阿尔都塞之所以取得了如此重要的理论地位,就在于他坚持马克思主义的本质是科学的,以坚定的理想信念与巨大的理论勇气冲破了教条主义和人道主义的理论框架,在理论实践中重建了"科学的"马克思主义。对此,我们必须予以充分肯定。

　　第二,要辩证理解马克思主义的科学性。捍卫马克思主义的科

_____

① [法]路易·阿尔都塞:《保卫马克思》,顾良译,商务印书馆 2010 年版,第 3 页。

学性是阿尔都塞的理论贡献,但是问题在于,阿尔都塞以实证主义的思维误判了马克思主义的科学性。其一,阿尔都塞极力追求马克思主义的严谨性和精确性,为此不惜将马克思主义区分为科学的历史唯物主义和哲学的辩证唯物主义,将统一的马克思主义割裂为对立的理论体系。其二,阿尔都塞坚决反对人道主义的马克思主义,认为历史是无主体的过程,否定"青年马克思"胜过"老年马克思"。但是,阿尔都塞是以"认识论断裂"的形式将"青年马克思"与"老年马克思"完全区隔开来,通过论证"青年马克思"持有意识形态"总问题"而"老年马克思"持有科学的"总问题",从而只是在形式上扭转了人道主义的理论逻辑,但实质上却是对实证主义的唯科学主义逻辑的隐性运用。其三,阿尔都塞反对将马克思主义工具化和政治化,将科学与意识形态彻底对立起来,从而走进了历史主义缺位、现实实践离场的理论误区,最终陷入人类解放的虚无境地。

这三者的综合直接导致了阿尔都塞所重建的"科学的"马克思主义虽然看起来精致无比,但实质上只是无源之水、无本之木,根本无法在现实实践中扎下根来,经不起革命实践活动的剧烈冲击。"五月风暴"中的激进学生对"实践不在场"的阿尔都塞极为失望,"这种极端失望的情绪直接导致了对阿尔都塞理论丧失信心,间接影响到了阿尔都塞学派的发展。……'五月风暴'之后,阿尔都塞学派逐渐开始走下坡路,直至 20 世纪 70 年代中期以后最终解体"①。这种脱离现实实践、躲入哲学空间的西方马克思主义流派,反映了马克思主义在发展过程中遭遇的理论滑坡与实践倒退。究其根源,就在于这些思想流派没有真正辩证理解马克思主义的科学性。阿尔都塞在实证主义思维的隐性操控下将科学与哲学、科学与意识形态界定为理论上的二元对立关系,忽视了马克思主义辩证法的发展

---

① 金瑶梅:《阿尔都塞及其学派研究》,重庆出版社 2010 年版,第 250 页。

与统一原则,"无论是关于客观对象的研究(它形成一定的科学学科),还是关于整体的马克思主义和它的各个组成部分的研究,科学方法论的原则在于坚持实证性与思辨性的统一"①。不能以辩证的方式理解马克思主义的发展与统一,也就无法真正理解马克思主义的科学性,更谈不上站稳马克思主义的科学立场了。

第三,要在理论与实践的统一中发展科学的马克思主义。马克思主义不是形而上学的理论体系,而是始终要求在理论与实践相统一的过程中改变世界,这是马克思主义形成之初就已携带的独特理论基因。因此,马克思主义的理论特征是无产阶级解放和人类解放的高度统一,实践唯物主义、辩证唯物主义和历史唯物主义的高度统一,形而上学批判、意识形态批判和资本批判的高度统一。② 马克思主义的这一"三统一"为我们指明了科学发展马克思主义的唯一真理之路,即理论与实践相统一。阿尔都塞之所以没能达成恢复马克思主义科学面貌的理论目的,关键就在于他没能真正参透这一点,因而陷入了理论主义的思想困局,走向了实证主义式的理论独断。我们看到,阿尔都塞反对将实践作为认识的基础,认为:"实践主义的回答并不能解除我们对理论问题的饥饿……实践主义在其本质上会使我们的问题陷入意识形态"③。从这一逻辑出发,阿尔都塞虽然将实践细致地分为生产实践、政治实践、意识形态实践和理论实践等多个层次,却错误地认为科学的运行逻辑在于理论实践,并将实践标准视为"意识形态的坏的圆圈"。阿尔都塞将马克思主义的科学与理论实践进行了绑定,实质上是对马克思主义统一性的割裂,也就彻底远离了理论与实践的真正统一,由此塑造的"严谨"

---

① 梁树发:《科学的马克思主义研究何以可能》,《马克思主义与现实》2021 年第 6 期。
② 参见杨耕《马克思主义哲学体系研究:历史演变与基本问题》上,四川人民出版社 2019 年版,第 1 页。
③ [法]路易·阿尔都塞、[法]艾蒂安·巴里巴尔:《读〈资本论〉》(第二版),李其庆、冯文光译,中央编译出版社 2017 年版,第 56 页。

和"精确"的理论体系不过是革命实践面前的理论"瓷娃娃",经不起"碰撞"与"摔打"。因此,即使阿尔都塞在思考实践概念时参考了毛泽东的《实践论》,但是他却完全没有理解马克思主义的实践概念是物质生产实践、政治社会实践与科学文化实践在人的社会实践中的统一。只有理解这一点,方能在理论与实践相统一中站稳马克思主义的科学立场。阿尔都塞在强调马克思主义科学性的同时忽视了人的主体能动性,走上了实证主义的唯科学主义极端,也就与马克思主义的科学立场渐行渐远了。

第三节　分析的马克思主义:朝向"精确化"的马克思主义

马克思主义政治哲学是当前学界关注的一个热点领域,具体来说则是关于正义问题的讨论。从思想史上看,马克思主义政治哲学研究的直接起点是 20 世纪 70 年代前后由英美"马克思学"学者提出的"塔克-伍德命题",在 80 年代后,分析的马克思主义学者纷纷转向这一领域,宣称要在新的历史条件下继续批判各种形态的自由主义,为马克思主义进行学理层面的辩护。这些分析的马克思主义学者采取的方式是从道德视域出发,论证社会主义的正义性和资本主义的不正义性,从而极大增加了正义问题的讨论热度。在此过程中,分析的马克思主义将分析哲学和实证社会科学的方法运用到对马克思主义基本概念、理论的研究中去,力求以科学的方式"精确化"重构诞生于 19 世纪的马克思主义,使之适应 20 世纪的理论环境。由此观之,分析的马克思主义是西方马克思主义在英美学界孕育出的有较强学术影响力的马克思主义理论思潮,是西方马克思主义"科学主义转向"的又一种理论样态。在分析的马克思主义借助对于正义问题的讨论俨然成为西方马克思主义学界"顶流"的当下,我们有必要回到思想史的语境中,厘清分析的马克思主义"精确化"

重构马克思主义的方法论实质及其结出的理论成果,从而帮助我们回应当下关于马克思主义与正义问题的热切讨论。在此,我们将围绕三个问题展开,即:分析的马克思主义为什么会走向实证主义与马克思主义的"理论联姻"? 分析的马克思主义又是如何运用这一"理论联姻"成果的? 我们又该如何认识与评价分析的马克思主义推进这一"理论联姻"的功过得失?

一、"精确化"的理想:实证主义与马克思主义的"理论联姻"

分析的马克思主义(Analytical Marxism)是 20 世纪 70 年代末期在英美学界崭露头角的具有实证主义倾向的马克思主义理论思潮,其区别于作为主流的西方马克思主义的欧陆哲学传统,以英美分析哲学和社会科学方法作为理论基底与方法论指南,表征了西方马克思主义"科学主义转向"的又一新形态。一般认为,G. A. 柯亨的《卡尔·马克思的历史理论———一种辩护》昭示着分析的马克思主义的理论登场;1979 年以来,柯亨与乔恩·埃尔斯特加上后来加入的约翰·罗默在每年九月伦敦召开的周期性学术会议奠定了分析的马克思主义的组织基础,即"九月小组"。从整体来看,分析的马克思主义的核心成员包括柯亨、埃尔斯特、罗默、威廉姆·肖、P. 巴德汉、R. 布伦纳、A. 普泽沃斯基、E. O. 赖特等人[1],这些成员多任教于英美的知名高校,但他们的学术背景各异,研究领域更是涵盖哲学、政治经济学、社会学和政治学等多元领域,将他们联系起来的理论纽带是对马克思主义的"信奉而不恭维"。因此,他们从学理上挑战马克思主义的辩证法,呼吁运用分析哲学的方法实现对马克思主义的"精确化"重构,这一方法论也就成为他们最为显眼的身份标签。历史地看,分析的马克思主义大致可区分为两大发展阶段:从

---

① 参见 Marcus Roberts, *Analytical Marxism*:*A Critique*, London: Verso, 1996, p. 3。

诞生到 20 世纪 80 年代末为第一阶段,主要是对历史唯物主义基本概念与原理的"精确化"重释;从 20 世纪 80 年代末到当代为第二阶段,主要是对马克思主义政治哲学的分析与发挥。在追求对马克思主义进行"精确化"重构的过程中,实证主义与马克思主义的"理论联姻"构成了分析的马克思主义的理论活动的主基调。

第一,分析的马克思主义在英美国家得以产生有着复杂的社会历史与理论背景。在 1968 年欧美国家的革命热潮过去后,无论是法兰克福学派的批判理论还是阿尔都塞的结构主义马克思主义都失去了过往所具有的理论感召力,西方资本主义国家的激进活动纷纷偃旗息鼓,进入了低潮期。曾经在欧美思想界掌握马克思主义解释话语权的西方马克思主义欧陆哲学传统的理论退场使得英美国家的马克思主义研究得以走到台前,曾经是马克思主义"理论荒漠"的英美国家承接了西方马克思主义理论重心的转移,着力阐发从英美哲学视角和社会科学视角建构起来的马克思主义。"英国或北美的马克思主义左派对经济、政治、社会学和文化研究兴趣的绝对浓厚程度,及其衍生出来的刊物和论述,使西方马克思主义传统本身原有领地上的研究程度黯然失色。"①在这一过程中,西方马克思主义的理论构造者也逐渐由党的领袖、理论家变为党内知识分子、马克思主义信仰者,再变为单纯信仰社会主义的知识分子,最终一步步脱离了共产主义革命实践的最前线,悄然隐入了理论与概念交锋的"象牙塔"中。此外,马克思主义在英美国家的传播与冷战背景密不可分:核战争的威胁、意识形态的直接对抗、英美民权运动和反战运动的兴起,加上消费社会对于人的全面掌控等因素交织在一起,造成的结果是,欧美左翼"对'青年马克思'的兴趣得以恢复,对人道主

---

① [英]佩里·安德森:《当代西方马克思主义》,余文烈译,东方出版社 1989 年版,第 24 页。

义主张拥有共同的关注，都重申道德主体和历史事件中的个人责任"①。新左派运动蓬勃发展，马克思和马克思主义再次在英美社会获得极高声望，并在这个过程中培养了一批成长起来的、有社会主义倾向的知识分子，柯亨、埃尔斯特、罗默等人都是在这一背景下成长起来的左派知识分子。由此，分析的马克思主义在英美国家的诞生也就水到渠成了。

　　第二，分析的马克思主义选择以分析哲学对马克思主义进行"精确化"改造受到三重因素的影响。其一，阿尔都塞及其思想传入英国后受到英国第二代新左派成员的热烈追捧，"科学的"马克思主义一时间应者云集。柯亨一开始师从分析哲学家吉尔伯特·赖尔研究分析哲学，也曾被阿尔都塞的"科学"理念打动，并仔细地阅读了阿尔都塞的著作，但是最后却遗憾地发现，结构主义马克思主义所"反复强调的概念严谨性的价值并没有在其特殊理论实践中得到相应的概念严谨性的肯定"②。因此，柯亨很快放弃了结构主义马克思主义对于"科学的"马克思主义的重建，转而寻求新的理论资源以"精确化"重释马克思主义，其所学习并盛行于英美高校的分析哲学进入柯亨的视野。其二，分析哲学是英美哲学界在逻辑实证主义的直接影响下形成的主流哲学思潮，其契合了英国的经验主义传统和美国的实用主义传统，占据了英美哲学界的主要理论阵地。承继实证主义拒斥形而上学的传统，分析哲学剥夺了哲学分析产生康德意义上的综合、先验真理的可能，只留下承担澄清概念所表达的意义的职能，并将之推广到伦理学和价值理论领域。但是到了 20 世纪60 年代，分析哲学遭遇实用主义的挑战，被迫"日益关心科学和其他

---

① 张亮、熊婴编：《伦理、文化与社会主义——英国新左派早期思想读本》，江苏人民出版社 2013 年版，第 216 页。
② G. A. Cohen, *Karl Marx's Theory of History：A Defence*，Oxford：Oxford University Press，2000，p. xxi.

理智的视野,而不那么傲慢地去建立意义的先验界限了"①。质言之,分析哲学将目光投向了对于社会现实问题的关注,从"空谈的哲学"转向了"应用的哲学"。由此,在柯亨的中介下,寻求现实应用的分析哲学与寻求"精确化"的马克思主义"一拍即合",标志就是柯亨《卡尔·马克思的历史理论———一种辩护》的出版。其三,英美学界历来批判马克思主义不够"精确化",这也使得英美的马克思主义者必须对此作出理论应对。悉尼·胡克就曾批评马克思主义的辩证法概念含糊不清,他以"精密的分析"在恩格斯处分析出辩证法的七种意义,由此指认"辩证法是一种神话"。② 胡克的观点代表了英美学者批评马克思主义的主要理论观点,即马克思主义的理论与概念是"随意、含糊与难以自洽的"。英美学者的诘难也在某种程度上催化了分析的马克思主义的诞生。

第三,分析的马克思主义试图以分析哲学和社会科学的方法取代辩证法,以实现"精确化"重建马克思主义的理想。在吸收了分析哲学的方法之后,分析的马克思主义开始重新阐释马克思主义的原理、概念与范畴的定义,以终结马克思主义哲学的"概念混淆",迎接"非胡说的马克思主义"(Non-bullshit Marxism)。在分析的马克思主义者看来,辩证法就是马克思主义哲学不够"精确"的"罪魁祸首",因而需要果断舍弃,转而拥抱分析哲学与社会科学中的方法论资源。柯亨的选择是分析哲学方法与功能解释方法,罗默和埃尔斯特则在新自由主义释放出的个人主义泛滥的背景下选择了方法论个人主义(Methodological Individualism)。分析的马克思主义对个人主义的强调代表着经验主义的崛起和总体性的失落,威廉姆·肖甚至"把历史唯物主义当作一种以经验为根据的科学理论",并自信

---

① [加]Bob Ware:《分析哲学与"分析的马克思主义"》,李莉译,《复旦学报(社会科学版)》1985 年第 4 期。
② 参见[美]悉尼·胡克《理性、社会神话和民主》,金克、徐重温译,上海人民出版社1965 年版,第 181—223 页。

地认为"这是一种连马克思本人也能够理解的方式"。① 不过,实际情况是,马克思可能会熟悉这一观点,但并不会认同,因为在马克思看来,"产生这种孤立个人的观点的时代,正是具有迄今为止最发达的社会关系的时代"②,而这种个人主义的观点和资本主义的社会关系都是马克思所坚决反对的。但是,分析的马克思主义依然在分析哲学和社会科学方法的导引下,拒绝总体性的思考,不再接受理论的宏大叙事,而是要从概念的微观基础入手,实现对于马克思主义的"精确化"改造,因而始终着力于"通过看似琐碎的语言概念分析与论证把马克思主义理论命题规范化和模式化,以使之适应现代科学的形式"③。最终,分析的马克思主义以坚决的理论姿态推动了实证主义与马克思主义的"理论联姻",在英美学界实现了西方马克思主义的"科学主义转向"。

二、"精确化"的改造:对辩证法、历史唯物主义和社会主义理想的分析

1986 年,罗默结集了"九月小组"成员的论文,以《分析的马克思主义》为题出版,分析的马克思主义由此成为广受关注的学术流派。这本论文集反映了英美左派知识分子对社会主义运动发展状况的理论反思,即在资本主义社会未表现出明显颓势的现实历史面前,20 世纪的马克思主义如何以科学的理论面貌继续追求社会主义的理想。罗默认为,面对现实历史提出的重大问题,人们对于作为 19 世纪理论的马克思主义具有四种可能的态度:其一是将马克思主义话语视为不可侵犯的经典,并寻找发生的历史作为其注脚;其二是

---

① 参见[美]威廉姆·肖《马克思的历史理论》,阮仁慧等译,重庆出版社 2007 年版,第 2 页。
②《马克思恩格斯全集》第 30 卷,人民出版社 1995 年版,第 25 页。
③ 张一兵主编:《当代国外马克思主义哲学思潮》中卷,江苏人民出版社 2012 年版,第 171 页。

非理性地否认现实历史;其三是将马克思主义视作错误理论进行拒斥;其四是主张马克思主义是 19 世纪的社会科学,因而在现代科学标准下显得"粗糙、细节有误、主张失效"。罗默本人持有第四种态度。在罗默看来,可以承认马克思主义的这些缺点,但不能因此就认为可以彻底否定马克思主义,马克思主义依然具有强大的历史解释力,人们不能因为"一个好工具可能在某些场景下的失灵而抛弃它,尤其是在没有更好的工具的情况下",解决这个问题的途径在于"对马克思主义具有解释效力的理论内涵进行澄清和阐明"。① 由此出发,分析的马克思主义将在 20 世纪"重构"并"捍卫"马克思主义作为自己的理论任务,力图以分析哲学方法和社会科学方法来"精确化"改造马克思主义,使之成为符合 20 世纪科学标准的社会科学理论。从具体的理论成果来看,分析的马克思主义主要在辩证法、历史唯物主义和社会主义理想三个方面进行了"精确化"改造,并在此过程中达成了实证主义与马克思主义的"理论联姻"。

第一,分析的马克思主义远离了马克思主义的辩证法,采纳了实证主义指导下的分析哲学方法和社会科学方法。无论是恩格斯所指出的马克思主义的"整个世界观不是教义,而是方法",还是卢卡奇反复强调的马克思主义已经提出了"认识社会和历史的正确方法",都向我们阐明了辩证法之于马克思主义的擎天架海地位。但是,分析的马克思主义者却反其道而行之,反对将辩证法与辩证思维运用到对马克思主义的理论建构之中,认为运用辩证法去阐释马克思主义只会带来思维混乱与模糊,降低马克思主义的科学性,因而必须以分析方法取代辩证法的方法论指导地位,从而实现对马克思主义的精确表述与严密论证。柯亨明确提出,分析的马克思主义的特征就在于"分析的"方法。在柯亨看来,这一"分析的"方法有两

---

① 参见 *Analytical Marxism*, ed. John E. Roemer, New York: Cambridge University Press, 1986, p. 4。

层意涵,即:"分析的思维,就广义的'分析的'而言,是同所谓'辩证的'思维相对立的,就狭义的'分析的'而言,是同所谓的'整体主义'的思维相对立的"①。以"分析的"方法为指导,分析的马克思主义者接连出版了《卡尔·马克思的历史理论——一个辩护》(柯亨,1978年 & 2000年)、《马克思的历史理论》(威廉姆·肖,1978年)、《关于剥削和阶级的一般理论》(罗默,1982年)和《理解马克思》(埃尔斯特,公开出版于1985年,但其是埃尔斯特1971年就完成了的,并在"九月小组"会议上进行了广泛讨论)等众多著作,以此尝试构建他们所追求的"精确化"的马克思主义。

依柯亨后来所讲,分析的马克思主义在"分析的"旗帜下,主要运用了三种不同的实证主义方法。分析哲学方法是第一种方法,其直接来自从20世纪的逻辑实证主义与分析哲学中发展起来的逻辑和语言分析技术,强调要澄清语言所运用的概念的真实内涵,柯亨运用这一方法对"生产力""生产关系""经济基础""上层建筑"等概念及其相互关系进行了语义分析和逻辑分析。在澄清了概念的内涵后,就可以运用第二种方法,即功能解释方法去考察马克思主义的理论了。柯亨认为,马克思运用了很多解释性的表达方式,因此功能解释就是解读历史唯物主义必不可少的方法。那么,何谓功能解释呢? 简单来说,就是"所解释内容的性质取决于其对解释内容的影响"②;举例来说,就是生产力决定生产关系,因为生产关系能够深刻影响生产力;学理化的表达,就是结果对逻辑在先的原因本身的性质进行了解释。这种方法的先驱就是孔德对于社会静力学的分析。第三种方法是社会科学方法。埃尔斯特反对辩证法,甚至宣称:"并不存在什么特殊的马克思主义的方法论,所有的社会科学家

---

① [英]G. A. 科亨:《信奉而不恭维:对分析的马克思主义的反思》,秋华译,《马克思主义研究》1996年第1期。

② G. A. Cohen, *Karl Marx's Theory of History: A Defence*, Oxford: Oxford University Press, 2000, p. 278.

或者所有好的社会科学家都使用着同样的方法。"①埃尔斯特和罗默因此走向了方法论个人主义,强调运用因果性和意向性这一社会科学的框架去理解个人活动的结果。换言之,社会现象的结构与变化要通过对个人活动的考察来把握,从而将历史大视野还原到经验的个人活动。此外,埃尔斯特和罗默还在其研究中运用了博弈论、决策论、理性选择理论等诸多社会科学理论,以此来引导马克思主义"赶上"20世纪社会科学的实证水平。在分析的马克思主义者看来,"强调使用现代社会科学的全部方法论武器是为了更好地回答关于资本主义的寿命和社会主义的可行性的问题"②。由此,分析的马克思主义者认为,辩证的批判武器需要让位于实证的批判武器,以此来适应变化了的当代资本主义社会。

第二,分析的马克思主义意图对历史唯物主义基本概念与原理进行"精确化"改造,进而重建历史唯物主义。历史唯物主义的问世标志着马克思主义对于传统形而上学的终结,因为"自从历史也得到唯物主义的解释以后,一条新的发展道路也在这里开辟出来了"③。但是,分析的马克思主义者认为,传统马克思主义者没有严格地考察过马克思的思想,因而与传统形而上学一样含糊不清。针对这一问题,分析的马克思主义者将历史唯物主义作为主要发力对象,力图通过"分析的"方法来证明马克思主义的科学性,而要达成这一理论目标,一定程度的概念重构和理论重构就是无法避免的了。

柯亨将分析哲学方法与功能解释方法运用于对历史唯物主义的理论重构之中,其首要目标就是厘清生产力如何决定生产关系,这直接关系到社会革命的发生问题,因而被柯亨视为历史唯物主义

---

① [美]J.埃尔斯特:《分析的马克思主义》,王列译,《经济社会体制比较》1988年第5期。
② Tom Mayer, *Analytical Marxism*, Thousand Oaks: Sage Publications, Inc., 1994, p.16.
③《马克思恩格斯文集》第4卷,人民出版社2009年版,第281—282页。

体系的真正核心。柯亨首先对生产力概念进行了分析,将其界定为生产能力而非马克思所认定的生产关系,由此将生产力与生产关系区分为物质形式和社会形式。紧接着,柯亨对马克思在《〈政治经济学批判〉序言》中阐释的话语进行编号分析,证明生产力既决定了生产关系的结构性特征,但又不是生产关系的组成部分,生产力只是对生产关系发挥着一种特殊的技术决定作用。最终,柯亨重新阐发了"生产力决定生产关系"这一原理,提出:"当生产关系稳定存在时,它们之所以如此是因为它们促进了生产力的发展。当生产关系发生革命时,旧的生产关系就不存在了,因为它们不再有利于生产力,而新的生产关系出现是因为它们更有利于生产力发展。功能失调的生产关系在被取代之前会持续存在一段时间。"[1]由此,柯亨自认为在 20 世纪的语境下实现了对历史唯物主义的科学辩护,并将这一辩护方式运用到"经济基础与上层建筑"原理上,认为正是由于上层建筑的支持经济基础才得以稳固,进而将马克思的两个"决定论"分别解读为"促进论"和"稳定论"。

但是,社会历史的发展变化使得柯亨的理论辩护遭遇了挑战,促使他进一步从历史唯物主义的立场上后退。他在 2000 年修订了《卡尔·马克思的历史理论——一个辩护》,从"包括一切的历史唯物主义"倒退到"受到限制的历史唯物主义",提出"历史唯物主义似乎是以马克思关于人的本质的观点为基础的",因而,"历史唯物主义的主要主张并不是说,无论出于何种原因,人类生产力都在增长;而是说,从最普遍的方面来看,在人类状况的本质上,会有生产力增长的趋势"。[2] 柯亨的观点为威廉姆·肖所佐证,他宣称自己廓清了生产力和生产关系的概念,进而提出:"生产力的发展是在一种为生

---

[1] G. A. Cohen, *Karl Marx's Theory of History: A Defence*, Oxford: Oxford University Press, 2000, pp. 160 – 162.

[2] 参见 G. A. Cohen, *Karl Marx's Theory of History: A Defence*, Oxford: Oxford University Press, 2000, p. 367。

产关系的发展所不具有的方式上,和生产的真正本质紧密联系在一起的。而生产关系的发展却不尽然,关系的改变只是为着适应于由人类能力的改进而开辟出来的可能性而进行的变革。"①在"精确化"重构了历史唯物主义后,分析的马克思主义日益远离了历史唯物主义的客观性规律,一头扎进了"人的本质与能力"的唯心主义概念迷宫,而这正是运用实证主义方法必然走向的最终理论归宿。

第三,分析的马克思主义不再热衷于讨论革命问题,而是由对剥削和阶级的经验研究转向了对于正义问题的规范研究,走向了伦理的、空谈的社会主义。马克思主义始终是朝向革命的人类解放理论,列宁早已明确提出:"无产阶级国家代替资产阶级国家,非通过暴力革命不可"②。因而,我们能够清楚地看到,整个 20 世纪的马克思主义发展史实质上就是理论对于革命实践的系统反映与升华。分析的马克思主义在"精确化"改造马克思主义的过程中,除了集中注意力对历史唯物主义进行重构外,还着重讨论了剥削和阶级理论。

埃尔斯特在《理解马克思》中详细探讨了剥削与阶级的定义、阶级意识与阶级斗争的关系问题,提出剥削广泛存在于资本主义和社会主义中,而阶级产生于"必要的资产行为",从而形成阶级的集体行动。只不过在埃尔斯特看来,我们需要从微观基础上来考察个体的行动,从而说明阶级意识和阶级行动的发生机制。但是,埃尔斯特对于革命并不抱有多大期望,认为:"革命是一个有代价的、痛苦的过程,只有当情况令人绝望时它才有可能发生。然而,并非所有变化都是革命变化,而且,更渐进的变化可能——而且一直——受

---

① [美]威廉姆·肖:《马克思的历史理论》,阮仁慧等译,重庆出版社 2007 年版,第70 页。
② 《列宁选集》第 3 卷,人民出版社 2012 年版,第 128 页。

到这些规范动机的支持。"①埃尔斯特所说的规范动机就是正义的力量。

在苏联解体、东欧剧变后,分析的马克思主义者面对社会主义运动遭遇的曲折和资本主义的新变化,离开了马克思主义的"两个必然性"论断和作为其理论基石的剥削和阶级理论,转身到政治哲学领域中去与自由主义的平等观、正义观进行理论论战,试图从价值合理性角度说明社会主义较之于资本主义更加平等、正义,也由此促成了当代西方马克思主义聚讼纷纭的"塔克-伍德命题"。但是,在热闹的理论讨论背后,我们看到的是被抛诸脑后的马克思主义的革命问题,看到的是无人问津的历史唯物主义所揭示的历史必然性,被狂热追捧的不过是对社会主义理想的非历史的、抽象的道德辩护。产生这一问题的根源就在于,分析的马克思主义者远离了历史辩证法和历史唯物主义,在实证主义的方法论路径与哲学路径上一去不复返。从表面上看分析的马克思主义者搭建了一个个精致、有逻辑的理论框架,但是"曲高和寡",其局限于这些英美左派知识分子间的理论交锋中,而无法真正推动社会主义理想的实践落地。

三、"精确化"的后果:分析的马克思主义的功过得失

在西方马克思主义中的欧陆哲学传统衰落之际,分析的马克思主义诞生了,其经历了新自由主义转向和社会主义波折的历史洗礼,代表了西方马克思主义研究重心的英美化和科学化,展示了英美学院派左翼知识分子对于马克思主义研究的致思路径和理论重构。分析的马克思主义在 20 世纪 80 年代末发生了"政治哲学转向",在平等、正义等规范理论领域与西方自由主义知识分子进行的

---

① [美]乔恩·埃尔斯特:《理解马克思》,何怀远等译,中国人民大学出版社 2016 年版,第 511 页。

理论论战一时颇有声势。但是，在理论的喧嚣背后，我们需要追问，分析的马克思主义在朝向马克思主义"精确化"的理论重构旅程中，所推进的实证主义与马克思主义的"理论联姻"有何功过得失？对于这一问题的回答直接关系到我们对于20世纪马克思主义发展史的认识，以及更为重要的是对于21世纪马克思主义发展方向的思考。

在20世纪70年代之后，西方社会倏然而逝的激进革命浪潮对西方马克思主义的发展造成了深远影响。一方面，马克思主义的影响在激进活动后得以进一步扩大，马克思主义相关文献的出版、阅读和讨论在西方国家，尤其是英美国家达到了一个新高度，《政治经济学批判大纲》被英美新左派知识分子热议就是一个力证；另一方面，原先具有重大理论影响力的西方马克思主义流派却成为明日黄花，日益丰富的对于马克思主义的研究使得人们开始重新审视长期以来被视为理所当然的马克思主义理论和概念，由此产生的理论需求是，"把马克思主义转换成一切流行的理论方言，这既使那些不熟悉马克思主义术语的读者能够理解马克思主义，又向批评者证明，即使从他们自己的理论来看，马克思主义也提出了一些正确的观点"①。分析的马克思主义因此应运而生，将分析哲学方法和社会科学方法引入对马克思主义的研究中来，在学理上对马克思主义进行了"精确化"改造。在分析的马克思主义者看来，这种"精确化"改造使得马克思主义的一些具体概念与表述获得了严格的学术澄清，从而证明了马克思主义哲学是能够在20世纪的理论"放大镜"下站得住脚的科学理论，"我们要说的是，无论是从最初的还是从最初的发展中幸存下来的论点，都是因为经历了分析的严格检验而变得更强

---

① [英]埃里克·霍布斯鲍姆：《如何改变世界：马克思和马克思主义的传奇》，吕增奎译，中央编译出版社2017年版，第377页。

大的"①。在这种高度自信的支撑下，分析的马克思主义者将审视的目光投向了马克思主义的微观基础之上。例如，埃尔斯特试图"为阶级意识提供合理的微观基础"②，以新的视域探索历史唯物主义的理论发生机制。在社会主义运动遭遇波澜后，分析的马克思主义与自由主义展开了坚决抗争，强调社会主义理想的道德正当性。柯亨就通过对正义定义的分析，"批判诺奇克对资本主义的辩护"，进而"反驳诺奇克反对资本主义的竞争对手——社会主义——的主要论证"③。通过与自由主义者的理论论战，分析的马克思主义在西方思想界为马克思主义研究保留了一个学术阵地，使得西方马克思主义并未完全在西方学界，尤其是英美学界"理论失声"。

成败两萧何。分析的马克思主义将分析哲学方法与社会科学方法引入马克思主义研究，开拓了西方马克思主义研究的新方向、新领域，扩展了20世纪马克思主义研究的理论空间。但是，这些理论成就的取得却是以实证主义与马克思主义的"理论联姻"为代价换来的，因而分析的马克思主义必然将辩证法作为马克思主义"含糊""混乱"的"替罪羊"。结果就是，"分析的马克思主义者一致反对马克思主义辩证法"④。在抛弃了辩证法之后，分析的马克思主义的通过实证主义思维与方法"过滤"后的历史唯物主义就会呈现为一种模块化的理论形态，看似环环相扣、严丝合缝，实际上已经背离了马克思主义的理论出发点，再也无法重拾批判与超越资本主义的初心与使命。我们看到，分析的马克思主义虽然在当代掀起了讨论马

① G. A. Cohen, *Karl Marx's Theory of History：A Defence*, Oxford：Oxford University Press, 2000, p. xxv.
② ［美］乔恩·埃尔斯特：《理解马克思》，何怀远等译，中国人民大学出版社2016年版，第310页。
③ ［英］G. A. 柯亨：《马克思与诺奇克之间》，吕增奎译，江苏人民出版社2008年版，第2页。
④ ［法］法比安·塔里特：《分析的马克思主义阅读指南》，杜媛媛译，《国外理论动态》2021年第5期。

克思与正义问题的热潮,与罗尔斯的平等主义的自由主义以及诺奇克的自由至上的自由主义进行了热火朝天的论战,但是论战的战场始终都是在自由主义所划定的概念范围和领域之中,因而始终在形式平等的"天国"中绕圈子。可是,现实的资本主义社会向我们一次次表明,"不论在经济领域、政治领域、社会领域还是在文化领域、国家关系领域,自由主义所鼓吹的平等都是一种形式或虚假的平等,背后掩盖的或最终导致的都是一种赤裸裸的不平等"①。究其原因,还是在于分析的马克思主义舍弃了作为马克思主义内在灵魂的辩证法,因而再也不能理解历史唯物主义的理论真意,最终走向了政治哲学的规范研究,离开了马克思主义的实践地平。

作为西方马克思主义"科学主义转向"的理论产物,分析的马克思主义的理论出发点自然是为马克思主义的科学性辩护。对于分析哲学方法和社会科学方法的运用使分析的马克思主义得以用清晰、严谨的科学语言重构了马克思主义的概念、命题与理论,成为西方马克思主义的一大"科学"流派。但是,在 21 世纪的历史语境中,我们需要反问,真的只有实证主义方法才能捍卫马克思主义的科学性吗?答案毫无疑问是否定的。当代自然科学的发展已经向我们雄辩地说明了,自牛顿物理学以来的实证研究与分析方法有着其自身难以克服的应用局限性。一方面,以量子力学为代表的非线性自然科学表明,自然科学不仅仅是分析的科学,更是要走向综合的科学;另一方面,社会科学领域依赖于牛顿物理学奠基的数理分析方法也已经日益招架不住纷繁复杂的现代社会问题了,亟须引入新的方法。这有力地表明了实证主义的方法论神话已经到了需要祛魅的那一天了。那么,我们在理论研究中应该如何去做呢?马克思或许早已为我们指明了前进的方向,那就是:首先通过分析混沌的、表

---

① 孙乐强:《平等观的"中国方案"及其时代价值》,《思想理论研究》2018 年第 9 期。

象的具体抵达"越来越稀薄"的抽象,直到最简单的规定,然后从抽象的规定沿着思维的行程抵达"具有许多规定和关系的丰富的总体"。① 但是,这并不是说马克思的方法是要回到形式思维之中,而是追求在实践中实现人与世界关系的对立统一。因为马克思主义的辩证法是"人与世界、思维与存在对立统一的辩证法,是实践活动自己运动的辩证法,也是人类自我发展的辩证法"②。如此一来,科学的认识与科学的方法就将通向科学的理论,《资本论》的诞生就是最好的证明。分析的马克思主义囿于 20 世纪社会科学的方法论神话,"一叶障目,不见泰山",在马克思主义研究中远离了辩证法,也就和科学的马克思主义擦肩而过了。

---

① 参见《马克思恩格斯全集》第 30 卷,人民出版社 1995 年版,第 41 页。
② 孙正聿:《马克思主义辩证法研究》,北京师范大学出版社 2017 年版,第 64—65 页。

结语　对辩证与实证之争的当代认识与思考

　　行文至此,基于对马克思主义与实证主义五次理论争锋的梳理与反思,辩证与实证之争的整体理论图景已经跃然于我们眼前。总的来看,辩证与实证之争是文明现代转型背景下人类思想演进的产物,进而形成了马克思主义与实证主义这两种审视人类社会现代发展的不同认识路径。只不过,实证主义打着科学技术的旗号,将现代社会塑造成了一个追求精确化、数字化、符号化的机械世界图景,将精确的、有用的、高度组织的、唯科学主义等原则渗透进人类社会的诸多领域。作为同时代的"双生子"之一,马克思主义对实证主义的持续批判使得辩证与实证的理论碰撞成为探索现代化发展路径的思想主旋律,为我们在新时代理解人与技术的关系问题提供了丰富的思想资源。可以这样说,通过系统研究辩证与实证之争,我们得以充分展开对 19 世纪以来科学精神和技术手段空前发展的自觉思想追踪,吸收借鉴马克思主义批判实证主义的方法、理论与思想成果,立足信息技术时代的社会变革实践,直面这个时代所遭遇的更为深刻而剧烈的现代人的生存困境,提炼出 21 世纪把握辩证与实证关系的马克思主义新见解,进而从理论的、实践的、辩证的视角探索人与技术关系的哲学进路。

一、整体把握辩证与实证之争的基本观点

通过回溯马克思主义与实证主义百余年理论争锋的思想史历程，我们可以整体把握辩证与实证之争的三个基本观点。

第一，实证主义是与马克思主义同时代的哲学思想。历史地看，在科学革命、工业革命与政治革命三元因素的交织影响下，传统形而上学愈发失去了对于世界历史的解释效力，时代精神呼唤对于科学、工业与资本主义社会更加具有理论解释力的哲学思想。实证主义与马克思主义在此历史背景下应运而生，各自作出了自己关于人类社会前进路径的哲学思考：实证主义寻求经验基础之上的所谓确定性真理，力图确证资本主义社会对于历史的"彻底终结"；马克思主义则寻求历史科学的批判性真理，力图勾勒人类社会的未来发展蓝图。实证主义与马克思主义对于同样的时代问题给出了不同的理论回答，在此基础上，两者产生了绵延百余年的理论争锋史。毕竟，实证主义选择去做资本主义社会的卫道士，而马克思主义则立志成为资本主义社会的掘墓人，两者理论殊途，必然走向不同的路途。

第二，实证主义是马克思主义极为难缠的理论对手。伴随着资本主义逐渐将人类社会从前资本主义社会改造为资本主义社会，实证主义以其经验性的、肯定性的思维方式迎合了资本主义社会的哲学需求，成为资本主义社会的核心意识形态，并充分发扬了其简单、直观、与常识相符、简单易懂的理论特质，掀起了对社会整体的思维攻势。实证主义的盛行对马克思主义的发展造成了巨大的理论冲击，从马克思、恩格斯到西方马克思主义理论家纷纷应战，掀起了辩证与实证之争的百年战争。马克思、恩格斯在世时就严厉批判了孔德的实证主义及其对工人运动的恶劣影响，并戳穿了杜林主义的实证主义本质，恩格斯更是通过探索自然辩证法来说明马克思主义的

真正科学性。第二国际部分理论家将马克思主义视为教条,失落了辩证精神,因而运用实证主义"修正""补充"马克思主义,造成了严重的实践和理论后果。列宁和卢卡奇分别强调辩证唯物主义和历史辩证法,在时代与革命的洪流中努力克服理论与实践的张力,对抗实证主义引发的马克思主义的危机。法兰克福学派沿着卢卡奇开辟的西方马克思主义的理论路径,在对实证主义理论、方法与社会的三维批判中丰富、发展了马克思主义,彰显了马克思主义的辩证精神与批判特质。即便如此,20 世纪 50 年代以后,西方马克思主义的"科学主义转向"表明,实证主义不仅没有放弃渗透进马克思主义之中,而且总是想方设法从理论上实现对马克思主义的"偷梁换柱"。这一点对于新时代的我们来说也是需要高度警惕的。

第三,实证主义对马克思主义的发展有着辩证的推动作用。面对实证主义的理论纠葛,马克思主义始终保持着对实证主义的批判姿态。卢卡奇就曾指出,对于马克思主义来说,战胜各种错误意识形态不可能一蹴而就,是长时间段的任务,是"一场反复进行的反对资产阶级意识形态对无产阶级思想的无形影响的斗争"①。我们看到,在从马克思、恩格斯到西方马克思主义理论家辩证认识实证主义的过程中,一方面,马克思主义的辩证法与辩证精神经历了残酷的理论斗争的洗礼,愈发确证与锤炼了自身的科学性;另一方面,马克思主义得以与表征资本主义发展历程的实证主义展开理论对话,在回答时代之问的过程中有力地推动着自身的与时俱进。

二、深度理解辩证与实证之争的当代效应

历史地看,自两极对立的格局瓦解后,当今世界的经济、政治、文化和意识形态领域的格局发生了重大变革,新的历史对象与活动

---

① [匈]卢卡奇:《历史与阶级意识》,杜章智等译,商务印书馆 1999 年版,第 77 页。

衍生的新的历史条件向我们提出了新的时代课题。立足新时代的历史方位，我们需要从时代变革的视角出发，重新审视作为整体的世界。可以看到，当代世界的生产领域日益趋向智能化、数字化、平台化，社会领域日益趋向移动化、数据化、公开化，日常生活领域日益趋向原子化、标准化、同质化。简而言之，科学技术和工业大生产合力打造了一个光鲜亮丽、整齐划一的世界图景。但同样可以发现，这幅世界图景的背后隐藏着的是，实证主义借助科学技术的权威，以精确的、有用的、高度组织的原则对人类社会进行了量化处理，构造了一个以符号化、科层化和功利化为导向的现代社会体系。表面上看整个社会经济、高效、井井有条，但是，在具体的、现实的生活世界中实践着的、活生生的人却已经在无形之中被冷冰冰的计算、分析异化为一条条数据，成了一个个 KPI（Key Performance Indicator）疯狂追逐的对象，人已经被结结实实地困在了这个愈发精确的社会系统中。因此，我们必须意识到，虽然作为哲学流派的实证主义已经基本退出了哲学的理论舞台，但是这并不意味着实证主义从人类社会的全面退场，实证主义继续以"看不见的手"的形式操纵着人类社会的诸多领域。

原因不难理解，实证主义本就是在资本主义发展历程中诞生的意识形态，它巧妙地借助科学技术的飞跃发展，将自己乔装打扮成科学技术的代言人，以不容置喙的权威形象全面介入到人类社会的建构过程之中。由此，实证主义渗透到人类生产、生活的方方面面，成为人类社会的隐形指挥棒。简言之，实证主义通过附着于科学技术之上，实现了与人类当代社会的深度融合；也正是这种融合使得科学技术无辜承担了实证主义带来的恶名，对于我们充分发挥科学技术推动人类文明发展的力量产生了极大的负面影响。因此，在新时代，从马克思主义出发对实证主义进行细致剖析，批判、反思实证主义的当代在场，就具有了重要意义。在此，我们可以从三个方面进行归纳、总结,把握辩证认识科学技术与实证主义关系的态度和立场。

首先,科学技术是人类文明的催化剂,在人类文明的演进过程中发挥了巨大功用。马克思在 19 世纪时就已经清楚地看到,没有科学技术的帮助,资产阶级无论如何也不可能在短短百余年的阶级统治中就创造出"比过去一切世代创造的全部生产力还要多,还要大"①。科学技术已经成为近代以来世界客观上不可分割的一部分,既为社会发展提供了源源不断的生产力,又猛烈冲击了传统的道德、宗教等意识形态,为人类发展奠定了坚实的物质和精神基础。新世纪以来,第四次工业革命不期而至,"技术和数字化将会改变一切。……各项重大技术创新将在全球范围内掀起波澜壮阔、势不可当的巨变"②。这充分表明,科学技术正以一种不可逆转、不可抗拒的力量推动着人类社会向前发展。新时代,我们依然要坚持发展科学技术不动摇,因为"科学技术从来没有像今天这样深刻影响着国家前途命运,从来没有像今天这样深刻影响着人民生活福祉"③。在历史变局的关键时刻,中国的复兴与繁荣离不开科学技术的发展与突破,抢占科学技术的高地就是抢占国际竞争的高地,这是我们从近代历史中得出的宝贵经验,也是助推我们前行的强大动力。

其次,大力发展科学技术不能等同于一切向实证主义看齐。实证主义强调唯科学主义的原则,试图将自然科学的标准推广为一切领域的标准。在唯科学主义原则的指导下,我们看到,实证主义在诸多领域高奏凯歌。例如,各领域的评价体系走向量化、符号化,社会生产领域走向标准化、模式化,组织结构走向科层化、精细化,如此种种,以精确化、组织化的方式实现了对现代社会的整体建构。

---

① 《马克思恩格斯选集》第 1 卷,人民出版社 2012 年版,第 405 页。
② [德]克劳斯·施瓦布:《第四次工业革命》,李菁译,中信出版社 2016 年版,第 6—7 页。
③ 习近平:《努力成为世界主要科学中心和创新高地》,《人民日报》2021 年 3 月 16 日。

与此同时,在唯科学主义原则的指导下,实证主义将人类社会割裂为所谓"科学"与"非科学"两个部分,人为制造了两者之间的对立。这种二元对立使得实证主义巧妙地躲在了所谓"科学"的背后,借助科学技术的威名作为避免理论攻讦的挡箭牌。面对实证主义塑造的二元对立世界,伊曼纽尔·沃勒斯坦指出,21世纪的知识世界需要"克服'两种文化'的人为划分并且创造一种新的、重新统一的科学/哲学(scientia/philosophia)的认识论"①。这说明,当代社会所具有的一系列"疑难杂症"的"病根"并不在于科学技术,而是在于实证主义。只有从理论的高度出发批判实证主义的唯科学主义原则,才有可能弥合被割裂的整体世界认知,从而将被割裂为两部分的人类社会重新整合为一体。通过系统梳理自马克思、恩格斯到西方马克思主义的辩证与实证之争,我们可以明确看到,实证主义并不能和科学技术画等号,实证主义的二元划分更是站不住脚的。在新时代,我们需要运用辩证思维克服两种文化的二元对立,在融会贯通中探索人类文明的前进方向。

最后,我们批判实证主义是为了破除对经验、直观的非反思性认识,不能将科学技术的运用作为实证主义的"替罪羊"。作为19世纪诞生的哲学思想,实证主义的理论目的始终指向建设一个理想的资本主义社会。以此为出发点,实证主义强调把握真实的经验世界,反对将世界视为整体性的;强调肯定性地理解直观的现实世界,反对对于世界的历史性批判;强调从真实、有用的维度出发进行思考,将辩证思维打入了形而上学的阵营。如此一来,实证主义就以"理性的诡计"将社会大众引向经验的、直观的领域,从而成功遮蔽了资本主义的抽象统治关系,并营造出资本主义"终结历史"的假象。在此过程中,实证主义借助科学技术的发展达成了对于自然、

---

① [美]伊曼纽尔·沃勒斯坦:《否思社会科学——19世纪范式的局限》,刘琦岩、叶萌芽译,生活·读书·新知三联书店2008年版,第二版序,第3页。

社会领域的控制,从而实现了从认识世界的思维逻辑到统治世界的意识形态的转变,科学技术成为实证主义借以发挥作用的物质基础。面对实证主义与科学技术的结合,法兰克福学派的理论家将批判的目光放在了科学技术的维度,霍克海默和阿多诺认为"科学作为一种工具却失去了自知之明"①,马尔库塞则痛斥"科学技术是意识形态"。但是,从马克思主义的辩证立场出发,我们可以看到,科学技术只是一种中立的物质力量,问题的关键在于我们如何运用科学技术,而不应该将因为运用科学技术而产生的问题都一股脑地算到科学技术的头上。科学技术并非丧失了自知之明,而是在实证主义的逻辑下成了资本主义意识形态的帮凶。由此,我们必须将理论反思与批判的对象锁定为实证主义,从而避免对于科学技术的浪漫主义、虚无主义批判,以便在新时代合理运用科学技术的真正力量。

那么,在新时代,我们又该如何批判实证主义、消解实证主义的负面社会影响呢?作为我们这个时代不可逾越的理论地平线,马克思主义是坚决反对实证主义的,自诞生以来就始终与实证主义展开坚决的理论斗争。因此,萨特指出:"只要社会关系的变化和技术进步还未把人从匮乏这个桎梏中解放出来",那么马克思主义就"仍然是我们时代的哲学:它是不可超越的"。② 从思想史上看,实证主义与马克思主义基本上是同一时代的哲学产物,"雨打风吹去",曾经烜赫一时的实证主义哲学流派不断分化、凋零,已然退出了哲学舞台的中心;而马克思主义哲学却昂首走向了 21 世纪,牢牢屹立在人类思想史的高峰。辩证与实证之间的激烈理论争锋并未宣告彻底结束,实证主义在其发展、流变过程中虽然屡次变换理论形态,但其

---

① Max Horkheimer & Theodor W. Adorno, *Dialectic of Enlightenment: Philosophical Fragments*, trans. Edmund Jephcott, Stanford: Stanford University Press, 2002, p. 66.

② 参见[法]让-保罗·萨特《辩证理性批判》上,林骧华等译,安徽文艺出版社 1998 年版,第 28—32 页。

资本主义意识形态的本质始终没有改变,而且始终图谋以各种各样的方式"潜入"马克思主义内部,对马克思主义和辩证法进行持续的理论冲击。因此,在新时代,梳理马克思主义与实证主义从 19 世纪的时代产物到 20 世纪的理论纠葛的历史与逻辑展开,能够切实帮助我们深入反思与批判实证主义及其当代影响,从而为我们坚持符合历史发展需要的科学思维、理论思维提供学理确证。自然这又反过来要求我们仔细审视从马克思、恩格斯到西方马克思主义持续百余年马克思主义与实证主义的辩证与实证之争。

三、从辩证与实证之争说开去

正如前文所述,我们在新时代重新回眸辩证与实证之争,更为重要的思想目的是为当代求索历史经验,从而打开通向未来的思想路径。回望辩证与实证的百余年理论争锋,我们可以得出创新发展 21 世纪马克思主义的三点思想启迪。

第一,我们需要始终坚持马克思主义的科学立场,警惕实证主义的理论修正与重构。实证主义假借科学技术之威,在思想领域以自身为标尺量身打造了"科学标准",第二国际时期的马克思主义和西方马克思主义的"科学主义转向"都在不同程度上受到了这一"科学标准"的影响,进而导致了马克思主义的部分思想流派依照这一标准进行修正与重构。但是,这些经过修正与重构的理论最终都在社会实践面前折戟沉沙。为什么所谓"科学的"理论一到社会实践领域就如此不堪一击呢?答案只能是,实践是检验真理的唯一标准。马克思主义的科学性就在于,"它深刻揭示了客观世界特别是人类社会发展一般规律,被历史和实践证明是科学的理论,在当今时代依然有着强大生命力"①。这表明,无论实证主义如何鼓吹"科

---

① 习近平:《坚持历史唯物主义不断开辟当代中国马克思主义发展新境界》,《求是》2020 年第 2 期。

学的"标准,我们都不能失去自身的理论定力,而要牢牢屹立在马克思主义的科学之基,也就是人类社会的具体实践上。这是我们创新发展 21 世纪马克思主义的根本前提。

第二,我们需要在社会具体实践的基础上实现辩证与实证的取长补短、融会贯通。从社会具体实践出发,我们需要明确,马克思主义的辩证法不能被理解成一般的形式逻辑方法,而是要求从既定的、具体的社会的历史性活动出发进行思考。因此,在当代哲学社会科学的研究过程中,"它在多大程度上放弃深入于既定社会的实体性内容,它也必定在多大程度上重新跌落到外在反思的窠臼之中"①。这一点提醒我们,不能将马克思主义及其辩证法视为语言、概念间的游戏,而是要深入到社会具体实践中,辩证把握现实的具体。社会科学正是马克思主义得以走向现实、走向具体、走向实践的必经之途,从马克思的政治经济学批判到法兰克福学派的批判理论都充分证明了这一点。② 由此,马克思主义的理论创新就在于"哲学与社会科学的联盟",也就是辩证方法与实证方法的理论融合。这是我们创新发展 21 世纪马克思主义的方法路径。

第三,我们需要运用辩证的智慧回答科学技术与人类发展的世纪之问。在科学技术愈发凸显其历史重要性的当下,"在新时代如何用好科学技术这把双刃剑"这一世纪之问已经成为我们必须认真思索的核心问题。"一个民族要想站在科学的最高峰,就一刻也不能没有理论思维。"③恩格斯所说的理论思维就是马克思主义的辩证思维。只有这种辩证思维才能帮助我们正确认识实证主义与科学技术的复杂关系,厘清实证主义、实证精神的联系与区别,进而在大力发展科学技术的过程中实现科学精神与人文精神的辩证融合,真

---

① 吴晓明:《论马克思辩证法的"实在主体"》,《哲学研究》2020 年第 8 期。
② 参见张亮《霍克海默与法兰克福学派的理论创新道路》,《学术月刊》2016 年第5 期。
③《马克思恩格斯选集》第 3 卷,人民出版社 2012 年版,第 875 页。

正为人类文明走向未来提供可资借鉴的理论智慧。于我们而言，就要从辩证智慧出发，把脉时代发展前沿，紧盯社会变革大局，奋力探索马克思主义的理论创新。这是我们创新发展21世纪马克思主义的思想保障。

参考文献

一、经典文献

1. 马克思恩格斯全集.第 29 卷.北京:人民出版社,1972
2. 马克思恩格斯全集.第 30 卷.北京:人民出版社,1974
3. 马克思恩格斯全集.第 32 卷.北京:人民出版社,1974
4. 马克思恩格斯全集.第 38 卷.北京:人民出版社,1972
5. 马克思恩格斯全集.第 39 卷.北京:人民出版社,1974
6. 马克思恩格斯全集.第 41 卷.北京:人民出版社,1982
7. 马克思恩格斯全集.第 42 卷.北京:人民出版社,1979
8. 马克思恩格斯全集.第 48 卷.北京:人民出版社,1985
9. 马克思恩格斯全集.第 1 卷.北京:人民出版社,2002
10. 马克思恩格斯全集.第 3 卷.北京:人民出版社,1998
11. 马克思恩格斯全集.第 10 卷.北京:人民出版社,1998
12. 马克思恩格斯全集.第 30 卷.北京:人民出版社,1995
13. 马克思恩格斯全集.第 31 卷.北京:人民出版社,1998
14. 马克思恩格斯全集.第 33 卷.北京:人民出版社,2004
15. 马克思恩格斯全集.第 47 卷.北京:人民出版社,2004
16. 马克思恩格斯文集.第 1 卷.北京:人民出版社,2009
17. 马克思恩格斯文集.第 4 卷.北京:人民出版社,2009
18. 马克思恩格斯文集.第 9 卷.北京:人民出版社,2009
19. 马克思恩格斯文集.第 10 卷.北京:人民出版社,2009

20. 马克思恩格斯选集.第 1—4 卷.北京：人民出版社,2012

21. 列宁全集.第 38 卷.北京：人民出版社,1959

22. 列宁全集.第 20 卷.北京：人民出版社,1989

23. 列宁全集.第 45 卷.北京：人民出版社,1990

24. 列宁选集.第 1 卷.北京：人民出版社,2012

25. 列宁选集.第 2 卷.北京：人民出版社,2012

26. 列宁选集.第 3 卷.北京：人民出版社,2012

27. 毛泽东选集.第 1 卷.北京：人民出版社,1991

28. 〔德〕马克思.1844 年经济学哲学手稿.北京：人民出版社,2000

29. 〔德〕马克思.资本论.第 1 卷.北京：人民出版社,2004

30. 〔德〕马克思.资本论.第 3 卷.北京：人民出版社,2004

31. 习近平.在庆祝中国共产党成立 100 周年大会上的讲话.北京：人民出版社,2021

32. 习近平.坚持历史唯物主义不断开辟当代中国马克思主义发展新境界.求是,2020(2)

33. 习近平.坚持运用辩证唯物主义世界观方法论提高解决我国改革发展基本问题本领.人民日报,2015 - 01 - 25

34. 习近平.在哲学社会科学工作座谈会上的讲话.人民日报,2016 - 05　19

35. 习近平.深化文明交流互鉴 共建亚洲命运共同体——在亚洲文明对话大会开幕式上的主旨演讲.人民日报,2019 - 05 - 16

36. 习近平.努力成为世界主要科学中心和创新高地.人民日报,2021 - 03 - 16

37. 习近平.在中国科学院第二十次院士大会、中国工程院第十五次院士大会、中国科协第十次全国代表大会上的讲话.人民日报,2021 - 05 - 29

二、英文著作

1. A. F. Chalmers，*What is this thing called Science？*，Indianapolis/Cambridge：Hackett Publishing Company，Inc. 1999

2. David Joravsky，*Soviet Marxism and Natural Science：1917 - 1932*，New York：Routledge，2009

3. Douglas Moggach，*The New Hegelians：Politics and Philosophy in the Hegelian School*，New York：Cambridge University Press，2006

4. Edmund Wilson，*To the Finland Station：A Study in the Writing and Acting of History*，Doubleday & Company，1940

5. G. A. Cohen，*Karl Marx's Theory of History：A Defence*，Oxford：Oxford University Press，2000

6. Galvano Della Volpe, *Logic as a Positive Science*, trans. Jon Rothschild, London: NLB, 1980

7. Galvano Della Volpe, *Rousseau and Marx*, trans. John Fraser, London: Lawrence & Wishart Ltd, 1978

8. Georg Lukács, *Record of a Life: An Autobiography*, ed. István Eörsi, trans. Rodney Livingstone, New York: Schocken Books, 1983

9. George E. McCarthy, *Marx' Critique of Science and Positivism: The Methodological Foundations of Political Economy*, Dordrecht: Kluwer Academic Publishers, 1988

10. George Lichtheim, *Marxism: An Historical and Critical Study*, New York: Columbia University Press, 1982

11. Georges Canguilhem, *Ideology and Rationality in the History of the Life Science*, trans. Arthur Goldhammer, London: The MIT Press, 1988

12. Gertrud Lenzer, *Auguste Comte and Positivism*, New York: Routledge, 2017

13. Herbert Marcuse, *Negations*, London: MPG Books Group, 2009

14. Herbert Marcuse, *One-Dimensional Man: Studies in the Ideology of Advanced Industrial Society*, New York: Routledge, 2002

15. Herbert Spencer, *First Principles*, New York: Cambridge University Press, 2009

16. Immanuel Kant, *An Answer to the Question: 'What is Enlightenment?'*, trans. H. B. Nisbet, London: Penguin Books Ltd, 2009

17. Jean-Paul Sartre, *Literary and Philosophical Essays*, trans. Annette Michelson, New York: Collier Books, 1962

18. John E. Roemer ed., *Analytical Marxism*, New York: Cambridge University Press, 1986

19. John Stuart Mill, *Utilitarianism*, Kitchener: Batoche Books Limited, 2001

20. Jürgen Habermas, *Postmetaphysical Thinking: Philosophical Essays*, trans. William Mark Hohengarten, Cambridge: Polity Press, 1992

21. Karl Popper, *The Logic of Scientific Discovery*, New York: Routledge, 2005

22. Leszek Kolakowski, *The Alienation of Reason: A History of Positivist Thought*, trans. Borbert Guterman, New York: Doubleday & Company, Inc., 1968

23. Louis Althusser, *For Marx*, trans. Ben Brewster, London: Verso, 2005

24. Louis Althusser, *Lenin and Philosophy and other Essays*, trans. Ben Brewster, New York: Monthly Review Press, 1971

25. Lucio Colletti, *From Rousseau to Lenin: Studies in Ideology and Society*, trans. John Merrington & Judith White, New York: Monthly Review Press, 1974

26. Lucio Colletti, *Marxism and Hegel*, London: NLB, 1973

27. Marcus Roberts, *Analytical Marxism: A Critique*, London: Verso, 1996

28. Martin Heidegger, *Pathmarks*, ed. William McNeill, trans. Thomas Sheehan, Cambridge: Cambridge University Press, 1998

29. Martin Jay, *The Dialectical Imagination: A History of the Frankfurt School and the Institute of Social Research*, 1923 – 1950, Berkeley: University of California Press, 1996

30. Max Eastman, *Marxism: Is it Science?* New York: W. W. Norton & Company, 1940

31. Max Horkheimer & Theodor W. Adorno, *Dialectic of Enlightenment: Philosophical Fragments*, trans. Edmund Jephcott, Stanford: Stanford University Press, 2002

32. Max Horkheimer, *Between Philosophy and Social Science: Selected Early Writings Studies in Contemporary German Social Thought*, Cambridge: The MIT Press, 1993

33. Max Horkheimer, *Critical Theory: Selected Essays*, New York: The Continuum Publishing Company, 2002

34. Max Horkheimer, *Eclipse of Reason*, London: The Continuum Publishing Compang, 2004

35. Maximilien Rubel, *Rubel on Karl Marx: Five Essays*, Cambridge: Cambridge University Press, 1981

36. Michel Foucault, *Remarks on Marx: Conversations with Duccio Trombadori*, trans. R. James Goldstein & James Cascaito, New York: Semiotext(e), 1991

37. Perry Anderson, *Considerations on Western Marxism*, London: Verso, 1989

38. Rolf Wiggershaus, *The Frankfurt School: Its History, Theories, and Political Significance*, Cambridge: The MIT Press, 1995

39. Sidney Hook, *Towards the Understanding of Karl Marx: A*

Revolutionary Interpretation，New York：The John Day Company，1933

40. Stephen Eric Bronner & Douglas MacKay Kellner, *Critical Theory and Society：A Reader*, New York：Routledge，1989

41. Terence Ball and James Fall ed. , *After Marx*, New York：Cambridge University Press，1984

42. Theodor W. Adorno, *Negative Dialectics*, trans. E. B. Ashton, London：Taylor & Francis Group，2004

43. Theodor W. Adorno, *The Positivist Dispute in German Sociology*, trans. Glyn Adey & David Frisby, London：Heinemann Educational Books Ltd，1977

44. Tom Bottomore, *The Frankfurt School and its Critics*, New York：Routledge，2002

45. Tom Mayer, *Analytical Marxism*, Thousdand Oaks：Sage Publications，Inc. ，1994

46. Werner Bonefeld, *Critical Theory and the Critique of Political Economy：On Subversion and Negative Reason*, London：Bloomsbury，2014

47. William A. Gorton, *Karl Popper and the Social Sciences*, Albany：State University of New York，2006

三、英文论文

1. Georg Lukács, "Technology and Social Relations", *New Left Review* I/39，1966

2. Herbert Keuth, "The positivist dispute in German sociology：A scientific or a political controversy?", *Journal of Classical Sociology*, Vol. 15，No. 2，2015

3. William H. Shaw, "The Handmill Gives You the Feudal Lord：Marx's Technological Determinism", *History and Theory*, Vol. 18, No. 2，1979

四、中文译著

1. ［德］阿多尔诺. 否定辩证法. 王凤才，译. 北京：商务印书馆，2019

2. ［美］阿尔伯特·爱因斯坦. 爱因斯坦文集. 第 1 卷. 许良英，范岱年，编译. 北京：商务印书馆，1976

3. ［德］阿尔弗雷德·施密特. 马克思的自然概念. 欧力同，吴仲昉，译. 北京：商务印书馆，1988

4. [德]阿尔弗雷德·索恩-雷特尔.脑力劳动与体力劳动:西方历史的认识论.谢永康,侯振武,译.南京:南京大学出版社,2015

5. [匈]阿格妮丝·赫勒.卢卡奇再评价.衣俊卿,等,译.哈尔滨:黑龙江大学出版社,2011

6. [英]阿伦·布洛克.西方人文主义传统.董乐山,译.北京:群言出版社,2012

7. [英]阿诺德·汤因比.历史研究.下卷.王皖强,译.上海:上海人民出版社,2010

8. [美]阿瑟·赫尔曼.苏格兰:现代世界文明的起点.启蒙编译所,译.上海:上海社会科学院出版社,2016

9. [法]阿图塞.列宁和哲学.杜章智,译.台北:远流出版事业股份有限公司,1990

10. [法]阿图塞.自我批评论文集.杜章智,沈起予,译.台北:远流出版事业股份有限公司,1990

11. [英]埃里克·霍布斯鲍姆.如何改变世界:马克思和马克思主义的传奇.吕增奎,译.北京:中央编译出版社,2017

12. [瑞]埃米尔·瓦尔特-布什.法兰克福学派史——评判理论与政治.郭力,译.北京:社会科学文献出版社,2014

13. [英]艾瑞克·霍布斯鲍姆.帝国的年代:1875—1914.贾士蘅,译.北京:中信出版社,2017

14. [英]艾瑞克·霍布斯鲍姆.革命的年代:1789 1848.王章辉,等,译.北京:中信出版社,2017

15. [英]艾瑞克·霍布斯鲍姆.资本的年代:1848—1875.张晓华,等,译.北京:中信出版社,2017

16. [德]爱德华·伯恩施坦.社会主义的前提和社会民主党的任务.殷叙彝,译.北京:生活·读书·新知三联书店,1965

17. [荷]爱德华·扬·戴克斯特豪斯.世界图景的机械化.张卜天,译.北京:商务印书馆,2018

18. [意]安东尼奥·葛兰西.实践哲学.徐崇温,译.重庆:重庆出版社,1990

19. [意]安东尼奥·葛兰西.狱中札记.葆煦,译.北京:人民出版社,1983

20. [法]安琪楼·夸特罗其,[英]汤姆·奈仁.法国1968:终结的开始.赵刚,译.北京:生活·读书·新知三联书店,2001

21. [法]昂惹勒·克勒默-马里埃蒂.实证主义.管震湖,译.北京:商务印书馆,2001

22. [法]奥古斯特·孔德.论实证精神.黄建华,译.北京:北京联合出版公司,2013

23. [德]奥斯瓦尔德·斯宾格勒.西方的没落.上册.齐世荣,田农,等,译.

北京:商务印书馆,2001

24. [法]贝尔纳·斯蒂格勒. 技术与时间:1. 爱比米修斯的过失. 裴程,译. 南京:译林出版社,2012

25. [英]彼得·沃森. 思想史:从火到弗洛伊德. 下卷. 胡翠娥,译. 南京:译林出版社,2018

26. [英]伯特兰·罗素. 西方哲学史. 下卷. 马元德,译. 北京:商务印书馆,1976

27. [苏]勃·凯德洛夫. 论恩格斯《自然辩证法》. 殷登祥,等,译. 北京:生活·读书·新知三联书店,1980

28. [加]查尔斯·泰勒. 世俗时代. 张容南,等,译. 上海:上海三联书店,2016

29. [新]C. L. 腾. 劳特利奇哲学史. 第7卷. 刘永红,等,译. 北京:中国人民大学出版社,2016

30. [英]C. P. 斯诺. 两种文化. 纪树立,译. 北京:生活·读书·新知三联书店,1994

31. [美]C. 赖特·米尔斯. 社会学的想象力. 陈强,张永强,译. 北京:生活·读书·新知三联书店,2016

32. [英]达罗·谢克特. 从马克思至今的左派史. 魏南海,译. 重庆:重庆出版社,2021

33. [英]戴维·麦克莱伦. 马克思传. 第4版. 王珍,译. 北京:中国人民大学出版社,2016

34. [英]戴维·麦克莱伦. 马克思以后的马克思主义. 第3版. 李智,译. 北京:中国人民大学出版社,2008

35. [英]戴维·麦克莱伦. 青年黑格尔派与马克思. 夏威仪,等,译. 北京:商务印书馆,1982

36. [意]德拉-沃尔佩. 卢梭和马克思. 赵培杰,译. 重庆:重庆出版社,1993

37. [奥]恩斯特·马赫. 感觉的分析. 洪谦,唐钺,梁志学,译. 北京:商务印书馆,1997

38. [奥]恩斯特·马赫. 科学与哲学讲演录. 庞晓光,李醒民,译. 北京:商务印书馆,2013

39. [美]E. M. 罗杰斯. 传播学史:一种传记式的方法. 殷晓容,译. 上海:上海译文出版社,2012

40. [德]E. 杜林. 哲学教程——严密科学的世界观和人生观. 郭官义,李黎,译. 商务印书馆,1991

41. [英]弗里德里希·A. 哈耶克. 科学的反革命:理性滥用之研究. 冯克利,译. 南京:译林出版社,2012

42. [美]郭颖颐. 中国现代思想中的唯科学主义(1900—1950). 雷颐,译. 南

京:江苏人民出版社,1990

43. [英]G. A. 柯亨. 马克思与诺奇克之间. 吕增奎,译. 南京:江苏人民出版社,2008

44. [英]哈罗德·J. 拉斯基. 欧洲自由主义的兴起. 林冈,郑忠义,译. 北京:中国人民大学出版社,2012

45. [美]赫伯特·马尔库塞. 单向度的人:发达工业社会意识形态研究. 刘继译. 上海:上海译文出版社,2014

46. [美]赫伯特·马尔库塞. 理性和革命:黑格尔和社会理论的兴起. 程志民,等,译. 上海:上海人民出版社,2007

47. [英]赫伯特·斯宾塞. 社会静力学. 张雄武,译. 北京:商务印书馆,1996

48. [德]黑格尔. 哲学史讲演录. 第 1 卷. 贺麟,王太庆,译. 上海:上海人民出版社,2013

49. [德]黑格尔. 哲学史讲演录. 第 4 卷. 贺麟,王太庆,译. 上海:上海人民出版社,2013

50. [德]黑格尔. 自然哲学. 梁志学,等,译. 北京:商务印书馆,2009

51. [德]胡塞尔. 欧洲科学的危机与超越论的现象学. 王炳文,译. 北京:商务印书馆,2001

52. [美]H. D. 阿金. 思想体系的时代——十九世纪哲学家. 王国良,李飞跃,译. 北京:光明日报出版社,1989

53. [德]H. 赖欣巴哈(亦译莱辛巴赫). 科学哲学的兴起. 伯尼,译. 北京:商务印书馆,1983

54. [美]I. 伯纳德·科恩. 新物理学的诞生. 张卜天,译. 北京:商务印书馆,2016

55. [英]卡尔·波普尔. 开放社会及其敌人. 第 2 卷. 郑一明,等,译. 北京:中国社会科学出版社,1999

56. [英]卡尔·波普. 历史决定论的贫困. 杜汝楫,邱仁宗,译. 北京:华夏出版社,1987

57. [德]卡尔·柯尔施. 马克思主义和哲学. 王南湜,荣新海,译. 重庆:重庆出版社,1989

58. [苏]凯德洛夫. 论辩证法的叙述方法. 贾泽林,周国平,苏国勋,译. 北京:中国社会科学出版社,1986

59. [美]凯文·安德森. 列宁、黑格尔和西方马克思主义:一种批判性研究. 张传平,译. 南京:南京大学出版社,2012

60. [奥]克拉夫特. 维也纳学派——新实证主义的起源. 李步楼,陈维杭,译. 北京:商务印书馆,1999

61. [德]克劳斯·施瓦布. 第四次工业革命. 李菁,译. 中信出版社,2016

62. [法]莱昂·罗斑. 希腊思想和科学精神的起源. 陈修斋,译. 北京:商务

印书馆,2020

63. [波]莱泽克·科拉科夫斯基. 理性的异化——实证主义思想史. 张彤, 译. 哈尔滨:黑龙江大学出版社,2011

64. [波]莱泽克·科拉科夫斯基. 马克思主义的主要流派. 第2卷. 马翎, 译. 哈尔滨:黑龙江大学出版社,2015

65. [法]雷蒙·阿隆. 社会学主要思潮. 葛秉宁,译. 上海:上海译文出版社,2015

66. [美]刘易斯·芒福德. 技术与文明. 陈允明,王克仁,李华山,译. 北京:中国建筑工业出版社,2009

67. [匈]卢卡奇. 历史与阶级意识. 杜章智,等,译. 北京:商务印书馆,1999

68. [匈]卢卡奇. 小说理论. 燕宏远,李怀涛,译. 北京:商务印书馆,2018

69. [奥]鲁道夫·哈勒. 新实证主义. 韩林合,译. 北京:商务印书馆,1998

70. [法]路易·阿尔都塞. 保卫马克思. 顾良,译. 北京:商务印书馆,2010

71. [法]路易·阿尔都塞,[法]艾蒂安·巴里巴尔. 读《资本论》. 第二版. 李其庆,冯文光,译. 北京:中央编译出版社,2017

72. [法]路易·阿尔都塞. 来日方长:阿尔都塞自传. 蔡鸿滨,译. 上海:上海人民出版社,2013

73. [美]罗伯特·戈尔曼. "新马克思主义"传记辞典. 赵培杰,等,译. 重庆:重庆出版社,1990

74. [加]罗伯特·韦尔,[加]凯·尼尔森. 分析马克思主义新论. 鲁克俭,王来金,杨洁,等,译. 北京:中国人民大学出版社,2002

75. [德]罗尔夫·魏格豪斯. 法兰克福学派:历史、理论及政治影响. 下册. 孟登迎,赵文,刘凯,译. 上海:上海人民出版社,2010

76. [美]马丁·杰伊. 法兰克福学派史(1923—1950). 单世联,译. 广州:广东人民出版社,1996

77. 马尔库塞文集 第一卷:技术、战争与法西斯主义. 高海清,冯波,译. 北京:人民出版社,2019

78. [德]马克斯·霍克海默,[德]西奥多·阿多诺. 启蒙辩证法:哲学断片. 渠敬东,曹卫东,译. 上海:上海人民出版社,2020

79. [德]马克斯·霍克海默. 批判理论. 李小兵,等,译. 重庆:重庆出版社,1989

80. [德]马克斯·韦伯. 经济与社会. 第2卷. 上册. 阎克文,译. 上海:上海人民出版社,2020

81. [德]马克斯·韦伯. 新教伦理与资本主义精神. 康乐,简惠美,译. 桂林:广西师范大学出版社,2010

82. [意]马塞罗·穆斯托. 马克思的晚年岁月. 刘同舫,谢静,译. 人民出版社,2022

83. [德]玛丽安妮·韦伯. 马克斯·韦伯传. 阎克文,王利平,姚中秋,译. 南京:江苏人民出版社,2002

84. [德]曼·克利姆. 恩格斯文献传记. 中央编译局,译. 长沙:湖南人民出版社,1986

85. [德]莫里茨·石里克. 自然哲学. 陈维杭,译. 北京:商务印书馆,2011

86. [英]莫里斯·康福斯. 保卫哲学:反对实证主义和实用主义. 瞿菊农,等,译. 北京:生活·读书·新知三联书店,1955

87. [法]莫里斯·梅洛-庞蒂. 辩证法的历险. 杨大春,张尧均,译. 上海:上海译文出版社,2009

88. [美]M. 怀特. 分析的时代——二十世纪的哲学家. 杜任之,译. 北京:商务印书馆,1981

89. [美]诺曼·莱文. 辩证法内部对话. 张翼星,等,译. 昆明:云南人民出版社,1997

90. [英]佩里·安德森. 当代西方马克思主义. 余文烈,译. 北京:东方出版社,1989

91. [英]佩里·安德森. 西方马克思主义探讨. 高铦,文贯中,魏章玲,译. 北京:人民出版社,1981

92. [苏]普·斯·迪什列维,弗·姆·卡纳克. 唯物主义哲学和自然科学的发展. 柳树滋,赵鸿志,译. 北京:中国社会科学出版社,1980

93. [美]乔恩·埃尔斯特. 理解马克思. 何怀远,等,译. 北京:中国人民大学出版社,2016

94. [法]让-保罗·萨特. 辩证理性批判. 上. 林骧华,等,译. 合肥:安徽文艺出版社,1998

95. [法]让-雅克·卢梭. 论科学与艺术的复兴是否有助于使风俗日趋淳朴. 李平沤,译. 北京:商务印书馆,2011

96. [法]让-雅克·卢梭. 论人类不平等的起源和基础. 黄小沿,译. 南京:译林出版社,2019

97. [法]让-雅克·卢梭. 社会契约论或政治权利的原理. 李平沤,译. 南京:商务印书馆,2011

98. 圣西门选集. 王燕生,徐仲年,徐基恩,等,译. 北京:商务印书馆,1962

99. [苏]苏联科学院社会学研究所. 现代资产阶级理论社会学批判. 郑杭生,贾春增,张进京,等,译. 北京:中国人民大学出版社,1981

100. [英]唐纳德·萨松. 欧洲社会主义百年史——二十世纪的西欧左翼. 上册. 姜辉,于海青,庞晓明,译. 北京:社会科学文献出版社,2017

101. [美]特里·平卡德. 德国哲学 1760—1860:观念论的遗产. 侯振武,译. 北京:中国人民大学出版社,2019

102. [美]梯利. 西方哲学史. 增补修订版. 伍德,增补. 葛力,译. 北京:商务

印书馆,1995

103. [英]W. C. 丹皮尔. 科学史. 李珩,译. 北京:中国人民大学出版社,2010

104. [德]威廉·狄尔泰. 精神科学引论. 第 1 卷. 艾彦,译. 南京:译林出版
社,2012

105. [美]威廉姆·肖. 马克思的历史理论. 阮仁慧,等,译. 重庆:重庆出版
社,2007

106. [美]悉尼·胡克. 理性、社会神话和民主. 金克,徐重温,译. 上海:上海
人民出版社,1965

107. [英]新左派评论. 西方马克思主义批判文选. 徐平,译. 台北:远流出版
事业股份有限公司,1994

108. [波]亚当·沙夫. 历史与真理. 张笑夷,译. 哈尔滨:黑龙江大学出版
社,2014

109. [法]亚历山大·柯瓦雷. 从封闭世界到无限宇宙. 张卜天,译. 北京:商
务印书馆,2016

110. [美]伊曼纽尔·沃勒斯坦. 否思社会科学——19 世纪范式的局限. 刘
琦岩,叶萌芽,译. 北京:生活·读书·新知三联书店,2008

111. [德]伊曼努尔·康德. 纯粹理性批判. 邓晓芒,译. 北京:人民出版
社,2004

112. [苏]伊萨克·伊里奇·鲁宾. 马克思价值理论. 曹江川,译. 中央编译
出版社,2004

113. [英]以赛亚·柏林. 卡尔·马克思:生平与环境. 李寅,译. 南京:译林
出版社,2018

114. [德]尤尔根·哈贝马斯. 交往行为理论. 第 1 卷. 曹卫东,译. 上海:上
海人民出版社,2018

115. [德]于尔根·奥斯特哈默. 19 世纪史 III. 强朝晖,刘风,译. 北京:社会
科学文献出版社,2016

116. [英]约翰·洛克. 政府论. 上篇. 瞿菊农,叶启芳,译. 北京:商务印书
馆,2019

117. [英]约翰·穆勒. 功利主义. 徐大建,译. 上海:上海人民出版社,2008

118. [英]约翰·西奥多·梅尔茨. 十九世纪欧洲思想史. 第 1 卷. 周昌忠,
译. 北京:商务印书馆,2017

119. [美]詹姆斯·施密特. 启蒙运动与现代性:18 世纪与 20 世纪的对话.
徐向东,卢华萍,译. 上海:上海人民出版社,2005

五、中文译文

1. [加]A. 泰勒. 达尔文学说对马克思和恩格斯的重要意义. 亦舟,译. 国外

社会科学,1990(11)

2. [苏]奥伊则尔曼. 马克思主义和20世纪的非马克思主义哲学. 徐小英,译. 中共中央党校学报,1992(2)

3. [苏]贝索诺夫,[苏]纳尔斯基. 作为哲学家和社会思想家的卢卡奇. 苏国勋,译. 哲学译丛,1985(4)

4. [法]B. 米肖. 新实证主义:继承与批判. 殷世才,译. 国外社会科学,1983(9)

5. [加]Bob Ware. 分析哲学与"分析的马克思主义". 李莉,译. 复旦学报(社会科学版),1985(4)

6. [英]保罗·布莱克里奇. G. A. 柯亨与分析的马克思主义的限度. 曲轩,林进平,译. 国外理论动态,2018(4)

7. [日]柄谷行人. 康德、黑格尔与马克思. 夏莹,译. 哲学动态,2013(10)

8. [英]D. 麦克莱伦. 历史与现在:马克思和马克思主义. 陈亚军,译. 世界哲学,2005(1)

9. [英]E. P. 汤普森. 论阿尔都塞的结构主义马克思主义. 张亮,译. 马克思主义美学研究,2008(11)

10. [英]G. A. 科亨. 信奉而不恭维:对分析的马克思主义的反思. 秋华,译. 马克思主义研究,1996(1)

11. [德]霍克海默. 社会哲学的现状与社会研究所的任务. 王凤才,译. 马克思主义与现实,2011(5)

12. [美]J. 埃尔斯特. 分析的马克思主义. 王列,译. 经济社会体制比较,1988(5)

13. [英]克里斯多夫·贝塔姆. 剖析分析的马克思主义. 刘斌,译. 现代哲学,2003(4)

14. [苏]鲁特凯维奇. 德国社会学中关于实证论的争论. 戴风文,译. 哲学译丛,1994(2)

15. [美]M. 弗里德曼. 重新评价逻辑实证主义. 高湘泽,译. 哲学译丛,1993(1)

16. [苏]纳尔斯基.《唯物主义和经验批判主义》的批判方法与当代非马克思主义哲学. 李存立,译. 哲学译丛,1991(6)

17. [苏]纳尔斯基. 恩格斯关于历史唯物主义的书信和当代. 田歌,译. 哲学译丛,1991(1)

18. [奥]O. 纽拉特. 科学的世界观:维也纳小组——献给石里克. 王玉北,译. 哲学译丛,1994(1)

19. [美]S. 胡克. 忆与霍克海默尔等人的两次座谈. 段小光,译. 哲学译丛,1983(1)

20. [意]萨尔瓦多里. 意大利共产党往何处去?. 伏天,译. 现代外国哲学社会科学文摘,1991(1)

21. ［美］沃野. 结构主义及其方法论. 学术研究，1996（12）

22. ［美］沃野. 论实证主义及其方法论的变化和发展. 学术研究，1998（7）

23. ［英］肖恩·赛耶斯. 马克思主义哲学在英国. 高宝丽，译. 现代哲学，2008（2）

24. ［奥］杨·亨利. 分析的马克思主义和"新辩证法"学派. 张宪，译. 现代哲学，2004（4）

25. ［苏］伊里因科夫.《列宁的辩证法和实证主义的形而上学》一书结束语. 柳树滋，译. 哲学译丛，1983（3）

26. ［美］约翰·贝拉米·福斯特. "人类世"时代重读恩格斯的《自然辩证法》. 袁艺，译. 国外理论动态，2021（2）

六、中文著作

1. 曹卫东. 霍克海默集. 渠东，付德根，等，译. 上海：上海远东出版社，1997

2. 陈爱萍. 第二国际马克思主义哲学：时代、问题与批判. 北京：中国社会科学出版社，2017

3. 陈耀彬，杜志清. 西方社会历史观. 石家庄：河北教育出版社，1990

4. 杜章智. 卢卡奇自传. 李渚青，莫立知，译. 北京：社会科学文献出版社，1986

5. 方章东. 第二国际思想家若干重大理论争论研究. 北京：中国社会科学出版社，2017

6. 冯露. 实证与批判——哥伦比亚学派与法兰克福学派文化研究方法论论争. 北京：社会科学文献出版社，2019

7. 复旦大学哲学系现代西方哲学研究室. 西方学者论《一八四四年经济学—哲学手稿》. 上海，复旦大学出版社，1983

8. 顾海良. 马克思主义发展史. 北京：中国人民大学出版社，2009

9. 洪汉鼎. 当代西方哲学两大思潮. 上册. 北京：商务印书馆，2010

10. 洪谦. 论逻辑经验主义. 北京：商务印书馆，2017

11. 洪谦. 西方现代资产阶级哲学论著选辑. 北京：商务印书馆，1964

12. 胡大平. 回到恩格斯：文本、理论和解读政治学. 南京：江苏人民出版社，2011

13. 金瑶梅. 阿尔都塞及其学派研究. 重庆：重庆出版社，2010

14. 李旸. 分析的马克思主义的政治哲学转向. 重庆：重庆出版社，2020

15. 联共（布）中央特设委员会. 联共（布）党史简明教程. 中共中央马恩列斯著作编译局，译. 北京：人民出版社，1975

16. 刘放桐. 现代西方哲学. 北京：人民出版社，1981

17. 欧力同. 孔德及其实证主义. 上海：上海社会科学院出版社，1987

18. 乔瑞金. 马克思技术哲学纲要. 北京:人民出版社,2002

19. 上海社会科学院哲学研究所外国哲学研究室. 法兰克福学派论著选辑. 北京:商务印书馆,1998

20. 孙伯鍨,曹幼华,等. 西方"马克思学". 南京:江苏人民出版社,1992

21. 孙伯鍨,张一兵. 走进马克思. 南京:江苏人民出版社,2012

22. 孙伯鍨. 卢卡奇与马克思. 南京:南京大学出版社,1999

23. 孙乐强. 马克思再生产理论及其哲学效应研究. 南京:江苏人民出版社,2016

24. 孙正聿. 马克思主义辩证法研究. 北京:北京师范大学出版社,2017

25. 孙中兴. 爱·秩序·进步:社会学之父孔德. 台北:巨流图书公司 1993

26. 孙周兴. 海德格尔选集. 下. 上海:生活·读书·新知上海三联书店,1996

27. 王学东. 考茨基选. 北京:人民出版社,2008

28. 吴国盛. 什么是科学. 广州:广东人民出版社,2016

29. 吴晓明,张亮. 当代学者视野中的马克思主义哲学:西方学者卷. 补卷. 北京:北京师范大学出版社,2011

30. 夏基松. 现代西方哲学教程. 上海:上海人民出版社,1985

31. 萧灼基. 恩格斯传. 北京:中国社会科学出版社,2008

32. 许良. 亥姆霍兹与现代西方科学哲学的发展. 上海:复旦大学出版社,2014

33. 杨耕. 马克思主义哲学基础理论研究. 北京:北京师范大学出版社,2017

34. 杨耕. 马克思主义哲学体系研究:历史演变与基本问题. 上. 成都:四川人民出版社,2019

35. 杨耕. 重建中的反思:重新理解历史唯物主义. 北京:北京师范大学出版社,2018

36. 杨国荣. 实证主义于中国近代哲学. 修订版. 上海:华东师范大学出版社,2018

37. 殷华成. 奥地利马克思主义研究. 北京:中国社会科学出版社,2014

38. 殷华成. 霍克海默批判理论研究. 郑州:郑州大学出版社,2017

39. 殷叙彝. 伯恩施坦读本. 北京:中央编译出版社,2008

40. 余文烈. 分析学派的马克思主义. 重庆:重庆出版社,1993

41. 张亮,刘冰菁. 恩格斯研究指南. 南京:江苏人民出版社,2020

42. 张亮,孙乐强. 21 世纪国外马克思主义哲学若干重大问题研究. 北京:人民出版社,2020

43. 张亮,熊婴. 伦理、文化与社会主义——英国新左派早期思想读本. 南京:江苏人民出版社,2013

44. 张亮. "崩溃的逻辑"的历史建构:阿多诺早中期哲学思想的文本学解

读. 南京:江苏人民出版社,2014

45. 张亮. 通向哲学与社会科学的联盟之路:马克思哲学道路的当代阐释. 北京:中国人民大学出版社,2022

46. 张一兵,胡大平. 西方马克思主义哲学的历史逻辑. 南京:南京大学出版社,2003

47. 张一兵. 回到列宁——关于"哲学笔记"的一种后文本学解读. 南京:江苏人民出版社,2008

48. 张一兵. 回到马克思:经济学语境中的哲学话语. 第三版. 南京:江苏人民出版社,2014

49. 张一兵. 问题式、症候阅读与意识形态——关于阿尔都塞的一种文本学解读. 第二版. 北京:北京师范大学出版社,2021

50. 张一兵. 无调式的辩证想象:阿多诺〈否定的辩证法〉的文本学解读. 第二版. 南京:江苏人民出版社,2016

51. 张一兵. 当代国外马克思主义哲学思潮. 上卷. 南京:江苏人民出版社,2012

52. 张一兵. 当代国外马克思主义哲学思潮. 中卷. 南京:江苏人民出版社,2012

53. 张一兵. 马克思哲学的历史原像. 北京:人民出版社,2009

54. 赵修义,童世骏. 马克思恩格斯同时代的西方哲学——以问题为中心的断代哲学史. 上海:华东师范大学出版社,2008

55. 中共中央马恩列斯著作编译局国际共运史研究室. 国际共运史研究资料. 第3辑. 北京:人民出版社,1981

56. 中央编译局国际共运史研究室. 研究《反杜林论》参考史料. 北京:生活·读书·新知三联书店,1980

57. 邹诗鹏. 从启蒙到唯物史观. 上海:上海人民出版社,2016

七、中文论文

1. 安启念.《唯物主义和经验批判主义》对物质客观实在性的证明及其意义. 教学与研究,1995(5)

2. 白刚,吴友军."新实证主义的马克思主义"的两个教条——评德拉-沃尔佩对马克思辩证法的解释及困境. 长白学刊,2010(4)

3. 白虎. 科学与历史:康吉莱姆对20世纪法国马克思主义的影响. 山东社会科学,2018(10)

4. 卜祥记,朱利兵. 对阿多诺"否定辩证法"理论性质的总体性审视. 武汉大学学报(哲学社会科学版),2022(1)

5. 曹孟勤,杨菊鑫. 自然辩证法的遗忘与现代科学风险、哲学危机. 东南大

学学报(哲学社会科学版),2021(2)

6. 柴方国.波洛克与法兰克福学派.马克思主义与现实,1995(1)

7. 陈柏灵.反映原理与实践观点的辩证统———评某些"西方马克思主义"者对《唯物主义和经验批判主义》的诘难.理论月刊,1985(6)

8. 陈柏灵.关于正确评价《唯物主义和经验批判主义》的若干问题.中国社会科学,1989(6)

9. 陈硕.主体的历史性—在世性生存与辩证法的限度——论存在主义的马克思主义对唯物辩证法的批评与改造.山东社会科学,2014(10)

10. 陈亚军.古典实用主义的分野及其当代效应.中国社会科学,2014(5)

11. 陈亚军.重新认识实用主义.开放时代,1999(5)

12. 陈振明.法兰克福学派的"批判的科学哲学"——对实证主义的攻击.学术月刊,1991(5)

13. 陈振明.工具理性批判——从韦伯、卢卡奇到法兰克福学派.求是学刊,1996(4)

14. 陈振明.霍克海默对实证主义的批判.科学技术与辩证法,1991(2)

15. 陈振明.论法兰克福学派社会批判理论的形成及其特征.社会学研究,1990(6)

16. 成保良.资本主义发展阶段划分依据的理论述评.教学与研究,2003(10)

17. 崔延强,段禹.新文科究竟"新"在何处——基于对人文社会科学发展史的考察.大学教育科学,2021(1)

18. 东平.马克思主义哲学和新实证主义.语言学资料,1965(2/3)

19. 段忠桥.对"分析的马克思主义"的反思.马克思主义与现实,2001(2)

20. 段忠桥.分析的马克思主义的一般特征及其三个代表性成果.教学与研究,2001(12)

21. 段忠桥.再谈分析的马克思主义的主要特征.马克思主义研究,2000(6)

22. 方以启.马克思"实证科学"之"实证"概念解读.南昌大学学报(人文社会科学版),2011(6)

23. 冯潇,张亮.法兰克福学派的大众文化研究.学术界,2018(9)

24. 龚剑飞.论马克思和恩格斯对实证主义的总体批判.社会科学研究,2012(6)

25. 郭大俊,张锴.论恩格斯早期启蒙主义世界观.湖北大学学报(哲学社会科学版),2019(5)

26. 郭强.马克思、恩格斯关于孔德评价的多维解读.马克思主义哲学研究,2015(2)

27. 韩震.波普尔历史观批判.北京师范大学学报(社会科学版),1992(2)

28. 何畏.德拉-沃尔佩对马克思哲学的新实证主义诠释及其反思.福建论坛·人文社会科学版,2007(1)

29. 何增科. 什么是分析的马克思主义. 当代世界与社会主义,1997(1)

30. 胡大平. 作为科学家的恩格斯. 教学与研究,2020(10)

31. 黄楠森. 关于《唯物主义和经验批判主义》的几个问题. 江淮论坛,1984(5)

32. 黄晓伟,张成岗. 技术决定论的现代性透视:源起、脉络及反思. 自然辩证法研究,2018(11)

33. 江怡. 什么是实证主义:对它的一种史前史考察. 云南大学学报(社会科学版),2003(5)

34. 江怡. 实证主义在我国当代哲学中的命运. 哲学动态,1999(9)

35. 李宏图. 什么是启蒙运动. 史学月刊,2007(9)

36. 李宏图. 十八世纪法国的启蒙运动. 历史教学问题,2011(2)

37. 李凯旋. 意大利共产党百年社会主义探索:历史嬗变与现实挑战. 马克思主义与现实,2021(6)

38. 李猛. 重思《自然辩证法》对唯物史观的独特贡献及其当代价值. 自然辩证法研究,2021(9)

39. 李乾坤. 论法兰克福学派批判理论的政治经济学基础. 马克思主义理论学科研究,2019(4)

40. 李天保. 反思马克思恩格斯对孔德的两个论断. 广西大学学报(哲学社会科学版),2016(5)

41. 李天保. 马克思恩格斯语境中的六种"实证主义". 现代哲学,2019(3)

42. 梁树发. 科学的马克思主义研究何以可能. 马克思主义与现实,2021(6)

43. 刘兵. 从科学主义到人文主义. 史学月刊,2007(9)

44. 刘放桐. 再论如何看待马克思和恩格斯对同时代西方哲学的否定——对一种复旧性观点的回应. 河南社会科学,2010(1)

45. 刘继. 法兰克福学派对实证主义的批判. 中国社会科学,1988(1)

46. 刘鹏,蔡仲. 法国科学哲学中的进步性问题. 哲学研究,2017(7)

47. 刘鹏. 法国科学哲学中的划界问题——以巴什拉、康吉莱姆、拉图尔为例. 科学技术哲学研究,2018(6)

48. 刘森林. 恩格斯的自然辩证法是一种启蒙辩证法. 马克思主义哲学,2021(1)

49. 刘森林. 论第二国际哲学. 烟台师范学院学报(哲社版),1990(2)

50. 刘森林. 物化与现实:基于《历史与阶级意识》的分析. 马克思主义理论学科研究,2015(1)

51. 鲁克俭. 马克思实证方法与孔德实证主义关系初探. 社会科学,1999(4)

52. 路红芳. 两条"认识道路"与两种"实证科学". 马克思主义哲学研究,2017(2)

53. 吕世荣. 马克思研究社会发展问题的主要方法. 河南大学学报(社会科学版),2001(3)

54. 马拥军. 历史唯物主义的"实证"性质与马克思的正义观念. 哲学研究, 2017(6)

55. 孟强. 克服"自然的分岔"与实践态度. 南京社会科学, 2021(5)

56. 欧阳英. 试论毛泽东实践观与实证主义实践观. 北京科技大学学报(社会科学版), 1999(1)

57. 潘春葆. 孔德的历史哲学述介. 哲学动态, 1989(5)

58. 庞树奇. 马克思与孔德——读书笔记. 社会, 1981(1)

59. 齐艳红. 辩证法:在"拒斥"与"拯救"之间——分析马克思主义方法论的内在张力及其根源. 学术交流, 2011(3)

60. 齐艳红. 关于分析马克思主义方法论的若干分析. 哲学研究, 2013(1)

61. 孙伯鍨. 作为方法的历史唯物主义. 河南大学学报(社会科学版), 2001(3)

62. 孙代尧, 何海根. 马克思和孔德:思想学说关系. 河南大学学报(社会科学版), 2014(4)

63. 孙乐强. 从辩证矛盾到真正对立:辩证法的终结?——新实证主义马克思主义与自治主义马克思主义的当代反思. 山东社会科学, 2014(10)

64. 孙乐强. 科学主义马克思主义的两条路径——新实证主义马克思主义与结构主义马克思主义的比较研究. 南京社会科学, 2013(10)

65. 孙乐强. 平等观的"中国方案"及其时代价值. 思想理论研究, 2018(9)

66. 孙乐强. 物象化、物化与拜物教——论《资本论》对《大纲》的超越与发展. 学术月刊, 2013(7)

67. 孙乐强. 新实证主义马克思主义的兴起、问题域及其历史定位. 理论视野, 2010(12)

68. 孙显元. 马赫的科学哲学. 社会科学辑刊, 1987(5)

69. 孙正聿. 对传统哲学的两种批判——马克思主义哲学与科学主义思潮的重大分歧之一. 理论探讨, 1990(1)

70. 孙正聿. 对实证科学的两种关系——马克思主义哲学与科学主义思潮的原则分歧之二. 理论探讨, 1990(3)

71. 孙正聿. 对社会历史的两种理解——马克思主义哲学与科学主义思潮的重大分歧之三. 理论探讨, 1991(1)

72. 唐正东. "科学主义"马克思主义中两条不同的理论线索. 福建论坛·人文社会科学版, 2000(4)

73. 唐正东. 青年恩格斯对英国工人运动的社会历史性解读及其理论意义. 哲学研究, 2020(10)

74. 王伯鲁. 马克思技术决定论思想辨析. 自然辩证法通讯, 2019(5)

75. 王金福. 从哲学到实证科学:马克思恩格斯研究立场的重大转变. 山东社会科学, 2006(11)

76. 王庆丰. 恩格斯为什么要研究"自然辩证法". 长白学刊, 2015(5)

77. 王雨辰.科学·意识形态·哲学——阿尔都塞唯科学论的马克思主义的中心论题述评.江汉论坛,1996(9)

78. 吴晓明.论《历史与阶级意识》的辩证法研究.马克思主义与现实,2017(2)

79. 吴晓明.论马克思辩证法的"实在主体".哲学研究,2020(8)

80. 吴晓升.阿多诺对于实证主义社会理论的三个基本命题的批判.江海学刊,2005(3)

81. 夏巍.论哈贝马斯对实证主义的批判.山东社会科学,2010(8)

82. 夏莹.现代性的极限化演进及其拯救.社会科学战线,2019(3)

83. 谢向阳,淦家辉.什么是孔德的实证主义——对孔德实证主义体系的在认识.学术探索,2005(2)

84. 谢永康.阿多诺论社会科学的逻辑——从"实证主义争论"切入.当代国外马克思主义评论,2019(2)

85. 邢来顺.回归乡土与德意志帝国时期的现代化危机.历史研究,2019(4)

86. 邢立军,马妮.科学与人类幸福——孔德实证主义幸福感浅析.道德与文明,2013(4)

87. 徐崇温.阿尔都塞的反经验主义认识论和马克思主义.中国社会科学,1997(3)

88. 晏扩明,李义天.话语、交往与政治转向:哈贝马斯商谈伦理学的思想历程及其反思.国外理论动态,2021(6)

89. 杨耕."回到辩证法"——关于恩格斯辩证法思想的再思考.哲学研究,2019(12)

90. 杨耕.历史唯物主义:一个再思考.河北学刊,2003(6)

91. 杨乔喻.雅克·马丁在阿尔都塞文本中的寄居性存在——反同一性文本学的一项案例考察.学术月刊,2016(11)

92. 仰海峰.霍克海默与批判理论的早期规划.浙江社会科学,2009(4)

93. 仰海峰.列宁哲学思想发展的三个历史阶段.南京社会科学,1999(10)

94. 仰海峰.总体性思想:从黑格尔、马克思到国外马克思主义的奠基者.教学与研究,2021(6)

95. 姚大志.分析的马克思主义的四重奏——重构埃尔斯特对马克思的解释.马克思主义与现实,2020(6)

96. 尹健,刘同舫.卢卡奇对实证主义方法的双重批判及其内在冲突.自然辩证法研究,2020(3)

97. 余文烈."分析的马克思主义"的分析.马克思主义研究,1989(2)

98. 臧峰宇.书信中的哲思:晚年恩格斯历史唯物主义阐释——兼与马克思历史唯物主义书信比较.教学与研究,2010(6)

99. 张亮.法兰克福学派的批判理论与政治经济学.天津社会科学,2009(4)

100. 张亮.关于阿多诺哲学贡献的当代中国思考.北京师范大学学报(社会

科学版),2022(3)

101. 张亮.霍克海默与法兰克福学派的理论创新道路.学术月刊,2016(5)

102. 张亮.卢卡奇早期思想发展及其思想史效应:100年后的重访.学习与探索,2018(11)

103. 张亮.通向《历史与阶级意识》的道路.求是学刊,2000(6)

104. 张亮.哲学和社会科学的联盟:马克思在政治经济学批判中所开辟的道路.江海学刊,2009(2)

105. 张亮.何谓西方马克思主义——基于中国立场的再审视.马克思主义与现实,2024(3)

106. 张一兵,王浩斌.马克思真的没有使用过"资本主义"一词吗?.南京社会科学,1999(4)

107. 张一兵.阿尔都塞:马克思哲学思想发展史的重新考证.马克思主义与现实,2002(3)

108. 张一兵.阿尔都塞:马克思主义的历史科学.理论探讨,2002(5)

109. 张一兵.阿尔都塞与《保卫马克思》.马克思主义研究,2002(5)

110. 张一兵.革命的辩证法与批判的历史唯物主义——解读青年卢卡奇的《历史与阶级意识》.理论探讨,2000(2)

111. 张一兵.工具理性对社会生活的渗透——中后期法兰克福学派的一种社会批判.教学与研究,2001(7)

112. 张一兵.列宁第一次系统哲学理论学习的背景.江西社会科学,2007(9)

113. 张一兵.梦幻哲人阿多诺.江苏行政学院学报,2001(1)

114. 赵立.重访恩格斯——对西方"马克思学"的马克思恩格斯关系论问题的当代认识.福建论坛·人文社会科学版,2020(10)

115. 赵立.马克思历史发展道路理论的科学内涵及其中国意义.社会科学家,2020(7)

116. 郑召利.诠释与误读——论第二国际理论家对马克思主义哲学的阐发.教学与研究,2001(5)

117. 郑作彧."社会学本土化"的德国经验:"角色之争"及其去美国化效应.学术月刊,2021(5)

118. 周林东.略论马赫的认识论与近代物理学.哲学研究,1981(3)

119. 周晓亮.西方近代认识论论纲:理性主义与经验主义.哲学研究,2003(10)

后　记

　　马克思曾言,真正的哲学是"文明的活的灵魂",亦是"时代精神的精华"。这个论断清晰有力地阐明了哲学与时代的关系。作为人类智慧的产物,哲学始终要回应时代的呼声,解答时代的问题。随着工业革命、政治革命与科技革命汹涌而至,人类社会在 19 世纪终于迈进了文明形态的新阶段。在德国古典哲学达及人类思想高峰的时刻,新的社会形态已然在"古今之变"中碰撞出亟待思考与回答的新的"问题高原"。因此,现代化的社会发展要求新质的哲学之思,以此建构"应时而发,发皆中节"的世界图景(哲学观)、思维模式(认识论)、知行路径(方法论)、社会认知(历史观)和价值朝向(价值论)。从这一维度考察,马克思主义与同时代的哲学家(集中表现为实证主义者和人文主义者)不仅在时间之维处于同一历史节点,更在思想之维面临着同样的问题挑战。一言以蔽之,工业社会与科技时代的合流要求一种科学审视社会发展的哲学思想,从而探寻科技进步与社会发展、技术文明与人生价值的平衡关系。辩证与实证之

318

争由此占据了思想史的现代版图的重要位置。

历史地看,作为由人类社会与科技发展所激起的思想火花,辩证与实证之争突出地表现为马克思主义与实证主义的理论争锋。本书通过集中讨论马克思主义与实证主义的五次理论碰撞,力图深度呈现辩证与实证之争背后的理论与现实图景,以此为技术时代思考科学与人文辩证融合的可能性提供可资借鉴的理论智慧,进而从历史的、整体的、辩证的视角探索人与技术关系的哲学进路。基于此,本书从马克思、恩格斯对孔德实证主义的实践、历史、革命维度的超越与批判出发,强调了马克思主义以辩证思维对经济决定论和科技决定论的驳斥,进而基于列宁、卢卡奇和法兰克福学派与实证主义的深度对话,思考破除实证主义意识形态的可行路径,探索辩证与实证有机融合的可能方案,又通过评析西方马克思主义的"科学主义转向",思考马克思主义如何捍卫自身的科学性,最终基于当代视角得出了一些关于辩证与实证之争的浅见。可以看到,21世纪以来,科技手段和科学精神的空前发展使得我们必须直面更为深刻而剧烈的现代人的生存困境,因而吸收借鉴马克思主义批判实证主义的理论、思想与方法成果愈发迫切和紧要。遗憾的是,笔者学力有限,不足以揭示辩证与实证之争所蕴含的深刻哲学意涵之一毫。唯愿本书收抛砖引玉之效,以待学界同仁鞭辟入里的思想精芒。

本书得以最终成型,完全离不开张亮老师的指导。愚徒忝列门墙已逾十载,终不因驽钝而见弃于吾师。吾师为学之高风固时时沾沐,而其耳提面命之严、栽培爱护之慈,诸般苦心,愚徒亦心领神受,未敢稍忘。唯期戒惧惕厉以持身,勤慎恭肃以治业,或可稍报师恩之万一。得遇吾师,幸何如哉。同时,自2012年以来,孙乐强教授就以最大的耐心给我指导,在此表示由衷的谢意。在南哲的岁月里,师长们和同学们不断开拓我的视野、增进我的见识、指引我的方向,向他们表示真挚的感谢。再者,感谢江苏人民出版社的戴亦梁老师、陈颖老师、贺银垠老师等人的辛勤付出,拙作才有可能付梓。最后,我要感谢我的家人,尤其是曹湘怡女士,因为我深知,正是她们无微不至的关心和毫无保留的支持使我得以专研学术而后顾无忧,她们是我以有涯之生面对无涯学海的力量之源。

本书是由笔者的博士论文修改而来,它虽然已经成了一份遗憾颇多的"历史文献",但忠实地记录下了我学徒期的思想痕迹,我将为之负责,并希望在未来能够有机会重新"修缮"它。不过,现在只能斗胆请各位专家学者批评指正了!

赵　立

2024 年 11 月 1 日

于东京品川

马克思主义研究丛书

《走进马克思》 孙伯鍨 张一兵 主编
《回到马克思:经济学语境中的哲学话语》(第四版) 张一兵 著
《当代视野中的马克思》 任平 著
《回到列宁:关于"哲学笔记"的一种后文本学解读》 张一兵 著
《回到恩格斯:文本、理论和解读政治学》 胡大平 著
《国外毛泽东学研究》 尚庆飞 著
《重释历史唯物主义》 段忠桥 著
《资本主义理解史》(6卷) 张一兵 主编
《阶级、文化与民族传统:爱德华·P.汤普森的历史唯物主义思想研究》 张亮 著
《形而上学的批判与拯救》 谢永康 著
《21世纪的马克思主义哲学创新:马克思主义哲学中国化与中国化马克思主义哲学》 李景源 主编
《科学发展观与和谐社会建设》 李景源 吴元梁 主编
《科学发展观:现代性与哲学视域》 姜建成 著
《西方左翼论当代西方社会结构的演变》 周穗明 王玫 等著
《历史唯物主义的政治哲学向度》 张文喜 著
《信息时代的社会历史观》 孙伟平 著
《从斯密到马克思:经济哲学方法的历史性诠释》 唐正东 著
《构建和谐社会的政治哲学阐释》 欧阳英 著
《正义之后:马克思恩格斯正义观研究》 王广 著
《后马克思主义思想史》 [英]斯图亚特·西姆 著 吕增奎 陈红 译
《后马克思主义与文化研究:理论、政治与介入》 [英]保罗·鲍曼 著 黄晓武 译
《市民社会的乌托邦:马克思主义的社会历史哲学阐释》 王浩斌 著
《唯物史观与人的发展理论》 陈新夏 著
《西方马克思主义与苏联:1917年以来的批判理论和争论概览》 [荷]马歇尔·范·林登
　　周穗明 译 翁寒松 校
《物与无:物化逻辑与虚无主义》 刘森林 著
《拜物教的幽灵:当代西方马克思主义社会批判的隐性逻辑》 夏莹 著
《新中国社会形态研究》 吴波 著
《"崩溃的逻辑"的历史建构:阿多诺早中期哲学思想的文本学解读》 张亮 著
《"超越政治"还是"回归政治":马克思与阿伦特政治哲学比较》 白刚 张荣艳 著
《无调式的辩证想象:阿多诺〈否定的辩证法〉的文本学解读》(第二版) 张一兵 著
《马克思再生产理论及其哲学效应研究》 孙乐强 著
《希望的源泉:文化、民主、社会主义》 [英]雷蒙·威廉斯 著 祁阿红 吴晓妹 译
《后工业乌托邦》 [澳]鲍里斯·弗兰克尔 著 李元来 译
《未来考古学:乌托邦欲望和其他科幻小说》 [美]弗里德里克·詹姆逊 著 吴静 译
《重审马克思的"阶级"概念:基于政治哲学解读的尝试》 孙亮 著
《为马克思辩护:对马克思哲学的一种新解读》(第五版) 杨耕 著
《全球化的理论与实践:一种马克思主义的视角》 丰子义 杨学功 仰海峰 著
《马克思哲学要义》 赵敦华 著
《马克思与斯宾诺莎:宗教批判与现代伦理的建构》 冯波 著

《所有权与正义:走向马克思政治哲学》 张文喜 著

《马克思的生产方式概念》 周嘉昕 著

《走出现代性的困境:法兰克福学派现代性批判理论研究》 王晓升 著

《马克思拜物教批判理论研究》 李怀涛 著

《马克思思想变迁的社会主义线索》 韩蒙 著

《危机中的重建:唯物主义历史观的现代阐释》(第三版) 杨耕 著

《重建中的反思:重新理解历史唯物主义》(第三版) 杨耕 著

《马克思主义与伦理学:自由、欲望与革命》 [英]保罗·布莱克里奇 著 曲轩 译

《回到马克思(第二卷):社会场境论中的市民社会与劳动异化批判》 张一兵 著

《辩证与实证之争：马克思主义的实证主义批判研究》 赵立 著